NINGUÉM ENSINA SOZINHO

Associação Brasileira para
a Proteção dos Direitos
Editoriais e Autorais

RESPEITE O AUTOR
NÃO FAÇA CÓPIA
www.abpdea.org.br

N714 Ninguém ensina sozinho: responsabilidade coletiva na creche,
   no ensino fundamental e no ensino médio / organizado por
   Françoise Platone e Marianne Hardy; trad. Carolina Huang.
   – Porto Alegre : Artmed, 2004.

   1. Educação – Educação infantil – Ensino fundamental – Ensino
médio. I. Platone, Françoise. II. Hardy, Marianne. III. Título.

CDU 372.3/.373.51

Catalogação na publicação: Mônica Ballejo Canto – CRB 10/1023

ISBN 85-363-0327-1

NINGUÉM ENSINA SOZINHO:
Responsabilidade coletiva na creche, no ensino fundamental e no ensino médio

Françoise Platone
Marianne Hardy
Organizadores

CRESAS

TRADUÇÃO:
Carolina Huang

CONSULTORIA, SUPERVISÃO E REVISÃO TÉCNICA DESTA EDIÇÃO:
Luca Rischbieter
Mestre em Educação Paris V

2004

Obra originalmente publicada sob o título
On n'enseigne pas tout seul – À la crèche, à l'école, au collège et au lycée
© INPR – L'Institut National de Recherche Pédagogique, França
ISBN 2-7342-0695-1

Capa:
Mário Röhnelt

Preparação do original:
Simone Dias Marques

Leitura Final:
Magda Schwartzhaupt Chaves

Supervisão editorial:
Mônica Ballejo Canto

Editoração eletrônica:
Art & Layout – Assessoria e Produção Gráfica

Reservados todos os direitos de publicação, em língua portuguesa, à
ARTMED® EDITORA S.A.
Av. Jerônimo de Ornelas, 670 - Santana
90040-340 Porto Alegre RS
Fone (51) 3330-3444 Fax (51) 3330-2378

É proibida a duplicação ou reprodução deste volume, no todo ou em parte,
sob quaisquer formas ou por quaisquer meios (eletrônico, mecânico, gravação, fotocópia, distribuição na Web e outros), sem permissão expressa da Editora.

SÃO PAULO
Av. Rebouças, 1073 - Jardins
05401-150 São Paulo SP
Fone (11) 3062-3757* Fax (11) 3062-2487

SAC 0800 703-3444

IMPRESSO NO BRASIL
PRINTED IN BRAZIL

Autores

Françoise Platone (org.), INRP-Cresas, dirigente do Cresas.
Marianne Hardy (org.), INRP-Cresas.

Aliette Vérillon, INRP-Cresas.
Anne-Marie Thirion, Universidade de Liège.
Anne-Marie Tolla, INRP-Cresas.
Annick Weil-Barais, Universidade de Angers.
Annie Christophe, Vie Scolaire, academia de Paris.
Arlette Cohen, INRP-Cresas.
Bernadette Mouvet, Universidade de Liège.
Bert Van Oers, Universidade Livre de Amsterdã.
Brigitte Belmont, INRP-Cresas.
Brigitte Oury, diretora de escola de educação infantil, Arcueil.
Catherine Lézine, Les Bourseaux, Saint-Ouen-l'Aumône.
Catherine Manciaux, escolar Gérard Philippe, Paris.
Cécile Gueguen, conselheira técnica, Dases, Paris.
Christian Billères, inspetor do Ministério da Educação Nacional, Val-de-Marne.
Christiane Montandon, Universidade Paris XII, INRP-Cresas.
Christiane Royon, INRP-Cresas.
Claude Chrétiennot, INRP-Cresas.
Daniel Sabre, diretor de escola, grupo Octobre, Alfortville.
Danielle Chauveau, dirigente de creche, Paris.
Danielle Naudin, dirigente de creche, Paris.
Didier Perrier, conselheiro pedagógico de circunscrição, Cherbourg.
Dominique Fanni, auxiliar de puericultura, Paris.
Dominique Gelin, professor do IUFM de Créteil.
Éliane Rogovas-Chauveau, INRP-Cresas.
Elisabeth Ginestar, dirigente de creche, Paris.
Évelyne Burguière, mestre de conferências, INRP.
Florence Pirard, Universidade de Liège.
Geneviève Ganné, dirigente de creche, Paris.
Geneviève Wendling, escola Giacometti, Paris.
Gérard Chauveau, INRP-Cresas.
Gérard Vergnaud, diretor de pesquisa do CNRS, co-fundador do IEDPE.

Gilles Brougère, Universidade Paris XIII-Paris Nord.
Guy Berger, professor universitário.
Jean Biarnès, professor universitário, Universidade Paris XIII-Paris Nord.
Jean-Louis Derouet, professor universitário, INRP.
Jean-Louis Martinand, ENS (École Normale Supérieure) de Cahan.
Jean-Luc Duret, INRP.
Jean-Marie Barbier, CNAM (Conservatoire National des Arts et Métiers).
Jean-Yves Rochex, Universidade Paris VIII-Saint-Denis.
Joëlle Delepierre, dirigente de creche, Paris.
Laurence De Cecco, conselheiro pedagógico de circunscrição, Val-de-Marne.
Louisette Guibert, CAREP (Centre Académique pour l'Éducation Prioritaire) de Nantes.
Lucien Brams, professor universitário.
Maria Isolina Landin, IEDPE.
Marie-Anne Hugon, Universidade Paris X-Nanterre, INRP-Cresas.
Marie-Christine Besniard, professora de crianças pequenas, Caen.
Marie-Claire Lejosne, IUFM de Créteil, extensão de Bonneuil, INRP-Cresas.
Marie-Claude Noiray, escola Gutenberg, Créteil.
Marie-Hélène Chandon, dirigente de creche, Paris.
Marie-Josèphe Francart, escola Gutenberg, Créteil.
Marie-Reine Ersine, auxiliar de puericultura, Paris.
Marta Torrès, professora de crianças surdas, INRP-Cresas.

Martine Rousseau, dirigente de creche, Paris.
Maryline Duguet, dirigente de creche, Paris.
Maryse Le Moël, inspetora do ensino técnico, Paris.
Michèle Monot-Fillet, coordenadora de creches, Paris.
Micheline Dumortier, conselheira pedagógica de circunscrição, Val-de-Marne.
Mira Stambak, diretora de pesquisa do CNRS, ex-diretora do Cresas, co-fundadora do IEDPE.
Monique Bouthelot, coordenadora de creche, Dases, Paris.
Monique Bréauté, INRP-Cresas.
Monique Vial, INRP-Cresas.
Myriam Honnorat, conselheira principal de Educação, escola Lucas de Nehou, Paris.
Nadine Bouvier, INRP-Cresas.
Olga Baudelot, INRP-Cresas.
Patricia Portelli, INRP-Cresas.
Patrick Clerc, instrutor mestre formador, Les Bourseaux, Saint-Ouen-l'Aumône.
Patrick Robo, conselheiro de formação contínua, Béziers.
Philippe Meirieu, diretor do INRP.
Renée Lise Portut, dirigente de creche, Paris.
Roland Goigoux, IUFM de Clermont-Ferrand.
Sylvain Broccolichi, INRP-Cresas.
Sylvie Rayna, INRP-Cresas, dirigente-adjunta do Cresas.
Thierry Coriton, professor do IUFM de Lorraine, extensão de Épinal.

Apresentação do Cresas*

O Cresas estuda as condições psicopedagógicas e os contextos institucionais e sociais que favorecem as aprendizagens de todos os alunos, bem como as condições que permitem aos professores e educadores se engajarem na transformação de suas práticas.

Esse estudo é baseado numa concepção construtivista e interacionista das aprendizagens, desenvolvida a partir de um quadro teórico piagetiano e walloniano, segundo o qual aprender é construir os saberes em interação com outros indivíduos.

Práticas pedagógicas coerentes com esta concepção são elaboradas no âmbito de "experimentações pedagógicas metódicas" (Piaget), que levam em conta certas aquisições das pedagogias ativas e cooperativas. Essas experimentações são conduzidas em estreita colaboração com equipes de educadores envolvidas na pesquisa. Deste modo, uma "pedagogia interativa" é elaborada progressivamente, permitindo às crianças, aos alunos, construir os saberes em interação com seus educadores e seus colegas.

Dando seqüência a esses trabalhos, são conduzidas pesquisas no campo da formação contínua dos professores e educadores, e na coordenação e no acompanhamento de equipes educativas engajadas ou prontas a se engajarem na transformação de suas práticas.

De maneira complementar aos trabalhos pedagógicos, pesquisas estudam os contextos institucionais e sociais da ação educativa: dinâmicas educativas locais, políticas de parceria de iniciação cultural da pequena infância ou da integração escolar das crianças deficientes; surgimento e desenvolvimento de novas funções no campo da educação, como, por exemplo, coordenadores da pequena infância e acompanhadores de equipes educativas inovadoras.

---

*N. de R. T. Originalmente, CRESAS é a sigla de "Centre de Recherche de l'Èducation Spécialiée et de l'Adaptation Scolaire" [Centro de Pesquisa da Educação Especializada e Adaptação Escolar], criado em 1969.

Fortemente centradas na educação infantil – creches e pré-escola – e nas estruturas educativas da pequena infância, as pesquisas do Cresas tratam também dos primeiros níveis do ensino fundamental e do ensino médio, e da formação dos jovens sem qualificação.

Sumário

INTRODUÇÃO

1 "Ninguém ensina sozinho": verdadeiro ou falso?............ 15
   Philippe Meirieu

2 Transformar as práticas em educação 19
   Françoise Platone

3 Dar vontade de aprender a todos: o desafio do Cresas 23
   Mira Stambak

PARTE 1

Qual estratégia pedagógica para mobilizar todas as crianças nas aprendizagens?

4 Favorecer dinâmicas de aprendizagem interativas –
   na creche, no ensino fundamental, no ensino médio 37
   Marie-Anne Hugon, Sylvie Rayna, Christiane Royon

5 A heterogeneidade: obstáculo ou recurso
   para aprendizes e pedagogos? 57
   Françoise Platone, Jean Biarnès

6 Psicologia, pedagogia, didática 69
   *Gérard Vergnaud, Thierry Coriton, Roland Goigoux,
   Bert Van Oers, Jean-Yves Rochex, Annick Weil-Barais*

PARTE 2

Trabalhar entre adultos

7 A construção do trabalho em equipe nos estabelecimentos de ensino 85
Bernadette Mouvet, Marianne Hardy, Joëlle Delepierre, Geneviève Ganné, Daniel Sabre, Patrick Clerc, Anne-Marie Tolla

8 A construção das parcerias na coordenação municipal da pequena infância 97
Olga Baudelot, Sylvie Rayna, Louisette Guibert

9 Dinâmicas educativas locais nas zonas de educação prioritária 105
Gérard Chauveau, Éliane Rogovas-Chauveau, Didier Perrier, Évelyne Burguière, Sylvain Broccolichi

10 A colaboração entre professores e especialistas na integração escolar das crianças deficientes 113
Aliette Vérillon, Brigitte Belmont, Monique Vial, Patricia Portelli

PARTE 3

Como formar para transformar?

11 Uma estratégia interativa de formação contínua na creche 123
Monique Bréauté, Danielle Chauveau, Marie-Reine Ersine, Elisabeth Ginestar, Maria Isolina Landin, Danielle Naudin, Marta Torrès

12 Uma estratégia interativa de formação contínua no ensino fundamental 131
Marianne Hardy, Christiane Royon, Marie-Claire Lejosne, Patrick Robo, Claude Chrétiennot

13 Uma estratégia interativa de formação contínua no ensino fundamental e no ensino médio 139
Christiane Montandon, Arlette Cohen, Marie-Josèphe Francart, Marie-Claude Noiray, Dominique Gelin

14 A vivência dos atores da formação. Quais interações?
Qual evolução nas transformações? 147
*Jean-Marie Barbier, Marie-Christine Besniard, Monique Bréauté,
Marie-Hélène Chandon, Arlette Cohen, Dominique Fanni,
Marie-Josèphe Francart, Catherine Lézine, Brigitte Oury,
Renée-Lise Portut*

PARTE 4

Como apoiar, acompanhar e guiar as equipes educativas?

15 Uma orientação interativa para acompanhar e coordenar
as ações educativas nas creches 161
*Mira Stambak, Cécile Gueguen, Michèle Monot-Fillet,
Maryline Duguet, Martine Rousseau, Florence Pirard*

16 Impulsionar e sustentar o trabalho em equipe nas escolas:
a prática de uma equipe de circunscrição 171
*Christian Billères, Laurence De Cecco, Micheline Dumortier,
Jean-Luc Duret, Brigitte Belmont*

17 A valorização das inovações pedagógicas
na academia de Paris 179
*Annie Christophe, Marie-Anne Hugon, Maryse Le Moël,
Myriam Honnorat, Catherine Manciaux, Geneviève Wendling*

18 Qual o acompanhamento das equipes educativas
para dar a todos o desejo de aprender? 187
*Gilles Brougère, Nadine Bouvier, Monique Bouthelot,
Christian Billères, Marie-Anne Hugon, Anne-Marie Thirion*

PARTE 5

Perspectivas

19 Ninguém transforma sozinho: cooperação entre pesquisa,
política e esfera profissional 203
*Jean-Louis Derouet, Jean-Louis Martinand, Lucien Brams,
Sylvain Broccolichi, Guy Berger*

20 Ampliar a transformação das práticas para uma educação de qualidade para todos 217
Sylvie Rayna, Sylvain Broccolichi

Referências bibliográficas 219

INTRODUÇÃO

Ninguém Ensina Sozinho: Verdadeiro ou Falso? 1

Philippe Meirieu

Durante este colóquio, o Cresas festeja seus 30 anos de existência. Trinta anos marcados por um trabalho incessante e uma identidade particular que estabeleceram a sua marca no campo da pesquisa em educação. "Ninguém ensina sozinho": este título é similar a um título anterior, "Ninguém aprende sozinho" (Cresas, 1987). Ele marca um deslocamento de objeto: sem mudar de problemática, centramo-nos aqui naquele que ensina e não mais naquele que aprende.

Ninguém ensina sozinho: verdadeiro ou falso? Vejamos primeiro: quem é esse "ninguém"? Você e eu, sem dúvida. Talvez também os alunos quando contribuem e são levados a ensinar, a explicar, a expor o que aprenderam. Bachelard dizia que os alunos aprendem quando ensinam, uma vez que, explicava ele, "todo ensinamento recebido é um empirismo, só o ensino dado é um racionalismo". É ensinando que reordenamos o que foi recebido e podemos ter acesso a uma verdadeira inteligência modelizadora. É por isso que, como ele explica, "quem é ensinado deve ensinar". "Ninguém ensina sozinho", portanto, no sentido de que não se ensina numa sala de aula vazia, mas com alunos. Estes não são apenas meros receptores, são "interpeladores". Para retomar um termo que está no cerne das problemáticas do Cresas, é na interação entre aquele que deve organizar o ensino e aqueles que devem recebê-lo que se joga o essencial da situação de aprendizagem.

"Ninguém ensina sozinho" também é uma afirmação verdadeira porque por meio de nosso discurso e das situações que organizamos carregamos toda uma tradição cultural. O que dizemos e o que fazemos são construídos pela história das gerações que nos precederam. Para falar como Péguy, ensinamos com os mortos, com todos aqueles que trabalharam antes de nós, que refletiram e construíram objetos inteligentes, enfim, a humanidade. De uma certa forma, todos os homens falam por meio de nós quando falamos. Por esta razão, somos investidos de uma missão que não é individual. É uma missão de transmissão de humanidade, que faz de nós mediadores entre toda a humanidade que nos antecedeu, ou que nos cerca, e os alunos que recebem o que lhes dizemos, que constroem, graças ao que lhes dizemos, novos saberes.

"Ninguém ensina sozinho" é uma verdade, ainda, porque cada vez mais, em torno do mestre, em torno daquele que dá a informação, que organiza as situações de aprendizagem, existem outros parceiros. Por exemplo, os *aide-éducateurs*[*], que chegaram às escolas nos últimos anos, e os agentes externos também. Eles estão aí, estão ao nosso lado. Isto não significa que trabalhamos necessariamente juntos, nem que o trabalho é fácil, mas não estamos mais completamente sós, o professor não tem mais o monopólio que teve um tempo atrás.

"Ninguém ensina sozinho" é verdade, mais uma vez, porque se ensina com recursos. Aqueles que hoje nos remetem à palavra magistral como único suporte de todo ensino e de toda aprendizagem esquecem, por exemplo, que o livro sempre constituiu um recurso, uma ferramenta essencial, na organização das situações de aprendizagem. Exceto se remontamos à época em que o modelo de ensino "dos padres" era o único possível, sempre houve uma série de ferramentas nas salas de aula. Não ensinávamos sozinhos, pois havia tábuas de desenhos, tábuas de letras, tábuas de leitura. Ensinávamos usando um certo número de mediações. Atualmente, temos mais mediações ainda: temos bibliotecas-centros de documentação, jornais que circulam e recursos do ambiente social, cultural, econômico. Isto nos leva a redefinir o papel do professor em relação ao conjunto desses recursos que ele mobiliza.

Por fim, e esse é um ponto central deste colóquio, "ninguém ensina sozinho" porque se ensina em equipe, numa inteligência coletiva da situação que se deve gerir. Essa é uma das grandes contribuições do Cresas, de ter conseguido mostrar, fazendo disso um objeto de pesquisa, o surgimento dessa inteligência coletiva dos educadores. Por dividirem suas observações, suas invenções, suas orientações, por confrontarem seus pontos de vista, os educadores constroem essa inteligência coletiva. Eles conseguem, assim, responsabilizar-se pela complexidade de situações humanas que cada um individualmente não teria condições de administrar. Por esta razão, promover o trabalho de equipe é afirmar um valor que não é somente pedagógico, mas também político, no real sentido do termo. É afirmar que precisamos ser muitos para poder ensinar, educar, porque senão cada um de nós reduziria sua ação apenas ao que é capaz de fazer sozinho.

---

[*]N. de T. O *aide-éducateur* é uma função criada pelo Ministério da Educação da França. O *aide-éducateur* tem por objetivo dar auxílio a professores e a funcionários de um estabelecimento de ensino e suas funções variam de acordo com o nível de ensino.

Na França, estamos, atualmente, numa situação particular. Há vários anos, sentíamos chegar um certo número de coisas. Hoje, elas estão aí, às nossas portas. Dizíamos, por baixo dos panos, que as classes heterogêneas talvez fossem utópicas e talvez até perigosas para os bons alunos. Hoje em dia, não o dizemos mais por baixo dos panos, e alguns dizem claramente que é necessário reconstituir os percursos diferenciados o mais cedo possível, às vezes a partir da escola de ensino fundamental, que se deve fazer as crianças começarem a aprender uma profissão a partir dos 14 anos. Não é mais um discurso culpado, é um discurso que se torna quase, num certo número de meios, oficial. O princípio de heterogeneidade aqui no INRP*, graças, em especial, aos trabalhos de André de Peretti e Louis Legrand, foi considerado um princípio essencial, um fator de riqueza. Vemos esse princípio progressivamente gangrenado pela idéia de que, para aprender, é preciso ser "iguais", com a idéia de uma espécie de "pureza" da comunidade que permitiria trabalhar em melhores condições porque se partilharia os mesmos valores – não ouso dizer as mesmas cores de pele e as mesmas cumplicidades sociológicas. No entanto, há um verdadeiro perigo em dividir prematuramente as crianças em percursos diferenciados, algumas em percursos de relegação nos quais sabemos que as dificuldades não serão realmente tratadas, mas que, ao contrário, a estigmatização será acentuada. Trabalhar em equipe é prover meios, como dissemos, para enfrentar situações complexas que individualmente não poderíamos administrar. Portanto, é politicamente, no sentido nobre do termo, correto prover meios para assumir a heterogeneidade dos seres humanos como uma riqueza e não lutar desesperadamente por esse ideal de pureza e homogeneidade cujo caráter mortífero conhecemos.

Todas essas razões servem para defender este título: "Ninguém ensina sozinho". Decididamente, este é um ótimo título, particularmente necessário e oportuno hoje. Contudo, mesmo que não se ensine sozinho, é possível que nos encontremos, às vezes, sozinhos para ensinar. Há momentos em que cabe a nós decidir – e, às vezes, decidir sozinhos – um certo número de coisas. Às vezes, somos confrontados, talvez com mais freqüência do que pensamos, com decisões que devemos tomar rapidamente, devemos "agir na incerteza", como diria Philippe Perrenoud, e às vezes decidir na ignorância. Temos essa responsabilidade, assim como a têm todas as profissões humanas. O médico, o enfermeiro, o auxiliar de enfermagem, todos aqueles que trabalham na animação cultural, na formação, têm responsabilidades nas quais há, em um dado momento, a interpelação da face do outro, diante da qual devemos decidir, ou não decidir. A existência deste "colóquio singular", de escolhas irredutivelmente pessoais, deste exercício do discernimento que faz com que percebamos ou

---

*N. de T. Institut National de Recherche Pédagogique [Instituto Nacional de Pesquisa Pedagógica].

não o que funcionará, o que vai ferir ou o que vai ajudar alguém, faz com que às vezes sejamos remetidos, senão à nossa solidão, pelo menos à nossa pessoa, ao nosso engajamento pessoal. É por precisarmos nos engajar tão pessoalmente a favor da educabilidade de cada um e contra a fatalidade, a favor da heterogeneidade e contra a homogeneidade, a favor do discernimento do que faz crescer e contra aquilo que humilha, contra o que fere e esmaga, é por sermos obrigados sempre a reativar esse engajamento solitário que precisamos reafirmar juntos o sentido de nossa profissão. No fundo, é por muitas vezes acontecer de estarmos sós que é tão importante que às vezes estejamos juntos.

Transformar as Práticas em Educação 2

Françoise Platone

O desejo de organizar este colóquio surgiu durante um aniversário ocorrido em 1999: os 30 anos do Cresas. Tal evento é, ao mesmo tempo, um sofrimento – como o tempo passa! –, mas também um prazer, o de constatar que a equipe soube permanecer unida ao longo desses anos, num avanço ininterrupto na direção dos objetivos comuns que foram fixados: elaborar novos conhecimentos que possam contribuir para a construção de uma educação mais democrática.

Apesar disso, ao organizar este colóquio, nossa meta não era de ordem comemorativa. Juntos, desejamos reunir nossas pesquisas mais recentes, para apresentá-las publicamente, com nossos parceiros de campo mais próximos, e beneficiar-se das reações de especialistas e de atores sociais envolvidos. A maioria dessas pesquisas trata da formação contínua dos educadores, do trabalho em equipe nos estabelecimentos de ensino, da coordenação e do acompanhamento de equipes educativas voluntárias para transformar suas práticas pedagógicas. Alguns destes trabalhos são conduzidos em colaboração com outras estruturas de pesquisa, especialmente com o IEDPE* e com a Universidade Paris-Nord. Esses trabalhos se situam em três níveis do sistema educativo: o setor da educação pré-escolar fora do Ministério da Educação da França – creches e outras estruturas que acolhem a pequena infância –, o ensino fundamental e o ensino médio. Os resultados obtidos nestes três contextos são constantemente confronta-

---

*N. de T. Institut Européen pour le Développement des Potentialités de Tous les Enfants [Instituto Europeu para o Desenvolvimento das Potencialidades de Todas as Crianças].

dos no trabalho interno do Cresas, o que constitui uma das originalidades de nossos trabalhos.

Essas iniciativas recentes se inserem na continuidade da pesquisa que conduzimos, desde a criação de nossa equipe, sobre os meios de suscitar, sem queda de nível, nem marginalização, o investimento nos processos de aprendizagem de todas as crianças, de todos os alunos, seja quais forem suas características individuais ou suas pertinências socioculturais. Conduzida na prática, em colaboração com professores e educadores, esta pesquisa permitiu definir uma abordagem educativa original chamada "pedagogia interativa", cuja caracterização encontraremos mais adiante[1].

Continuando a aprofundar essa abordagem, os trabalhos do Cresas procuram hoje extrair condições que possam permitir sua apropriação e sua aplicação por professores e educadores, além daqueles que participaram de sua primeira elaboração. Para isso, atualmente são elaboradas e experimentadas modalidades originais de formação contínua, de coordenação e de acompanhamento de equipes educativas voluntárias para transformar suas práticas, em função de um quadro teórico e metodológico idêntico àquele que permitiu a elaboração da pedagogia interativa. O quadro é construtivista e interacionista. O método é um procedimento de pesquisa-ação, isto é, um procedimento de "experimentação metódica" (Piaget, 1948) conduzido na prática em colaboração com atores sociais voluntários.

Por esses trabalhos, o Cresas se inscreve numa evolução geral da reflexão sobre a democratização da escola. Nessa perspectiva, no decorrer das últimas duas décadas, foi destacada, tanto pela pequisa como pela política, a transformação das práticas educativas. Ainda que reste muito a fazer para precisar ainda mais as práticas pedagógicas e educativas mais eficazes para favorecer o êxito de todas as crianças, de todos os alunos, notáveis avanços foram realizados nessa área. E é pertinente perguntar-se hoje como transferir os conhecimentos psicopedagógicos adquiridos a todos os professores e educadores.

Também ficou claro que a transformação solicitada aos educadores é um processo complexo e difícil, para o qual necessitam ser formados, depois ajudados e apoiados em suas experiências subseqüentes à formação. Dito de outro modo, a construção da escola para todos não pode ser assunto de indivíduos isolados, nem apenas de professores e educadores. "Ninguém ensina sozinho" significa que são discutidas as práticas de todos os atores do espaço educativo: educadores e professores, evidentemente, mas também todos os outros funcionários que intervêm junto às crianças dentro e ao redor dos estabelecimentos, bem como os formadores e os funcionários de coordenação ou acompanhamento. Para todos, novas funções e novos papéis estão surgindo, os quais nos parece oportuno definir, experimentar e formalizar.

---

[1] Ver junto os Capítulos 3, 4, 5.

O colóquio foi estruturado em função desta problemática. A presente obra reproduz essa estrutura.

Como introdução[2], Mira Stambak, diretora do Cresas de 1969 a 1988, apresenta um panorama de nossos principais trabalhos desde a criação do centro de pesquisa até o período mais recente. Esse texto resgata a trajetória e as descobertas que referenciaram e estruturaram o percurso da equipe. Mira Stambak indica também como, após 1988, pudemos continuar caminhando juntos graças à rede européia de pesquisa que ela fundou em 1989, com Gérard Vergnaud e Rachel Cohen, e na qual vários pesquisadores do Cresas se envolveram.

Uma primeira parte do colóquio trata da apresentação da pedagogia interativa do Cresas, em sua conceitualização e seus últimos desenvolvimentos. Essa abordagem alimenta, no plano teórico e metodológico, os novos trabalhos desenvolvidos no campo do trabalho entre adultos. No plano epistemológico, a abordagem do Cresas é daquelas que se esforçam em mostrar que a pedagogia constitui de fato um campo de investigação para a pesquisa, no qual procedimentos rigorosos e passíveis de validação podem se desenvolver. Ligada a este último ponto, uma mesa-redonda de especialistas, organizada e presidida por Gérard Vergnaud, trata das relações entre psicologia, pedagogia e didática.

As três partes seguintes tratam do objeto central do colóquio. Os pesquisadores do Cresas e seus parceiros de campo apresentam os resultados de suas recentes pesquisas sobre o trabalho entre profissionais da educação: como construir, nos estabelecimentos de ensino e em torno deles, o trabalho em equipe e em parceria? Como formar os educadores? Como coordenar e acompanhar as equipes educativas engajadas na transformação de suas práticas? Três especialistas nessas questões – Bernadette Mouvet, Jean-Marie Barbier e Gilles Brougère – organizaram mesas-redondas[3] a partir dos trabalhos apresentados nas oficinas.

Na última parte, um grupo de sociólogos, reunido por Jean-Louis Derouet, põe em perspectiva os resultados dos trabalhos do CRESAS, mostrando, de maneira renovada, o problema das condições que devem ser arranjadas para que, a partir de tais resultados, mudanças mais sólidas possam ocorrer no sistema educativo. Com este objetivo, como pensar as relações entre pesquisadores, dirigentes político-institucionais e atores de campo? Quais novas relações devem ser construídas e desenvolvidas entre eles? Em seguida, e para terminar, Sylvie Rayna e Sylvain Broccolichi, pesquisadores do Cresas, ressaltam algumas linhas de força dos trabalhos apresentados durante o colóquio. Eles insistem particularmente na idéia de que é da transformação das práticas de seus diferentes atores – e de sua cooperação – que depende uma verdadeira

---

[2] Ver junto o Capítulo 3.
[3] Ver Capítulos 7, 14 e 18.

transformação do sistema educativo em benefício de todos. Tal transformação implica que os atores, sejam quais forem seus níveis de responsabilidade, se engajem juntos em estratégias de "construção de novidades", apoiando-se ao mesmo tempo nos resultados já encontrados pela pesquisa. Quais modalidades de cooperação podem favorecer tais estratégias? Que papel a pesquisa pode e deve desempenhar para ajudar e acompanhar a construção dessas cooperações? Estas são as questões que comandarão, sem dúvida, as próximas pesquisas do Cresas e de seus parceiros.

Dar Vontade de Aprender a Todos: o Desafio do Cresas   3

Mira Stambak

O Cresas foi criado em 1969 pelo Ministério da Educação da França, cujo objetivo era pesquisar as causas do fracasso escolar e os meios de remediá-lo. Na qualidade de psicóloga especializada no estudo das dificuldades escolares, fui solicitada a organizar e a dirigir este centro. Muito rapidamente, no âmbito do INRP, pude constituir uma equipe de 20 pessoas composta, de um lado, por pesquisadores profissionais vindos do CNRS[*] ou de uma universidade e, de outro, por professores destacados do ensino fundamental ou do ensino médio. Dirigi o Cresas durante 20 anos, até 1988. Em seguida, com Rachel Cohen e Gérard Vergnaud, fundei uma rede internacional de pesquisa, o IEDPE. Nesse novo quadro, em estreita cooperação com equipes do Cresas, pude continuar o trabalho que fazíamos anteriormente.

Considerando retrospectivamente a nossa trajetória, parece-me que trouxemos uma resposta ao pedido inicial que nos havia sido feito. Por meio de procedimentos rigorosos e muitas vezes inéditos de pesquisa, elaboramos uma abordagem pedagógica e educativa original chamada "pedagogia interativa". Esta abordagem dá às crianças vontade de aprender e construir conhecimentos, porque se ajusta às suas abordagens cognitivas. Os saberes que elaboramos no decorrer destes vários anos de observação e de experimentação nas creches, na pré-escola e nas séries iniciais do ensino fundamental permitem-me afirmar hoje: sim, é possível organizar as creches e as escolas de modo que todas as crianças, inclusive as mais desfavorecidas, desenvolvam as suas potencialidades, que todas tenham vontade de se aplicar ativamente nos proces-

---
[*] N. de T. Centre National de la Recherche Scientifique [Centro Nacional de Pesquisa Científica].

sos de aprendizagem e de adquirir os conhecimentos necessários para o êxito escolar. Por outro lado, nossa abordagem não envolve somente as capacidades de aprendizagem. Em todos os campos em que pudemos desenvolvê-la, ela transforma de uma maneira considerável as relações sociais entre todos os parceiros confrontados, ou seja, os profissionais de campo, as crianças e as famílias. Por meio da cooperação, do debate, da negociação, da busca de consenso e da transparência, constatamos que se instauram relações de confiança recíproca. O olhar sobre os outros se transforma. O outro se torna objeto de atenção, de interesse e até mesmo de respeito. Em vez de julgar, esforçamo-nos em compreender. Uma outra ética profissional se desenvolve.

Nesta conferência, vou procurar retraçar a trajetória de nossa equipe destacando os trabalhos que mais contribuíram, a meu ver, para a construção de nossa abordagem pedagógica. Nossa história se divide em dois grandes períodos. De 1969 a 1988, construímos uma estratégia de pesquisa original e elaboramos uma pedagogia interativa. A partir de 1988, em colaboração com o IEDPE, equipes do Cresas abordaram o problema da propagação de nossa abordagem.

A CONSTRUÇÃO DE UMA ESTRATÉGIA DE PESQUISA E A ELABORAÇÃO DE UMA PEDAGOGIA INTERATIVA

Nossos primeiros trabalhos foram concebidos de forma bastante clássica. Numa perspectiva de diagnóstico e de prevenção do fracasso escolar, a primeira pesquisa coletiva que realizamos, em colaboração com psicólogos escolares, devia nos informar sobre a possibilidade de identificar, na pré-escola, as crianças que corriam risco de ter dificuldades de aprendizagem no curso preparatório (CP).* Os resultados foram decepcionantes. Metade das crianças assinaladas na pré-escola como tendo dificuldades acompanhava o curso preparatório sem problemas, ao passo que a metade das crianças com séria dificuldade no curso preparatório não havia sido identificada anteriormente (Vial, Stambak, Burguière, 1974). Esses resultados provocaram um verdadeiro choque. Eles evidenciaram, sem ambiguidade possível, o caráter aleatório dos diagnósticos trazidos pelos psicólogos. Assim, iniciou-se a primeira crise intelectual do Cresas. Ela atingiu primeiramente os psicólogos da equipe: sua confiança nos métodos e nas ferramentas da psicologia clássica foram fortemente abaladas. Um mal-estar se instalou. Em qual sentido se orientar?

---

*N. de T. O "curso preparatório" (CP) citado nesta obra refere-se ao nível intermediário entre a educação infantil e a primeira série do ensino fundamental. Normalmente, o CP é cursado por crianças com cinco anos de idade, e o ingresso na primeira série do ensino fundamental se dá aos seis anos (no Brasil ele se faz aos sete anos).

A guinada

A reorientação de nossa abordagem foi impulsionada primeiro pelas pesquisas feitas para estudar o desenvolvimento cognitivo das crianças do nascimento aos três anos (Sinclair et al., 1982). Em oposição à abordagem experimental em laboratório, havíamos adotado um método próximo daquele dos estudos "naturalistas", aplicado particularmente aos trabalhos de etologia. As observações foram feitas em situações que os pesquisadores organizavam em função de suas hipóteses de trabalho, mas que pretendiam ser tão próximas quanto possível das situações habituais da vida das crianças. Nessas situações, as crianças podiam desenvolver ao longo do tempo suas idéias e suas realizações. Essa metodologia já anunciava uma vontade de apreender mais processos do que desempenhos. Mas o que fazer dessas observações na problemática da luta contra o fracasso escolar?

A verdadeira solução veio de uma equipe do Cresas que organizou uma pesquisa na área da construção do número (Marion, Desjardins, Bréauté, 1974). Nessa experiência, os pesquisadores questionaram a metodologia habitual em psicologia, transformando radicalmente as condições de observação das crianças. São três as novas condições principais. As crianças trabalharam em pequenos grupos, e os adultos presentes as estimulam a fazer trocas e a colaborar entre si. É dada a elas a possibilidade de explorar e manipular à vontade o material, lhes é atribuido todo o tempo necessário para agir e refletir, suas realizações se desenvolvem ao longo do tempo. Por fim, os adultos se esforçam para transformar as relações adultos-crianças. Eles escutam as crianças e suas intervenções servem principalmente para reiniciar seu trabalho. Nessas condições, todas as crianças, inclusive aquelas mudas e assustadas nas condições habituais da escola e dos exames psicológicos clássicos, revelam-se dinâmicas, enérgicas, tenazes em seus esforços para entender os problemas apresentados. Elas manifestam com entusiasmo os saberes que já possuem e, apoiadas pelos adultos, expressam seus problemas e suas dúvidas mostrando o seu desejo de saber mais.

Essas primeiras descobertas provocaram um fervilhamento cultural na equipe do Cresas, pois o caminho a seguir se anunciava em contradição com a abordagem clássica da pesquisa tanto em psicologia como em pedagogia. Discussões muitas vezes ásperas apenas aguçaram nossa vontade de seguir adiante. Esse período constituiu uma verdadeira guinada na história da nossa equipe. Tiramos dois ensinamentos que se tornaram as principais hipóteses de nossos trabalhos posteriores. O primeiro se impôs com evidência: havíamos compreendido que as condutas e as realizações das crianças dependiam das características da situação na qual eram observadas. Assim, aprendemos que uma mesma criança pode se mostrar muito diferente conforme as condições nas quais ela se encontra. O segundo ensinamento era mais complexo e levou anos para se precisar. Envolvia o papel das trocas, da comunicação e das interações sociais na construção dos conhecimentos. Tínhamos a intuição de que as mudanças ocorridas nas maneiras de ser das crianças se deviam à qualidade das relações interpessoais que se instauraram entre os diferentes parceiros confrontados. O clima de confiança recíproca parecia ser um dos fatores principais que estimulava as crianças a perseverarem em seu esforço de reflexão. Começávamos a entrever também que a natureza das trocas, das interações sociais e da comunicação desempenham um papel importante na construção dos conhecimentos e na capacidade de aprender. Assim, uma nova problemática se abria para nós: entender melhor os mecanismos envolvidos nos processos de aprendizagem e o papel das trocas na construção dos conhecimentos.

Ninguém aprende sozinho

Nossas primeiras descobertas envolvendo o papel das trocas na construção dos conhecimentos encontraram um eco imediato na equipe do Cresas que estudava as crianças nas creches. Os pesquisadores já haviam constatado que essas crianças pequenas podiam se agrupar espontaneamente em duplas ou trios para realizar atividades em comum, comunicando-se abundantemente e estabelecendo com freqüência relações muito harmoniosas. Essas observações nos surpreenderam particularmente, pois, até então, compartilhávamos a opinião difundida no meio da psicologia infantil segundo a qual as trocas entre crianças pequenas eram raras e pobres, de pouco interesse para o seu desenvolvimento psicológico. Também decidimos realizar estudos sistemáticos das trocas entre crianças na creche com vistas a depreender seu papel na construção dos conhecimentos (Stambak et col., 1983). Pequenos grupos de crianças foram observados em diferentes situações. A partir das primeiras observações, descobrimos, com espanto, crianças atentas umas às outras querendo fazer coisas em comum. Em dupla, ou em grupos maiores, elas se lançam em atividades prolongadas no decorrer das quais procuram com tenacidade respostas às perguntas que faziam. Elas parecem ao mesmo tempo curiosas, empreendedoras e concentradas em suas tarefas.

Para entender a natureza do processo interativo que se desenrolava sob nossos olhos, tivemos de inventar meios de análise. Elaboramos um método original, chamado "microanálise seqüencial", que, procurando os vínculos entre as condutas sucessivas, permite apreender o fio que dá seu sentido ao conjunto da seqüência. Com o auxílio desse método, fizemos uma primeira descoberta importante: as atividades das crianças organizam-se em seqüências prolongadas formando entidades que surpreendem por sua coerência. Buscando compreender as articulações das intervenções de umas em relação às das outras, pudemos constatar que, por meio das trocas às quais as crianças se entregam, processos cognitivos se desenvolvem, favorecendo a construção dos saberes e do "saber fazer". Assim sendo, a partir dessa primeira série de trabalhos, pudemos elaborar uma hipótese forte segundo a qual o processo interativo, e os procedimentos que ele aplica, desempenham um papel preponderante, e provavelmente constitutivo, no desenvolvimento cognitivo.

Confiantes nessas hipóteses de trabalho, equipes do Cresas empreenderam inúmeras pesquisas nas creches e escolas que tinham como objetivo principal aprofundar essas primeiras descobertas (Cresas, 1987; Bréauté et col., 1987; Stambak e Sinclair, 1990). Os resultados permitiram precisar a natureza do processo interativo e os procedimentos aplicados pelos protagonistas para chegar a ajustes recíprocos, bem como as modalidades segundo as quais se constroem os conhecimentos. Para resumir as aquisições desse conjunto de trabalhos, eu diria que é graças aos diferentes procedimentos interativos que as crianças progridem em suas aprendizagens: a necessidade de levar em conta as intenções do parceiro e a obrigação de encontrar soluções aos conflitos e contradições que surgem levam as crianças a precisar e a justificar seu pensamento, distanciarem-se em relação a ele e a controlá-lo. Cada criança pode examinar o objeto de conhecimento sob aspectos inabituais para ela, pode observar a realidade sobre a qual age por meio de questões nas quais ainda não havia pensado. Ela é levada a estabelecer novas ligações entre saberes até então separados. Tal distanciação constitui um meio de descentralização cognitiva que favorece a abstração e a atitude reflexiva. Nessas condições, os conhecimentos se precisam e se objetivam, pois são ininterruptamente questionados pelas resistências de outrem. Para chegar a um consenso a partir de pontos de vista contraditórios, as capacidades de raciocínio se aguçam, as noções se elaboram, os conhecimentos se constroem. Essas análises se revelaram corretas para todos os tipos de conhecimentos, façam eles parte ou não dos programas escolares.

Essas pesquisas vieram, portanto, sustentar a hipótese segundo a qual as interações sociais desempenham um papel preponderante e constitutivo no processo de construção dos conhecimentos. Elas também mostraram que todas as crianças, não importam suas características individuais e suas pertinências socioculturais, podiam mostrar capacidades de se aplicar ativamente, com tenacidade e prazer, na construção dos conhecimentos. Assim se confirmava nossa descoberta inicial, de que as realizações das crianças dependem das condições que os adultos organizam para elas. Então, pareceu, com força, que o êxito das crianças, nas creches e nas escolas, dependia da abordagem pedagógica praticada pelos educadores. Lançamo-nos assim em uma nova vertente de nossos trabalhos, relativa às práticas profissionais dos educadores.

Qual abordagem pedagógica para que todos aprendam?

Como organizar o meio de vida das crianças, qual abordagem pedagógica deve ser instalada nas creches e nas escolas para conseguir que todas as crianças se apliquem no processo de aprendizagem? Para responder a essas perguntas, a metodologia de nossas pesquisas teve de ser reexaminada. Muito rapidamente, havíamos compreendido que devíamos iniciar pesquisas na prática, em estreita colaboração com educadores e professores. Tratava-se, portanto, de encontrar profissionais voluntários para se lançarem conosco em pesquisas que visavam à transformação das condições educativas oferecidas às crianças. Lançamo-nos, assim, à construção de uma metodologia de pesquisa original, chamada pesquisa-ação, cujas modalidades e princípios foram precisados progressivamente. Trata-se de um processo metódico de inovação em equipe que implica duas condições fundamentais. A primeira é que se instale nos estabelecimentos de ensino um dispositivo rigoroso correspondente aos objetivos da pesquisa e no qual se alternam os tempos de ação, os tempos de análise e de reflexão sobre a ação. A segunda condição é que se aprecie a evolução do processo ativado com a ajuda de um método de "auto-avaliação reguladora", termo tomado de empréstimo de Bertrand Schwartz, que consiste em regular as ações educativas organizadas em função dos efeitos produzidos nas aprendizagens das crianças.

Com a ajuda desse método, pudemos elaborar progressivamente a abordagem pedagógica que designamos pelo termo "pedagogia interativa" (Cresas, 1991). É difícil caracterizá-la brevemente, pois esta abordagem combina vários parâmetros. Os mais importantes são três. O primeiro se refere ao objetivo principal dos adultos engajados em nossa abordagem. É dar vontade de aprender a todos, de modo que cada criança possa se aplicar com prazer nas atividades propostas pelos educadores e estar consciente de que ela está adquirindo os conhecimentos necessários para o êxito escolar. O segundo parâmetro trata de uma estratégia de pesquisa e de inovação que rompe com toda forma de rotina. Trata-se de organizar um trabalho de experimentação pedagógica metódica. Imaginar, elaborar hipóteses, comprovar, confrontar, ajustar: este é o desafio dos profissionais para mobilizar todas as crianças. Por fim, o terceiro parâmetro define que os profissionais trabalhem juntos, tentem construir o trabalho em equipe e que a organização do trabalho a longo, a médio e a curto prazos seja decidida em conjunto.

Esta forma de encaminhar a pesquisa, contínua e coletiva, provoca profundas transformações especialmente no nível das relações entre adultos. A observação e a análise das realizações das crianças traz ininterruptamente novos problemas e novas perguntas. Tomamos consciência, progressivamente, que é da troca e da confrontação que podem surgir as novas idéias e o consenso necessário para realizar novas transformações. Por meio dessa dinâmica de troca, é o olhar sobre o outro que se transforma: ele se torna objeto de interesse, o observamos atentamente, pois nos damos conta de que cada um é capaz de trazer sua contribuição para resolver os problemas que aparecem.

Observamos também uma transformação das relações entre profissionais e crianças. Introduzindo uma organização que permite às crianças tomar iniciativas e manifestar seus saberes e "saber fazer", os adultos transformam seu olhar sobre as crianças: eles percebem que, ao contrário do que toda a tradição do ensino sugere, as crianças não são copos vazios que os educadores devem encher. Aprendemos a ter confiança em suas capacidades, não consideramos mais *a priori* que elas são "pequenas demais" ou "diferentes demais" para se lançarem no processo de aprendizagem. De uma centralização nos erros das crianças, os adultos operam uma recoordenação sobre suas competências.

COMO DIFUNDIR?

No final dos anos de 1980, o ciclo se completou. Tínhamos o sentimento de ter encontrado uma abordagem psicopedagógica baseada em sólidas bases teóricas e metodológicas que dava provas de sua eficácia em todos os lugares onde podíamos desenvolvê-la. Como fazer para que tal abordagem não ficasse isolada?

Elaboração de uma formação-ação para os atores de campo

O primeiro vetor de propagação que escolhemos testar foi a formação contínua dos profissionais de campo. Havíamos constatado que nossas pesquisas-ações tinham um efeito formador para os profissionais que participavam delas e tínhamos a intuição de que era possível transferir o procedimento na formação contínua, o que nos permitiria atingir um maior número de profissionais. Ainda era preciso encontrar um quadro institucional favorável à comprovação de nossas hipóteses. A cidade de Paris forneceria esse quadro, atribuindo ao IEDPE, em 1989, formações para os funcionários de creches. Uma equipe se pôs a trabalhar: era composta por pesquisadores do Cresas e diretoras de creches que haviam trabalhado na instituição no âmbito de pesquisas-ações. Esse grupo estabeleceu como objetivo elaborar e experimentar um dispositivo de formação contínua que pudesse iniciar os atores de campo na pedagogia interativa. Assim como em nossas pesquisas-ações, queríamos contribuir para a profissionalização dos formados, suscitando neles o desejo de inovar e um engajamento para desenvolver a qualidade do acolhimento nos estabelecimentos.

Portanto, buscamos construir uma formação-ação que se desenvolve ao longo do tempo é que é baseada no mesmo quadro conceitual e metodológico que aquele que está sendo aplicado em nossas pesquisas psicopedagógicas. Ressaltando o papel preponderante desempenhado pelas trocas entre todos os parceiros envolvidos, imaginamos um dispositivo que apresenta várias características. Primeiro, cada formação é garantida por, no mínimo, dois formadores – no caso, por um pesquisador e uma diretora de creche – para que eles possam analisar juntos o desenvolvimento da formação. Em segundo lugar, a formação se dirige a estabelecimentos de ensino, e não a indivíduos, para que os profissionais se lancem num projeto de ação em equipe. Por fim, ela é focada na análise das práticas educativas instaladas e em seus efeitos nas condutas e realizações das crianças. Assim, somos levados a estudar com cuidado a natureza das relações entre os profissionais e as crianças. A formação se desenvolve em três tempos. Num primeiro tempo, realizamos a elaboração e o lançamento de projetos de ação educativa nos estabelecimentos. Em seguida, analisamos, pelo método de auto-avaliação reguladora, o processo ativado pelas ações produzidas. No final de cada ano, faz-se o balanço do trabalho efetuado. Para os formadores, trata-se de realizar uma avaliação interna da formação. Para os formados, trata-se de situar as práticas e os conhecimentos recém-adquiridos.

Desde o início, o grupo dos formadores foi constituído em equipe e decidiu se reunir em intervalos regulares para analisar o desenvolvimento das formações e efetuar ajustes. Pesquisadores do Cresas que trabalhavam nas escolas se juntaram a esse grupo e juntos buscamos melhorar a formação, para que ela correspondesse cada vez mais aos objetivos visados e pudesse se adaptar a todos os contextos.

No decorrer dessas reuniões, vários problemas são debatidos, entre eles:
- O delicado problema das relações formadores-formados, pois percebe-se que nem sempre é fácil criar nas sessões de reagrupamento um clima de comunicação em que cada um se sente autorizado a expressar suas idéias e seus pontos de vista. Os formadores devem favorecer a escuta. Mas como?
- Como conseguir que as crianças estejam no centro das preocupações dos adultos? Como fazer com que adquiram competências para poder fazer observações pertinentes a fim de continuar o trabalho?
- Como proceder para definir o papel de cada um nas equipes que nascem nos estabelecimentos? Em particular, qual é o papel dos diretores de estabelecimentos?
- O que fazer para obter o respeito do quadro metodológico da formação? Como obter traços confiáveis e utilizáveis que permitam aos profissionais olharem seu trabalho com distanciamento?

Após 10 anos de experiência nas creches, e baseando-me no testemunho dos próprios formados,[1] posso afirmar que nossa conduta de formação provo-

---

[1] Ver na Parte 3, Capítulos 11 e 14.

ca importantes transformações, especialmente na forma com que os profissionais apreendem seu trabalho. Os formados insistem, em particular, nas transformações que acontecem no plano das relações entre os diferentes parceiros. Segundo eles, o trabalho em equipe permite um melhor conhecimento mútuo, um maior investimento profissional e a instauração de melhores relações de trabalho. O isolamento tradicional é rompido, os riscos passam a ser compartilhados, as soluções às dificuldades que surgem passam a ser pensadas em comum. Também constatam que as relações com as famílias melhoram e são desenvolvidos contatos interinstitucionais. Em outro plano, eles constatam que a sua própria curiosidade intelectual é constantemente despertada: não apenas aprendem a forma com que as crianças constroem seus conhecimentos, observando-as, mas, graças às trocas com elas, aprofundam constantemente os conteúdos que propõem. Por fim, um prazer profissional se desenvolve, aquele que se sente quando se descobre o poder de despertar as crianças, de dar-lhes vontade de aprender e de comunicar-se (Platone, 1993).

Rumo à generalização? O papel dos funcionários de coordenação*

Em meados dos anos de 1990, havíamos formado aproximadamente 40 creches em Paris. Assim, podíamos considerar uma certa propagação de nossa abordagem, mas ainda não estávamos no caminho da generalização. Um acontecimento muito preciso nos impulsionou. Desde o debate das formações, nos esforçávamos em manter contatos regulares com a subdireção do DASES** e também com as coordenadoras das creches que sempre associamos à organização de nossas formações. Estávamos persuadidos de que as coordenadoras, devido à sua posição de intermediárias entre a prática e os líderes administrativos e políticos, desempenhavam um papel importante na propagação de nossa abordagem. Essa impressão se confirmou de maneira mais clara quando essas coordenadoras nos pediram uma formação em pedagogia "para compreender melhor o que se passava nas creches formadas".

Num primeiro instante, essa demanda de formação foi recusada pelo Dases. Porém, ela teve como efeito chamar nossa atenção para as funções e as atribuições dos funcionários de coordenação dos profissionais de campo. Pudemos fazer com que essa problemática avançasse quando um pro-

---

*N. de R.T. Os funcionários de coordenação são responsáveis pelo acompanhamento do trabalho de um certo número de estabelecimentos de ensino. Cada um deles exerce uma função que combina tarefas de inspetoria e supervisão com orientação, animação e aconselhamento pedagógico. Eles estão numa posição privilegiada para incentivar o trabalho em equipe, promovendo interações e trocas dentro das e entre as escolas.
**N. de R.T. Direction des Affaires Sociales de l'Enfance et de la Sauté de la Ville de Paris [Direção de Assuntos Sociais da Infância e Saúde da Cidade de Paris].

jeto de pesquisa do IEDPE foi selecionado no âmbito do programa europeu Leonardo Da Vinci. Esse projeto trata da coordenação dos profissionais da pré-escola. Um primeiro projeto, chamado projeto-piloto, foi realizado em 1997 e 1998. Um segundo projeto, chamado "multiplicando", está atualmente em curso. Esses projetos são coordenados pelo IEDPE e pela Universidade de Liège. Equipes de pesquisadores e formadores de seis países europeus – Bélgica, Croácia, França, Grécia, Itália e Portugal – estão participando. Em todos os lugares, líderes locais trouxeram o seu apoio ou a sua colaboração à realização do projeto.

Em Paris, a programação da pesquisa foi realizada em estreita colaboração com os líderes do Dases, sendo que a própria pesquisa esteve a cargo de uma equipe do Cresas. No decorrer do projeto-piloto, organizamos uma pesquisa-ação-formação que permitiu elaborar, com as coordenadoras em formação, uma estratégia que designamos pelo termo "acompanhamento regulador das práticas educativas". Essa estratégia consiste em impulsionar, acompanhar, apoiar e coordenar práticas educativas favoráveis ao desenvolvimento das crianças e à profissionalização dos educadores.

No primeiro ano, trabalhamos com um grupo de quatro coordenadoras. No ano seguinte, esse grupo enriqueceu-se com a entrada de mais seis pessoas. O trabalho foi difícil e, ao mesmo tempo, apaixonante, pois tudo era novo para as coordenadoras: aproximar-se das práticas, trabalhar em colaboração com os profissionais e participar da construção de sua estratégia pedagógica, aprender a observar e a analisar as abordagens e as realizações das crianças e, sobretudo, provocar transformações nas relações entre coordenadoras e profissionais. Como era de se esperar, tal programa provocou bloqueios e incompreensões. Mas apenas uma pessoa decidiu abandoná-lo. Todas as outras continuaram expressando suas dificuldades e, ao mesmo tempo, suas satisfações. Os balanços feitos no fim do projeto-piloto permitem afirmar que as coordenadoras apreciaram a abordagem que elaboramos em comum. Hoje, elas debatem a questão de saber se essa abordagem deveria ou não constituir o ponto central da profissão de coordenador.

Durante o planejamento do segundo projeto, em 1999, tivemos o prazer de constatar que 22 coordenadores que trabalhavam em Paris pediram para participar. Deste modo, será que não nos lançamos no caminho da generalização? Nessa nova etapa, passamos do campo estritamente educativo e psicopedagógico ao campo sociopolítico. Um campo no qual a pesquisa não pode ser realizada a não ser em acordo e em colaboração com dirigentes administrativos, para poder definir, em conjunto, as estratégias e os métodos de trabalho. De qualquer forma, já sabemos que nos lançamos num processo de negociação contínua em que todos devem se armar de coragem para confrontar as resistências e vencer os obstáculos.

EU TENHO UM SONHO...

Paralelamente aos trabalhos feitos no âmbito do programa Leonardo Da Vinci, equipes do Cresas continuam pesquisas-formações no ensino fundamental e no ensino médio. Envolvendo a generalização de nossa abordagem nas escolas, como Martin Luther King, "eu tenho um sonho...", o Ministério da Educação confia ao Cresas uma missão. Ele lhe concede os meios necessários para realizar uma experiência, durante cinco anos, em todo um departamento do subúrbio parisiense. Para poder provar que é possível organizar a escola de modo que todos os alunos, inclusive os mais desfavorecidos, tenham vontade de aprender e de seguir adiante.

Parte 1

QUAL ESTRATÉGIA PEDAGÓGICA PARA MOBILIZAR TODAS AS CRIANÇAS NAS APRENDIZAGENS?

Favorecer Dinâmicas de Aprendizagem Interativas – na Creche, no Ensino Fundamental, no Ensino Médio   4

Marie-Anne Hugon, Sylvie Rayna, Christiane Royon

INTRODUÇÃO

Mira Stambak acaba de lembrar-se da evolução do Cresas desde as observações "ecológicas" das crianças até o trabalho em parceria e insistiu, em todas as situações, na importância das interações e das relações equilibradas entre parceiros para obter avanços intelectuais. Para ilustrar o teor dos trabalhos que envolvem as aprendizagens das crianças, nós apresentaremos alguns trechos extraídos de microanálises, isto é, alguns momentos de um trabalho de dissecação das ações, dos gestos, dos olhares, dos sons ou frases das crianças, trabalho feito sobre seqüências gravadas e escolhidas porque pareciam conter trocas produtivas. Tentamos apreender por meio desse tipo de análise a coerência interna das seqüências e a aplicação de microcondutas feitas de uma mistura de ação, de reflexão sobre a ação e de comunicação, não importando a idade das crianças e nem o conteúdo tratado.

Sylvie Rayna se lembrará primeiramente de dois exemplos de construções compartilhadas entre crianças com menos de dois anos, exemplos esses que, na época, fundamentaram para a equipe do Cresas a importância das trocas entre pares para as aprendizagens (Stambak et al., 1983). Ela continuará com a análise de duas situações mais recentes entre crianças ainda menores. No nível do ensino fundamental, Christiane Desjardins-Royon detalhará como, numa situação instalada numa turma do CP (curso preparatório), o professor encoraja e sustenta as trocas entre pares de modo a mobilizar o pensamento de todos os participantes sobre o domínio trabalhado. Por fim, no nível do ensino médio, Marie-Anne Hugon analisará o envolvimento intelectual de um grupo de quatro alunos de segundo ano na realização de uma tarefa comum, durante um módulo interdisciplinar.

Durante o colóquio, essas análises foram precedidas ou acompanhadas por seqüências de vídeo filmadas nos estabelecimentos. Melhor que os discursos, esses documentos mostravam o prazer das crianças em se aplicar juntas nas atividades propostas. Esse prazer e a motivação que ele induz também aparecem nas propostas coletadas numa entrevista de três alunas que haviam participado, três anos antes, dos módulos no segundo ano. Eis o que elas declararam: "eu me lembro bem de todos os módulos, fizemos quatro no ano..."; "podíamos nos ajudar entre nós, isso que era bom... eu tinha amigas que eram melhores do que eu e que entendiam bem o que eu não entendia..."; "estar em pequenos grupos assim dá uma atmosfera muito mais calma, a gente se sente à vontade, trabalha junto, se ajudando, é interessante..."; "em quatro, podíamos chegar a alguma coisa boa e isso dava vontade de repetir a mesma experiência para o trabalho de casa".

FAVORECER AS DINÂMICAS DE APRENDIZAGEM INTERATIVAS NA CRECHE (S. Rayna)

Desde os primeiríssimos anos, as crianças pequenas desenvolvem estratégias interativas espontâneas que as levam a co-construir seus primeiros conhecimentos. Quando os educadores lhes oferecem situações que permitem desenvolver suas iniciativas para conhecer e comunicar, observamos, de fato, dinâmicas sociocognitivas particularmente férteis. Extraídos de observações efetuadas em creche, os quatro exemplos a seguir, representativos dessas dinâmicas, ilustram dois mecanismos: a imitação e a cooperação, que permitem às crianças com menos de dois anos compartilhar suas investigações e construir coisas novas. Os dois primeiros exemplos tratam das crianças de um ano e meio a dois anos. Os dois exemplos seguintes envolvem crianças com menos de um ano.

Descobrir propriedades duplas

Para ilustrar a imitação entre crianças, ou mais precisamente as retomadas imitativas, eis um episódio extraído de um estudo realizado por M. Stambak, L. Bonica e M. Verba (Stambak et al., 1983), que mostra a forma com que as "idéias" – em forma de ações – de umas e de outras podem circular no grupo e ser úteis a todas. Quatro crianças: Clementina (19 meses), Carlos (20 meses), Karine (23 meses) e Bernardo (24 meses) estão envolvidos na exploração das propriedades dos objetos que havíamos lhes oferecido: tubos, pequenos bastões, elásticos, cubos, uma grade, miçangas, etc.

- Por um longo momento, Carlos se concentra numa experiência baseada em enfiar um bastão num tubo. Karine se junta a ele, introduzindo porções de papel em um outro tubo. Ao contrário do bastão, essas porções não caem. Nessa trajetória conjunta, as duas crianças têm a oportunidade de comparar as reações dos objetos e aumentar o campo de suas descobertas.
- Clementina, que observa Carlos, vai retomar, por sua vez, e à sua maneira, a ação de "colocar em": ela se apodera de duas esferas de plástico perfuradas, coloca a primeira numa casa da grade; depois, introduz um bastão na segunda esfera. A sucessão das duas combinações faz pensar que Clementina traz algo novo. Estará ela explorando a dupla propriedade das esferas perfuradas, sendo uma utilizada como conteúdo (da grade) e a outra como continente (do bastão)?
- Carlos, que observou Clementina, parece apreender a ligação entre as duas ações. Ele retoma por conta própria essa exploração da dupla propriedade: primeiro, ele quer tomar a grade (exemplar único), mas Clementina se recusa a cedê-la. Entende-se que ela não terminou. Carlos não insiste e procura um objeto análogo, que ele encontra rapidamente: um anel, no qual ele enfia o tubo, depois introduz o indicador neste último, antes de deixar deslizar o anel e reintroduzir o bastão no tubo.
- Essa ação se dá sob os olhos atentos das outras crianças. Ela será repetida e desenvolvida com outros objetos por Karine e depois por Bernardo.
- Durante todo esse tempo, Clementina observou de fora a sua "idéia", que se esclarece ao passar pelas mãos das outras crianças. Ela retoma, em seguida, a sua investigação e, dessa vez, utiliza apenas uma esfera perfurada que ela coloca numa casa da grade, depois a enfia num bastão.

A análise destes episódios mostra que, por meio de observações recíprocas, as crianças são levadas a desenvolver novas relações e a se lançar em processos de abstração, de descentração e de objetivação de seus primeiros saberes.

Juntar, colecionar

Para ilustrar a cooperação entre crianças, eis os momentos fortes de um exemplo extraído de um estudo de R. Maisonnet e M. Stambak (Stambak et al., 1983). Ele mostra que não apenas crianças de 13 a 15 meses retomam as idéias umas das outras, mas também "discutem" para entrar em acordo sobre um tema de brincadeira comum e que elas colaboram em uma atividade lógico-matemática. Grandes caixas de papelão e embalagens vazias de sabão em

pó* foram propostas nesse dia. Absorvidas na exploração desse material novo, as crianças se observam e sinalizam muito rapidamente suas ações umas para as outras. Neste caso, a combinação é de "colocar sobre":
- Fabrício (13 meses) coloca uma embalagem sobre uma caixa de papelão e atrai a atenção dos outros, batucando em cima. Sua "idéia" é logo retomada e desenvolvida por Nicolas (15 meses), em outro canto da sala: ele sobrepõe duas embalagem, coloca uma delas sobre sua cabeça, depois se dirige a Mateus e bate duas vezes uma das embalagem no chão, observando Mateus, antes de ir colocar suas duas embalagens sobre uma grande caixa de papelão. Sensível a esse convite, Mateus (15 meses), que também repete a ação de "colocar sobre", junta-se a ele rapidamente (Figura 1).
- Um "discussão" em forma de ações será produzida, então, entre Mateus e Nicolas. Eles irão conseguir superar certos momentos de incompreensão e compartilhar a atividade de juntar todas as embalagem sobre a caixa:
  – Uma das embalagem caiu. Mateus se dirige a Nicolas: ele avança seu peito e vocaliza. Será que ele quer brincar? De quê?
  – Nicolas responde com uma vocalização apontando para a embalagem que permanece sobre a caixa, depois a levanta sem tirar os olhos de Mateus. Será que está lhe propondo brincar de levantar a embalagem?
  – Mateus demonstra seu desacordo por meio de uma vocalização e levanta sua mão à altura da embalagem ausente, indicando a Nicolas que ele deve recolocá-la sobre a caixa (Figura 2).
  – Nicolas a recoloca, depois aponta o dedo para uma segunda embalagem que está no chão e vocaliza. Como continuar a brincadeira?
  – Mateus propõe colocá-la sobre a caixa. Para tanto, ele se expressa com a ajuda da embalagem que já está lá: ele a levanta e a coloca logo no lugar.
  – Nicolas não entende a mensagem: ele tira a primeira embalagem de cima da caixa e espera.
  – Mateus insiste e pede a embalagem: ele estende a mão com insistência.
  – Nicolas a recoloca sobre a caixa, ao passo que Mateus esclarece sua intenção de reiterar a ação de "colocar sobre", indo ele mesmo procurar a outra embalagem.
  – Mateus a ergue sobre a caixa, e Nicolas a dispõe ao lado da primeira,
  – enquanto Mateus parte para procurar, uma a uma, outras embalagens espalhadas na sala, as quais que ele estende a Nicolas dizendo "tá... tá... lá". Nicolas coopera, esperando Mateus e ordenando as embalagens, acrescentando uma embalagem próxima dele, depois recolhendo e recolocando as outras que caem.

---

*N. de R. T. Ver as imagens na página 41.

– No final, uma outra criança, Julia (13 meses) também vem colaborar na coleta de embalagens: ela passa a Mateus duas embalagens (que caíram). Fabrício volta e também participa (Figura 3).

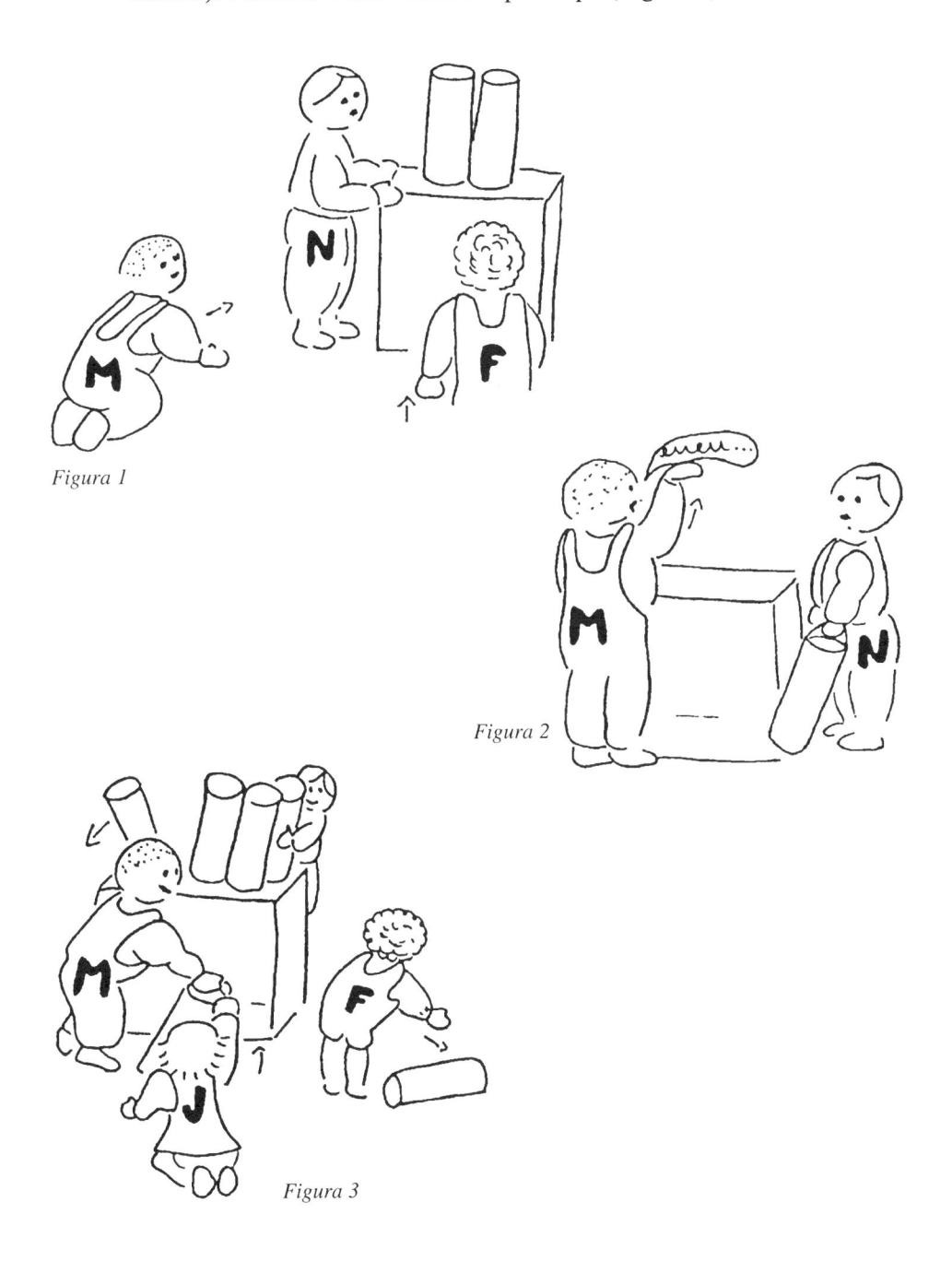

Figura 1

Figura 2

Figura 3

– Uma vez realizada a coleta completa, as crianças se apressam alegremente em destruí-la pelo prazer de reconstruí-la, consolidando, assim, suas aquisições.

Tais episódios indicam a presença de formas de cooperação precoces sustentadas pela aplicação de processos cognitivos e comunicativos, como sinalização, esclarecimento e segmentação da ação, que levam as crianças pequenas a desenvolver uma maior mobilidade intelectual. Essas dinâmicas não surgem do nada. Se formos investigá-las em bebês, podemos identificar seu surgimento no primeiro ano de vida. A observação é mais difícil, mas é possível revelar as intenções das crianças, mesmo que suas ações nem sempre sejam concluídas.

Colocar em

O primeiro trecho selecionado diz respeito a um início de retomada imitativa em um bebê de sete meses, Adriano. Esse bebê sai sozinho do tapete reservado aos lactentes para se unir a um grupo de crianças mais velhas, que estão explorando um material "heteróclito" colocado no meio da sala pelos auxiliares da seção. Muito interessado pela ação – colocar em – de Caroline (12 meses), Adriano, comunicando suas intenções ao adulto, irá tentar repeti-la, ainda que essa combinação seja, como se sabe, difícil para a sua idade.

- Adriano observa atentamente Caroline, que tem um canudinho numa das mãos e vai introduzir um outro canudinho num tubo colocado na vertical no chão. Adriano quer agir: ele aproxima a sua mão e a abre, depois pára seu gesto e observa Caroline. Ela pega o tubo, inclina-o, fazendo com que o canudo saia, depois tenta enfiar o 2º canudo.
- Adriano pega imediatamente o canudinho que está no chão e a levanta com um movimento amplo, olhando para Caroline e para o tubo. Depois, ele se vira para o adulto, para o qual olha sorrindo, leva o canudinho à boca e se volta para Caroline, que está tentando colocar o tubo na vertical no chão, como anteriormente, para enfiar o 2º canudinho nele. Em seguida, Adriano se vira novamente para o adulto, retirando o canudinho da boca, e sorri. Adriano repetiu, pois, a ação de Caroline, que realizou no próprio corpo (boca), mas ainda sem combinar dois objetos. Além disso, pareceu estar comunicando ao adulto que ele também estava "colocando em".
- Adriano olha novamente para Caroline (que continua com suas tentativas), larga o canudinho, olha para Caroline, pega novamente o canudinho, levanta-a, observa-a, aproxima-a brevemente de sua boca, parece largá-la, procura-a entre suas pernas, levanta-a com uma mão; com a outra, pega uma caixinha cilíndrica. Ele observa a caixa, vira-se novamente para o

adulto, depois aproxima brevemente o canudinho da caixa, mas larga – ou perde – esta última. Observando as tentativas de Caroline, Adriano continua, assim, sua própria atividade: termina por se apoderar de dois objetos, continente e conteúdo, e dirige novamente o olhar ao adulto antes de esboçar uma primeira aproximação que ele irá reiterar. A sua intenção é clara.
- Logo, ele avança a mão que está com o canudinho em direção à caixa, larga o canudo para pegar a caixa, apressa-se em pegar novamente o canudo com a outra mão, depois aproxima os dois objetos, desajeitadamente. Com um gesto brusco, ele larga o canudo, logo pega-o de novo e aproxima-o novamente da caixa. Depois, larga com um gesto brusco a caixa e pega-a novamente. Será que ele relaxa a tensão produzida em sua ação e expressa a sua frustração, como Caroline irá fazer?
- De fato, Caroline, irritada por não ter conseguido enfiar pela segunda vez (o seu canudinho se dobrou em dois), atirou violentamente tubo e canudinho. Por sua vez, Adriano observa, depois retoma sua ação com outro objeto, uma garrafa, na qual Caroline enfia o dedo indicador, procura entre o material (enquanto o adulto desdobra o canudo), finalmente se apodera do canudo de Adriano. Ele observa o canudo que Caroline tomou dele, depois avança a mão na direção da garrafa, no chão, toca-a sem pegá-la, depois se estica várias vezes para pegar o canudo de Caroline. Ele finalmente pega a garrafa e a estende várias vezes na direção do tubo, que está mais adiante no chão. Vemos que Adriano não abandona sua intenção de combinar dois objetos e termina com uma tentativa de nova aproximação.

Este tipo de seqüência mostra, entre crianças com menos de um ano, uma sucessão coerente de ações, o surgimento de retomadas imitativas que favorece a diferenciação das primeiras combinações de objetos e um esboço de sinalização ao adulto e, portanto, de distanciamento em relação à própria ação.

Dar-pegar

Vamos examinar uma última seqüência, extraída de um estudo realizado com O. Baudelot, cuja estrutura de alternância indica os prelúdios do jogo cooperativo "dar-pegar", descrito entre o bebê e o adulto nos estudos de Bruner ou Deleau, e que as crianças começam a desenvolver entre si – neste caso, aos sete meses de idade.

É hora da sesta, a maioria das crianças está dormindo. Apenas Érico e Frank estão acordados e brincam, na presença de um adulto, no tapete onde se encontra o material, entre este um carrinho. Acompanhemos a maneira com que se esboçam as primeiras passagens do objeto (o carrinho) de uma criança à outra e os papéis que elas supõem.

- Érico, deitado de bruços, está com um carrinho em sua boca, depois passa-o de uma mão à outra, o que atrai imediatamente a atenção de Frank, deitado de bruços, diante dele. Frank engatinha, observando o carrinho. Apesar de uma boneca estar presa sob seu joelho, ele consegue se aproximar. Então, Érico se vira para ele sorrindo, observa-o e lhe dirige uma vocalização, depois bate a mão no chão e olha o carrinho que está no chão. Frank coloca, então, uma mão, depois a outra, no carrinho por cima da mão de Érico e, juntos, apalpam o carrinho com quatro mãos.
- Érico levanta o carrinho, coloca-o no chão, depois vira-o e desvira-o em suas mãos, vocalizando. Frank observa Érico, e depois o carrinho, dá um tapa no chão com a mão e estende-a na direção do carrinho. Érico estende-lhe então o carrinho sem tirar os olhos e vocalizando. Frank, que também segue o carrinho com os olhos, pega-o. O carrinho, reivindicado e dado, troca então de mãos.
- Érico batuca no carrinho segurado por Frank, olha para seu amigo e depois para o carrinho, sorrindo. Frank afasta um pouco o carrinho e o manipula sob o olhar de Érico. Este recomeça a batucar por duas vezes, mas inutilmente. Depois de ter dado o carrinho, agora Érico quer recebê-lo. Ele procura "persuadir" Frank por meio de seus gestos e mímicas (dar tapas leves no carrinho – olhar o rosto, depois o carrinho – sorrir), e não pela força, e insiste. Mas Frank continua centrado no objeto, ao passo que Érico parece se centrar na troca. Contudo, o carrinho irá passar novamente para Érico.
- Érico dá um tapa no chão e olha o carrinho que Frank casualmente deixa cair sob uma boneca. Frank procura levantar a boneca, retirando assim o carrinho à vista de Érico. Imediatamente, Érico vocaliza, aproxima-se do carrinho e toma posse dele.
- Frank observa o carrinho por um longo tempo, toma-o das mãos de Érico, depois afasta-o e coloca-o no chão.
- Érico, sem tirar os olhos do carrinho, estica a mão na direção dele, sorrindo. Frank dá uma olhada no adulto, olha o carrinho, aproxima-o e larga-o entre ele e Érico, que avançou engatinhando. Érico pega o carrinho.
- Frank volta a pegar o carrinho de suas mãos, bate no chão com ele, larga-o. A brincadeira é interrompida, pois as crianças, próximas demais uma da outra, atrapalham-se mutuamente e perdem o carrinho de vista.

O objeto passa, assim, de mão em mão. Uma alternância de papéis se esboça à medida que as condutas comunicativas e a intercompreensão das respectivas intenções são determinadas. Érico, já capaz de assumir o duplo papel de solicitar-dar, leva Frank a se descentralizar do objeto para se centrar em suas ações alternadas. Deve-se notar que a resistência do outro obriga Érico a aperfeiçoar seus atos de comunicação, que contêm, em forma de esboço, os ingredientes dos procedimentos de esclarecimento, de explicitação e de persuasão que observamos e estudamos em crianças de dois a três anos, especialmente no decorrer de brincadeiras simbólicas.

NO ENSINO FUNDAMENTAL, DINÂMICAS INTERATIVAS E O PRAZER DE PROCURAR (C. Royon)

Vimos o dinamismo de crianças de creches, curiosas e ávidas de comunicação. Nas salas de aula, será possível mobilizar esses mesmos processos de construção na comunicação, satisfazendo ao mesmo tempo as metas dos programas escolares?

Gostar dos problemas

Relatarei uma situação organizada numa sala de CP no âmbito de uma reflexão de equipe de escola sobre a espinhosa questão da resolução de problemas. Na realidade, menos sobre as técnicas de resolução e mais sobre as relações conflituais ou estereotipadas que vários alunos têm com esse trabalho. Para algumas crianças, os problemas parecem, de fato, pertencer a um mundo codificado, vestido com elementos da vida cotidiana, mas onde o bom senso só deve entrar com moderação. Não há lugar para as certezas, não existe o direito de tocar no enunciado, é preciso mobilizar passo a passo uma sucessão de frases a serem escritas e conhecimentos numéricos para que seja aceito, na melhor das hipóteses, o que se havia intuído. Para mudar esse estado de espírito, a equipe organizou, para os maiores, situações que permitiam a expressão de medos e falsas representações e a construção dos procedimentos de resolução com sentido para todos.

No CP, o desafio era partir sobre bases tônicas, dando às crianças o gosto de procurar juntas, explicar-se mutuamente e responder aos desafios. Para tanto, foi escolhida uma situação lúdica que consistia em realizar uma divisão do espaço plano da folha em campos separados – "traçando círculos que se tocam" –, depois, feita a divisão, em marcar todos esses campos com o auxílio de apenas três cores. O desafio era fazer com que dois campos contíguos não fossem marcados com a mesma cor. Pressente-se que, conforme o número de campos (círculos) desenhados e conforme o número de pontos de tangência entre dois campos – "este círculo toca esse e esse" –, a resolução é fácil, ou requer reflexão, ou é impossível. Por meio das repetições do jogo, é possível esperar que as crianças progridam na resolução sensata dos desafios e que percebam também cada vez melhor, ainda que de modo intuitivo, as ligações existentes entre a complexidade dos dados de partida e a dificuldade de marcar todos os campos respeitando a regra: "não, não faça círculos demais, não a partida está perdida".

A arquitetura de uma partida:
o jogo do acaso e das relações interindividuais

Vejamos passo a passo o desenvolvimento de uma partida filmada em classe envolvendo seis crianças e um adulto. Uma aluna nova não conhece as regras, seus colegas repetem-nas para ela, com o apoio de gestos:
- "faremos círculos e cuidaremos para que duas cores não se toquem";
- "os círculos têm de estar colados";
- "primeiro você faz círculos, depois você faz cruzes com a cor que quiser; essa cor não pode tocar a mesma cor";
- "se colocamos vermelho, não podemos colocar vermelho no círculo ao lado".

Em seguida, constituímos a base do jogo, desenhando cada um, por sua vez, um círculo tangente a pelo menos um dos círculos já desenhados. O que produz, nesse dia, a configuração de 15 círculos que foi reproduzida a seguir. Os círculos foram assinalados de A a O para facilitar a leitura da análise que se segue.

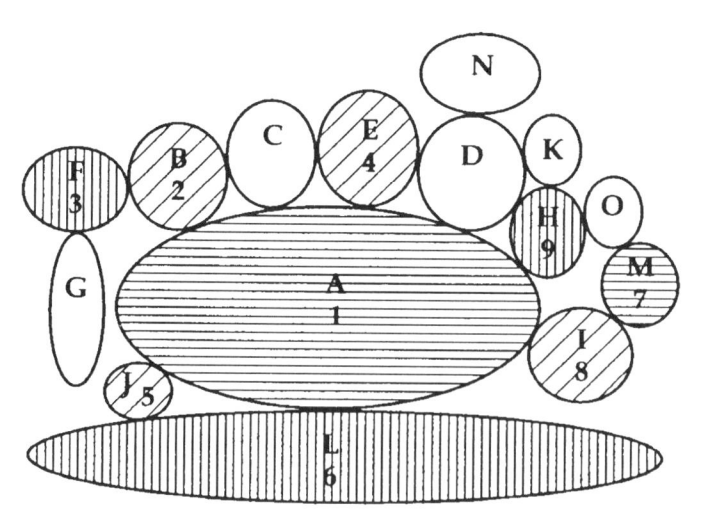

Trata-se agora de posicionar as cores de modo a conseguir marcar tudo. Para os primeiros círculos, as crianças recorreram a duas regras de ação econômicas, conseqüências imediatas da proibição "se colocarmos vermelho, não podemos colocar vermelho no círculo ao lado". De forma que:

- ou marcam o círculo vizinho a um círculo já colorido com uma outra cor *(assim, Sofia coloca uma segunda cruz vermelha em B contíguo a A, marcado em azul, e André coloca uma terceira cruz verde em F contíguo a B, marcado em vermelho).*
- ou usam a mesma cor, mas deixam um círculo livre entre aquele já marcado e aquele que irão marcar *(por exemplo, Morgana coloca uma quarta cruz vermelha em E, separado pelo círculo C [não-marcado] de B, marcado em vermelho, e Ana coloca uma sétima cruz azul em M, separado pelo círculo I [não-marcado] de A marcado em azul.*

Para a décima cruz, André prepara-se para utilizar a segunda regra de ação, mas, com mais da metade dos círculos já marcados, torna-se mais difícil dispersar as cores no jogo. Como ele escolheu a cor vermelha e quatro cruzes vermelhas já foram colocadas, Sofia pensa que é nesse momento que isso é impossível; ela adverte André:

"Não põe vermelho ao lado do vermelho, hein!"

Depois, considerando mais atentamente o jogo, ela descobre uma solução:

"Ah, sim, aí (= círculo K) você pode."

A inquietude expressada por Sofia mutualiza o problema: passamos então do cada um por si do início da partida a uma responsabilização coletiva pela ação de André para que "a partida não seja perdida". Os conselhos e sugestões chovem de todos os lados:

"Aí, aí"!

"Lá não! Lá".

"André, se eu fosse você, eu colocaria lá..."

Fiéis à segunda regra de ação, todas as crianças propõem ou o círculo N ou o círculo K, que estão separados pelo círculo D, ainda vazio, do círculo E, marcado em vermelho.

O professor estimula os conselheiros a justificar suas sugestões e, pelos círculos N e E estarem muito próximos, as explicações dadas são a oportunidade – em particular para Sofia – de distinguir bem proximidade e contigüidade.

Henrique a André: "Você pode colocar aí (= em N) porque não toca aquele lá (= E)."

Sacha: "Ali não toca aquele lá."

Sofia: "É, mas está ao lado."

Adulto: "Sim, está ao lado, mas não toca."

André marca o círculo N com uma cruz vermelha, depois, mostrando o intervalo entre os círculos N e E, precisa: "Ainda tem espaço."

Sofia: "Sim."

Sacha: "Sim, tem um espaço."

Enquanto Morgana marca em azul o círculo K, ainda conforme a regra de ação de mudança de cor, Sofia continua a sua reflexão sobre a diferença entre próximo e contíguo e mostra a sua compreensão dando um contra-exemplo:

"Sim, mas não pode colocar vermelho aí." (= em D contíguo a E, marcado em vermelho)

Essa reflexão de Sofia tem por efeito atrair para a casa D a atenção de Ana, que, por sua vez, toma consciência de que, se de fato não se deve colocar vermelho em D, nem o azul, nem o verde irão convir:

"Então aí (= em D) estamos bloqueados, qual cor colocaremos aí?"

Mesmo que o vermelho não seja desejável, Sacha quer continuar a partida:

"Ah, eu sei, tem uma cor que ainda podemos colocar em qualquer lugar."

Essas duas intervenções, que o adulto irá apoiar uma após a outra, desviam a dinâmica do jogo: passa-se da previsão da ação pessoal a uma visão mais global do fim da partida. Cada um continua, evidentemente, marcando um círculo por vez, mas as regras de ação econômicas do início dão lugar a uma combinação de relações lógicas encaradas em conjunto para cada uma das casas ainda não marcadas.

Uns se fixam na evidência de a partida já estar "perdida", devido à impossibilidade de marcar a casa D.

Tendo o professor relevado o palpite de Ana: "Ana diz que estamos bloqueados?"
Ana precisa: "Sim, porque as cores estão aí, coladas", apontando com o dedo para as casas H, A, E, vizinhas de D.
André detalha a argumentação: "Ali (= em H), temos verde; ali (= em E), temos vermelho; ali (= em A), temos azul; isso quer dizer que lá (= em D) não podemos colocar."
Ana aprova: "É!"

Os outros, seguindo o convite reiterado de Sacha, esforçam-se em prolongar o jogo, identificando os círculos onde ainda é possível jogar:

Sacha: "Ainda é possível colocar em algum lugar..."
Sofia: "Lá (= em C)!"
Sacha: "Ah, lá (= em C)! verde, verde!"

O professor encoraja a continuação do jogo e todos se mobilizam:

Professor: "E ali (= em G), ainda se pode jogar?"
Sacha: "Você pode colocar..."
Sofia: "Azul."
Sacha: "Azul."

Ana: "Azul... ah não, não, azul não!"
André: "Sim!"
Sofia: "Ah não, não, azul não, vai tocar ali (= A)!"

Outras propostas chovem por círculos mais fáceis de se tratar:

Sacha: "Aqui (= em C), você pode colocar verde."
Morgana: "E lá (= em O), podemos colocar vermelho."

O professor pergunta à tímida Morgana:

Professor: "Podemos colocar vermelho lá (= em O)?"
Ana: "Vermelho, sim."
André: "Sim."
Sofia: "Sim, podemos."

O professor, que é o jogador da vez, traça em vermelho a décima primeira cruz em O: "Bom, eu vou por vocês, hein!".

Sacha impõe, por fim, a sua proposta, desta vez argumentando-a:
Sacha: "Henrique, aqui (= em C) tem que botar verde."
Sofia: "Sim, verde."
Sacha: "Porque ali (aponta os dois círculos B e E, que cercam C) não são verdes."
Henrique aprova e coloca uma cruz verde em C.

Restam dois círculos não-marcados, G e D:

Ana: "Não podemos mais jogar, ali (= em G), se botarmos azul, vai tocar (= A); ali (= em D), se botarmos azul, vai tocar também (= A)."
Henrique: "É! mas aqui (= em G), não toca aqui (= J muito próximo de G.)"
Ana: "Ah é, não toca ali, podemos botar vermelho." Traça a cruz em G.
André precisa: "Toca ali (= G toca A), mas ali tem um pouco de espaço (= entre G e J)."
Sofia: "Sim, ali não toca."

O acordo feito sobre a não-tangência de G e J remete à casa "bloqueada" de Ana:

Professor: "E ali (= D)?"
Morgana: "Não, não podemos."
Ana: "Tá bloqueado!"
André: "Não podemos."
Sacha: "Não podemos, a partida está perdida!"

As crianças, prontas para começar uma outra partida, pegam uma nova folha.

Análise

O que impressiona principalmente dessa seqüência é a efervescência, o envolvimento de todas as crianças, o seu interesse pelas ações das outras, a sua vontade de compartilhar suas idéias, de convencer. Ora elas se repetem, cada uma reformulando a idéia à sua maneira – na instrução, por exemplo, ou na expressão da contigüidade –, ora suas ações e propósitos se unem e se completam – como vemos na demonstração da impossibilidade de ganhar. Algumas frases também podem ser desviadas de sua meta e interpretadas de forma inesperada, desencadeando entre os parceiros uma mudança de foco – é o caso do contra-exemplo de Sofia, que, ligado ao avanço da partida, orienta Ana sobre o bloqueio do problema, e Sacha, sobre a vontade de jogar tanto tempo quanto possível.

Essa dinâmica é, em grande parte, fruto da situação proposta pelo adulto. As crianças estão em número reduzido, o que permite a cada uma delas acompanhar o trabalho comum e entender as outras. A situação é motivadora pelo seu lado lúdico, mas também por ser, para as crianças, a ocasião para exercer capacidades em vias de aquisição – a antecipação e a precisão do gesto nos traços feitos à mão de círculos tangentes, mas também a aptidão para "explorar os dados", entender as suas conseqüências. A situação oferece em sua repetição uma familiaridade que elas apreciam, mas também uma grande diversidade que evita que se cansem. Permite-lhes um certo controle sobre o nível do desafio que estão propondo para si: "Eu farei um círculo bem grande no meio, depois todos os outros vão tocar nele". Porém, dentro de uma dificuldade elevada, elas podem, todavia, tentar jogar com o seu nível de conhecimento tal como é. Assim, as crianças usaram, no início da partida, as regras de ação simples que vimos, ao passo que a partir da segunda cruz escolhida – vermelha em B –, uma cascata de relações lógicas já impunha a escolha das cores para os círculos C, E, D, H e K, que teria permitido não perder a partida.

Essa dinâmica também é amplamente fruto do papel garantido pelo professor. A sua primeira prioridade é que cada um tome o seu lugar no grupo, tenha confiança em si e passe a refletir. Para regular as relações sociais, ele pode recorrer às intervenções diretas, refreando, por exemplo, um aluno extrovertido em prol de um tímido: "Espere, Sacha, vamos escutar Morgana". Porém, é principalmente por meio do interesse pelo conteúdo, seja qual for a forma em que ele apareça, que essa regulação é feita. Dessa forma, o professor faz com que os outros observem, ao relembrar a instrução, a proposta de tangência de Ana, que havia arredondado e aproximado polegares e indicadores como se poderia fazer para representar um par de óculos. Essa focalização de todos os momentos nos embriões de expressão das idéias "dá o tom" e serve simultaneamente para a equilibração das relações, a mobilização do pensamento e a freqüentação dos campos de conhecimentos visados – neste caso, ter prazer em fazer perguntas para si próprio, dominar relações topológicas, usar sua lógica, explorar as possibilidades, buscar soluções e argumentá-las. Assistimos, de fato, a uma interação que se completa: as relações equilibradas entre parceiros favorecem a construção de conhecimentos e uma relação positiva e dinâmica com os saberes, enquanto a construção intelectual compartilhada participa do estabelecimento de relações sociais equilibradas e do respeito aos parceiros durante e fora da atividade.

NO ENSINO MÉDIO, ANALISAR UMA CHARGE EM GRUPO (M.-A. Hugon)

O documento que vou apresentar foi preparado em colaboração com Anne-Marie Tolla, professora na escola de ensino médio Rodin, em Paris. Trata-se da análise de uma gravação em áudio realizada no âmbito de uma pesquisa-ação já concluída e que faz parte de uma obra coletiva a ser publicada com o título "Construindo suas aprendizagens no ensino médio". Os professores e os pesquisadores que participaram desta pesquisa desenvolveram e experimentaram, em situação real – respeitando as exigências de programa e horário da aula do segundo ano –, situações de trabalho interdisciplinares em pequenos grupos, construídas em referência à concepção das aprendizagens defendida pela equipe do Cresas.

A situação

Entre diversas situações, trabalhadas com mais freqüência nas horas de ensino modular, figuram análises de imagens. Por que essa escolha? Os professores constatam que, em todas as disciplinas, os alunos mergulham em torrentes de imagens, esquemas e esboços para decifrar, analisar ou construir. Assim, na prova de história e geografia do *baccalauréat*[*], o aluno é solicitado a comentar documentos iconográficos. No entanto, os alunos estão muito despreparados para trabalhar com a decodificação de tais documentos ou com a síntese gráfica de textos escritos, e é verdade que não se faz com que utilizem sistematicamente sua inteligência visual e espacial, nem tomem consciência das mensagens que as imagens e as representações gráficas transmitem.

Eis por que os professores, com o apoio dos pesquisadores, conceberam e propuseram aos alunos diversos exercícios sobre a relação entre texto e imagem. Um deles consistiu em decifrar e analisar imagens variadas, depois em construir uma argumentação a partir dessas análises e, por fim, em criar ima-

---
[*] N. de T. Conforme o sistema educacional francês, é o exame que habilita o aluno aos estudos universitários.

gens que traduzissem idéias complexas. Eu me limitarei aqui à primeira fase do exercício, cuja instrução era:

1. Vocês têm em mãos cinco folhas onde estão reproduzidas diferentes imagens. O que estão vendo? Entrem em acordo a respeito de uma interpretação e uma redação comuns. Justifiquem as escolhas do grupo.

2. A imagem é uma linguagem?

3. Tomem conhecimento dos dois textos anexos e construam duas "imagens" que expressem os conteúdos desses textos.

Esta instrução implica que os alunos se dediquem a uma atividade complexa de leitura, de decifração e de redação coletiva. Suas trocas são finalizadas pela produção comum solicitada na instrução. A produção que iremos analisar trata da interpretação de uma charge de Plantu, publicada na primeira página do jornal *Le Monde*.

Charge de Plantu, Le Monde, datada de 2 de outubro de 1997.

Quando essa charge foi publicada, no outono de 1997, dois temas de política interna estavam sendo debatidos. De um lado, a instauração, no momento dos picos de poluição, de uma regulamentação que autorizava alternadamente a condução dos veículos conforme seu número de matrícula par ou ímpar. Por outro lado, o tema da redução da jornada de trabalho semanal para 35 horas era alvo de um debate público. O autor realizou uma charge em torno da articulação desses dois temas. Entretanto, o vínculo entre os dois temas não é evidente. Parece até mesmo incongruente. O mistério – e talvez o humor da charge – está na relação que deve ser encontrada entre esses dois temas. Os alunos estavam, assim, diante de um documento que apresentava um enigma a ser resolvido. Interpretar essa imagem requer que se refira ao contexto sociopolítico, bem como a conhecimentos retóricos e semiológicos. Ao final de uma trajetória comum, sobre a qual darei alguns apanhados, o grupo, cujo trabalho relatarei, conseguirá decifrar a charge, já que formulará o uso metafórico que o autor faz de um dos temas. Um grupo de quatro meninas conduziu em conjunto a análise da charge, depois se dedicou a uma redação comum. Esse procedimento de trabalho nos permitiu ter uma idéia da forma com que elas apreendiam a tarefa proposta.

Análise da dinâmica

Transcrevemos a gravação em áudio destas quatro alunas, que chamaremos de Benedita, Ingrid, Clara e Maria. E tratamos suas trocas da seguinte maneira: cada réplica é atribuída a um membro do grupo e numerada conforme sua ordem de surgimento. O conjunto das réplicas é, em seguida, recortado em uma série de seqüências, a fim de identificar as fases pelas quais passa essa co-construção de um sentido comum. Dentro de cada seqüência, identificamos como se distribuía o diálogo e como se encadeavam os argumentos. Em outras palavras, tentamos evidenciar os procedimentos trabalhados pelo grupo para responder à tarefa proposta e tentamos apreender a lógica natural aplicada nessas trocas.

A observação do conjunto das trocas dessa seqüência revela que as quatro alunas se envolvem na atividade, evidentemente com intensidades variáveis e conforme modalidades diferentes, mas nenhuma ficou deslocada. Além disso, em momento algum se desenvolveram conversas paralelas sobre outras questões, o que chamamos de "bater papo". Essa aplicação de todas que perdura ao longo da atividade é, em si, a nosso ver, um indicador do sucesso da atividade proposta.

Uma abordagem de trabalho complexa

A observação mostra que, neste estudo de caso, ao longo de suas trocas, as alunas têm, simultaneamente, vários níveis de preocupação:
- Entender a inteligência da charge: "Vocês notaram que é o operário, aqui, é o operário que está no carro e não o patrão?";
- Escrever e, durante este percurso, avaliar o texto que está sendo feito: "Não, não concordo, isso não é francês...";
- Aplicar procedimentos de trabalho para satisfazer o horário escolar: "Talvez a gente devesse se apressar, senão não teremos tempo."

Podemos formular a hipótese de que as alunas aprofundam muito mais a sua compreensão da imagem quando devem escrever juntas. Procurando juntas "as palavras certas" elas conseguem explicitar mutuamente o significado que atribuem à charge. Essa questão do significado não as abandona. Enquanto, ao cabo de negociações bastante longas, chegam a um acordo sobre uma redação comum relativamente satisfatória para as quatro, elas voltam ainda, no final da seqüência, ao sentido a ser dado à charge, por estarem conscientes de que a formulação escolhida não dá conta de toda a sua riqueza.

A inteligência da charge

A tarefa da inteligência da charge é uma atividade em que se misturam diferentes níveis de trabalho e diferentes modos de decodificação do sentido: explicitação de indícios visuais, referência ao contexto sociocultural, intuições meditadas. É na análise que separamos esses componentes. As alunas, por sua vez, muito rapidamente, procuram sintetizar o que vêem e anunciam interpretações justificadas pelos indícios que percebem na charge. Assim, fazem emergir rapidamente os dois temas:
- A poluição: "Mas, na verdade, é uma imagem contra a poluição."
- A redução da jornada de trabalho: "Faz alusão às diferentes... bem, você está vendo as trinta e cinco horas..."

Esses dois temas permanecem justapostos num primeiro momento, mas, muito rapidamente, Benedita pressente uma intencionalidade global no humorista que ela não consegue ainda explicitar:

"Tem a poluição e, do outro lado, o carro do operário. São 35 horas e não 075* que está ali. Então, são 35 horas, senão teriam posto um número... se não houvesse relação. É porque os operários fazem greves pela diminuição da jornada de trabalho."

Nessa intervenção, Benedita, bem como suas colegas, reposicionou a charge no contexto sociopolítico e a relacionou com os movimentos sociais em curso. Porém, sobretudo, ela levanta o problema que irá ocupar as alunas ao longo das trocas por vir: qual é a natureza do vínculo a ser estabelecido entre o primeiro e o segundo tema? Como "aliar" – palavra empregada por uma das meninas – esses dois temas? Benedita conseguirá compartilhar essa preocupação aos poucos com suas colegas. A ligação entre os dois temas é pressentida apenas por Benedita:

"Acho que a conclusão é meio o patrão – enfim, a poluição criada pelo operário para o patrão... se é que você está me entendendo." Em seguida, muito depois de terem estabilizado seu texto, as quatro retomam o debate. Durante essas trocas, Benedita desempenha um papel muito dinâmico. Sua observação é recuperada e reposicionada por suas colegas no contexto da interpretação existente:

Maria: "Bem, justamente, é o patrão que está sendo poluído pelo operário."
Ingrid: "Ele está sendo poluído, está se sentindo mal."

---
* N. de R.T. Em Paris, as placas dos carros começam sempre com "075".

Este ajuste não basta para Benedita: "Sim, mas ele está sendo "poluído" – entre aspas". E, incansavelmente, ela retornará ao seu espanto, primeiro sem convencer suas colegas. Finalmente, sua perseverança irá lhe permitir superar a relativa indiferença de suas colegas e obrigá-las a um questionamento que, sem dúvida, não teriam efetuado por si mesmas. Elas chegarão coletivamente a denominar aquilo que surpreende Benedita: trata-se de uma metáfora. A relação entre os dois temas é uma relação metafórica e não de mera contigüidade. Aliás, é daí que vem a estranheza e o humor da charge. Benedita mostra, assim, tenacidade e consegue fazer com que suas colegas se dediquem a um problema que elas não tinham vontade de tratar. Ela conseguiu compartilhar sua curiosidade, mesmo que esse avanço não seja traduzido na formulação adotada *in fine*.

Neste exemplo, as trocas parecem benéficas a todas. Por sua insistência, Benedita fez com que suas colegas tivessem acesso a uma abordagem da complexidade dessa imagem que só ela percebia inicialmente. Por sua vez, para se explicar a suas colegas, ela teve de forçar a explicitação de suas intuições e se dedicou a um difícil exercício. Por falta de espaço, não analisaremos aqui as trocas relacionadas à formulação dos enunciados a serem escritos. Apenas diremos que as alunas chegarão a um acordo sobre uma redação final à qual se fixarão: "A charge de Plantu alia o problema da poluição e o da jornada de trabalho (demasiadamente pesada, solicitação das 35 horas). Esta imagem faz referência à situação de nosso país. Neste desenho, compreendemos que o patrão é incomodado pelas reclamações de seu operário, que o polui ao requerer a redução da jornada de trabalho para 35 horas".

Conclusão

No geral, o que surpreende no episódio analisado é a manifestação, pelas alunas, de múltiplas competências. Elas sabem trabalhar em conjunto, escutar, construir coletivamente um raciocínio, sabem organizar seu trabalho e, principalmente, demonstram curiosidade intelectual, vontade de entender e tenacidade. Essas qualidades só são percebidas se forem providos meios para percebê-las, o que ocorreu no âmbito das práticas pedagógicas sensatas e inventivas desenvolvidas pelos professores da pesquisa. Elas, passam, provavelmente, mais despercebidas em situações mais frontais e mais individuais.

Este exemplo e as trocas das quais fiz um rápido apanhado mostram que seria interessante arranjar, no ensino, momentos de livre discussão em torno de assuntos intelectualmente ambiciosos. Os alunos poderiam exercer livremente seu poder de pensar coletivamente. Cabe aos professores a responsabilidade de organizar um meio coletivo, que seja fonte de trocas intelectuais organizadas, para retomar a expressão de Piaget (Piaget, 1948), no qual os alunos formariam "uma comunidade de aprendizes que se ajudam uns aos outros" (Bruner, 1996). Veríamos então o despertar das curiosidades intelectuais e a vontade de procurar e entender, despercebidas nas situações de trabalho habituais.

A Heterogeneidade: Obstáculo ou Recurso para Aprendizes e Pedagogos?

Françoise Platone, Jean Biarnès

INTRODUÇÃO

Nosso propósito é apresentar aqui um primeiro apanhado das conclusões de uma pesquisa que Jean Biarnès e eu co-pilotamos e que foi concluída há pouco. Ela envolvia o que se convencionou chamar de "gestão pedagógica da heterogeneidade dos alunos", questão, como todos sabem, eminentemente preocupante para os professores. O contexto institucional atual lhes ordena, de fato, a fazer com que todos os alunos tenham êxito, seja qual forem suas diferenças, no quadro de estruturas e programas escolares os mais unificados possíveis. Esse contexto faz com que alunos muito diferentes se encontrem reunidos nas mesmas salas de aula, o que cria problemas inéditos de gestão pedagógica para os professores.

Esta problemática está no cerne da questão da democratização do ensino. Em relação a ela, vários caminhos pedagógicos foram abertos e experimentados no decorrer das últimas décadas. A abordagem do Cresas, a "pedagogia interativa", é um deles. Foi elaborado para favorecer o êxito das aprendizagens escolares por todas as crianças, não importando suas características individuais ou suas pertinências socioculturais, sem marginalização nem diminuição de nível. Exemplos de práticas inscritas neste quadro foram apresentados e analisados no capítulo precedente. Pudemos ver como essa orientação permite conduzir todos os membros de um grupo numa reflexão e construção comuns e como as diferenças de pontos de vista conseguem ser articuladas e sustentadas mutuamente nessas dinâmicas. Mas, o que acontece com as desigualdades de níveis de conhecimento? Elas são apenas "neutralizadas" ou desempenham um papel ativo na construção da própria dinâmica? Esta é a questão que desejamos trabalhar em nossa própria abordagem e que nos levou, há três anos, a imaginar esta pesquisa.

Pensamos que seria interessante realizar este trabalho de aprofundamento em cooperação com outras equipes de pesquisa engajadas em orientações próximas à nossa. É por isso que lançamos um apelo à associação à qual responderam seis equipes de pesquisa pertencentes a diferentes IUFM* espalhados no território francês. É por isso que também solicitamos Jean Biarnès e sua perspectiva interculturalista (Biarnès, 1999), para coordenar conosco este trabalho de pesquisa. Encontraremos no final deste texto a lista das equipes envolvidas e a maneira de contatá-las. Todos os trabalhos foram realizados no nível básico, educação infantil e ensino fundamental. Eis as primeiras conclusões que tiramos da pesquisa, apresentadas primeiro por Jean Biarnès e depois por mim mesma.

HETEROGENEIDADE OU DIVERSIDADE? (J. Biarnès)

Para mim, esta pesquisa tinha um duplo desafio. O primeiro está contido no fato de o sistema escolar ainda estar hoje baseado na "cultura" (cf. Lévi-Strauss, 1984) da uniformidade própria à escola comunal de Jules Ferry. Atualmente, o caminho de aprendizagem ainda é traçado de maneira unívoca, e aqueles que não podem segui-lo devem tomar automaticamente bifurcações, tendo muito pouca chance de poder voltar. Mesmo programa para todos, mesma abordagem teórica de todos os métodos pedagógicos: é o pensamento lógico-matemático. Ora, hoje, os pensamentos se formam com numerosas contribuições externas, pelos meios de informação, pelas experiências múltiplas, e a escola não sabe trabalhar com as aquisições dos aprendizes que recebe. Ela parece querer sempre mergulhá-los no banho lógico-matemático, sem levá-los a entrar nele a partir de seus conhecimentos e das estratégias já adquiridas.

O segundo desafio é o de que, no futuro, não apenas a escola deverá funcionar com as diferentes formas de inteligências provenientes das experiências dos aprendizes, mas deverá funcionar com aprendizes especialistas de um domínio de inteligência, para ampliar esse "especialismo" para outros domínios. De fato, as aprendizagens deverão ocorrer durante toda a vida pelo fato de a evolução das técnicas – portanto, dos saberes – ser rápida. Hoje em dia, os conhecimentos adquiridos em certos domínios, como a biologia, a física das partículas, a informática e até a astrologia, tornam-se obsoletos ao cabo de quatro ou cinco anos. Profissões irão desaparecer no decorrer da vida de um sujeito, que deverá, portanto, passar de uma forma de pensamento a outra para se reinserir profissionalmente. O sistema de educação deve, pois, aprender muito rapidamente a trabalhar com todas essas diversidades.

---

*N. de T. Institut Universitaire de Formation des Maîtres [Instituto Universitário de Formação de Mestres].

Acabo de empregar a palavra "diversidade" e não "heterogeneidade". Aqui está a primeira conclusão da pesquisa. Todas as equipes nomearam, por um lado, os fatores de diferenças com os quais trabalhavam, as idades, os níveis escolares, os modos de comunicação, as diferenças culturais ou subculturais e, por outro, estudaram as interações que isso gerava, bem como as condições para que essas interações pudessem existir. Se há interações é porque existe um espaço de comunicação, isto é, um espaço em que os questionamentos e os compromissos são possíveis. Ora, um meio heterogêneo é feito, por definição, de elementos diferentes "por natureza". E não existem interações possíveis entre elementos diferentes "por natureza", porque nenhum compromisso é possível. Se a heterogeneidade existisse num espaço pedagógico, ela não seria um obstáculo e nem um recurso para ninguém, mas apenas a característica de um espaço fragmentado, ou seja, de um espaço psicótico. Uma instituição humana que estivesse organizada como um mosaico de grupos desiguais por natureza somente poderia, portanto, se referir à negação da realidade, mecanismo que marca a psicose. A realidade da comunidade humana é baseada naquilo que funda a humanidade, isto é, naquilo que há de universal em cada um de nós. Essa dimensão da universalidade serve de quadro e de continente a todas as diversidades. O homem é universal e singular ao mesmo tempo. São essas duas dimensões, intrinsecamente ligadas e indissociáveis como é o Janus de duas faces da mitologia, que determinam tanto o ser humano quanto as sociedades humanas. Os espaços que só considerassem uma dessas duas dimensões estariam, pois, na negação da realidade – portanto, psicóticos. Psicose fusional, no caso em que só se considerasse a semelhança, e a psicose paranóica, no caso em que se considerasse apenas a diferença transformada em diferença de natureza, já que não se apoiaria em nada de comum. A história humana conheceu esses dois desvios, como, por exemplo, as sociedades utópicas do século XIX, que se acabaram de forma dramática, ou o que uma parte da história do século XX deixará ao capital da humanidade, como as loucuras racistas do nazismo ou ainda da purificação étnica na África ou na ex-Iugoslávia. Portanto, podemos apenas dizer que trabalhamos todos com "a diversidade" e não com a heterogeneidade.

A pesquisa também é marcada pelo incontornável trabalho de contextualização social e cultural das experiências como instrumento de análise do espaço pedagógico em que se joga a diversidade. Ao mesmo tempo em que parece muito importante dizer "façamos com essas diferenças", isto é, "trabalhemos suas interações e não suas naturezas", parece-me igualmente importante que o professor as tenha contextualizado. Ele então poderá fazer hipóteses sobre o sentido do que está acontecendo. A falta de hipótese de compreensão de sua parte, para uma situação-problema apresentada, poderia levá-lo a voltar para uma explicação simplista, mas tranqüilizadora: "a dificuldade não está em minha incompreensão da situação, mas na natureza da criança".

Como gerir a diversidade no espaço pedagógico?

Esta pesquisa não mostrou, na verdade, como é gerida a heterogeneidade ou a diversidade, mas a dualidade cultural universalidade-diversidade no espaço pedagógico. O termo "gerir" me incomoda, mas hoje ele é o mais compreensível para a maioria. Por este termo, exponho o fato de saber como organizar um espaço de aprendizagem para que essa dualidade possa ser expressa de modo que o sujeito chegue ao que ele é, ou seja, seja ator de sua própria história. O problema é, portanto, poder regular o jogo entre as forças que atraem para uma maior uniformização e aquelas que atraem inversamente para uma maior diversificação, de modo que, nessa regulação, tanto o professor como o aprendiz sejam atores.

No espaço pedagógico, o que remete ao universal e à uniformidade? São as regras, as leis – regras e leis sociais de vida, regras e leis de referência a uma teoria –, mas também tudo o que refere ao mesmo, ao semelhante, ao espelho de si mesmo. São dados incontornáveis se não quisermos cair no caos. O que se refere à diversidade? São as diferenças de idades, de níveis escolares, de cultura, de estratégias de aprendizagem e/ou de compreensão do real, de cor da pele, de modos comunicacionais. O trabalho efetuado mostra como, no espaço pedagógico, um equilíbrio pode se estabelecer entre essas duas categorias de dados, para que todos possam se aventurar nele em segurança e dar aos outros sua própria singularidade, tomando a diversidade do outro numa coação estruturante.

Eis alguns exemplos tomados em conclusões parciais de trabalhos. "A organização de grupos de aprendizagem heterogêneos (em idades) permite incluir todas as crianças no processo de aprendizagem, sem isolamento de ninguém, nem diminuição de exigência, por pouco que isto seja feito no âmbito de uma gestão flexível que dá lugar, por momentos, a agrupamentos homogêneos espontâneos ou induzidos, e desde que esta organização seja proposta numa perspectiva construtivista e interacionista." Essa conclusão nos diz que para viver a diversidade, isto é, as relações com a estranheza do outro, é preciso que sejamos também capazes de nos reconhecer no idêntico, daí uma alternância entre grupos de composição "homogênea" e grupos de composição "diversificada". Isso deve ser entendido pelos professores, que, muitas vezes, pensam que trabalhar a diversidade no espaço pedagógico é negar e excluir o encontro com o idêntico, com o mesmo. Um equilíbrio entre esses dois encontros é uma das bases da pedagogia centrada no sujeito. Mas essa conclusão também diz "sem isolamento, nem diminuição de exigência". Isso significa sem "hierarquização" dos comportamentos. Trata-se de um dado essencial: a diversidade dos "dizeres" e dos "fazeres" implica uma proibição fundamental, a não-hierarquização destes. O espaço pedagógico que irá colocar em jogo a diversidade é, portanto, um espaço de neutralização dos julgamentos para a exclusão de toda hierarquização das diferenças. Os dispositivos que permitem isso são essencialmente os do debate das idéias e da construção negociada dos objetos a serem produzidos: objeto de saber, objeto social, objeto cultural. O espaço pedagógico que admite a diversidade como um de seus constituintes somente pode ser, pois, um espaço "democrático".

Isso implica que o espaço pedagógico de que falamos é claramente delimitado por regras, não-impostas, mas igualmente construídas, analisadas e transformáveis, não no implícito, mas na explicitação. Alguns de nós falaram de uma "instauração de espaços de liberdade". Concordamos com isso, contanto que liberdade seja entendida como reconhecimento por todos e de cada um, e envolvimento de todos e de cada um, das regras que regulam um espaço de vida comum, e não em que cada um faz o que quer. É por isso que outros propuseram que deveria "haver um pólo de objetividade desempenhando o papel de regulador para as posições respectivas de cada um, sem o qual as interações individuais não teriam fundamento estável e seriam, conseqüentemente, arbitrárias". Isso condizia com a fala de educadores que diziam: "na primeira reunião, as crianças começaram por promulgar o regulamento, antes mesmo de se perguntarem o que podia ser um lar. Na verdade, reproduziam nossos comportamentos de adultos, que lhes impõem leis, regras, sem convidá-las a compreendê-las e a interiorizá-las".

Enfim, se a diversidade pode expressar-se, é pelo fato de o espaço pedagógico ser o da co-criação. Se o aprendiz é obrigado a tomar de empréstimo uma trajetória feita e pronta, nenhuma diversidade pode ser expressa. Um espaço de "reprodução" é um espaço de uniformização, ao passo que um espaço de co-criação é o da expressão das diferenças. Num espaço de co-criação, é a interatividade, "o interdito"*, que fornece o contexto, e as diferenças de estratégias, de conhecimentos, são o conteúdo. A explicitação é paralela ao questionamento, à reformulação e à negociação dos pontos de vista.

Porém, uma vez que o problema que preocupa os professores é o dos programas sacrossantos, será possível respeitar os programas nesse espaço de co-criação? Fazer essa pergunta revela um mal-entendido. Um espaço de co-criação não afasta de forma alguma o programa escolar, que continua sendo o objetivo a ser atingido. O mestre apenas não sabe como vai atingi-lo com este ou aquele grupo. Imaginemos que um grupo de crianças decide criar um objeto. Toda a negociação para a tomada de decisão desenvolve competências sociais, evidentemente, mas também saberes pela qualificação do objeto, sua categorização, talvez por sua fabricação. Nessa abordagem, o professor pode enxertar "lições frontais", que terão um sentido para todos, por serem socializadas pelo grupo de aprendizes. Não é "o método" que é importante, é a abordagem. Uma abordagem de co-cons-

---

*N. de T. O autor faz um trocadilho com a palavra francesa *interdit* (proibido).

trução pode – e deve – incluir momentos de aprendizagem direta de noções que não devem ser recriadas pelas crianças, mas essas aprendizagens têm um sentido porque têm um objetivo partilhado por todos. O professor tem somente um trabalho enorme a cumprir: o de reconhecer no conteúdo das abordagens adotadas o conteúdo do programa trabalhado. Ele não tem mais o domínio do percurso dos aprendizes, e é isso que o angustia e muitas vezes o induz a encontrar uma segurança, a voltar para a pedagogia frontal, fora de uma trajetória partilhada por todos, isto é, fora de qualquer fixação socializada dos saberes.

É por isso que essa pedagogia da co-criação para o reconhecimento e o trabalho com a diversidade necessita de um nível de acompanhamento do professor, o que chamamos de terceiro analisador. É uma instância de análise e de regulação desse processo, de análise daquilo que se joga nesse espaço de co-criação, de análise das interações. Por exemplo, uma das dificuldades encontradas nessa pesquisa sobre a diversidade foi, para os professores, de não poder – de não saber? – analisar a linguagem não-verbal dos aprendizes. Foi observado que uma criança podia ter um discurso com um sentido – o da criação de uma relação de simpatia, por exemplo – e que, corporalmente, ela desenvolvia uma linguagem contrária – relação de rejeição do outro. O professor é bastante instruído para analisar o primeiro vetor da comunicação, o da linguagem verbal, mas não o segundo. Não entendendo a situação que vai se tornar muito conflitual entre as crianças, ele resolverá voltar à mera coerção.

Está claro, enfim, por meio de todas as experiências, que a "natureza" da diversidade tem pouca importância e que são as condições de sua expressão que primam. Não importa se é a diversidade cultural, a diversidade de inteligência, de estratégia de pensamento, de estratégia de apropriação do saber, de nível de conhecimento ou de idade: o que preocupa o professor são as condições de expressão, de regulação e de compartilhamento, de cooperação. Quando alguns propõem homogeneizar a heterogeneidade, associo isso à minha concepção do espaço pedagógico que faz conviver as diferenças reconhecendo-as, mas não levando-as em conta, somente colocando-as a serviço de uma co-criação comum. Isso também deveria tranqüilizar o professor, que pensa dever "dominar" todas as diferenças por seu conhecimento, para poder fazê-las conviver em um espaço pedagógico. Não, o professor deve fazer o luto dessa posição de onipotência pelo "onicontrole". As diversidades poderão se expressar, mas a forma como essas expressões serão depois trabalhadas por cada um, isso será feito no segredo da singularidade do sujeito. O professor "verá" apenas os efeitos, e isso é mais do que suficiente.

Conclusão

Em resumo, essa pesquisa nos permite dizer que as condições que permitem gerir a expressão da diversidade no espaço pedagógico são: a busca de um equilíbrio entre o que uniformiza e o que diversifica todo espaço de socialização; a co-criação do âmbito – as regras – que delimita o espaço pedagógico; a co-criação de uma abordagem que faça sentido para todos; a co-criação de um objeto de conhecimento – cultural, social, saber, etc.; a interatividade dos aprendizes e a mediação do adulto; o abandono de todo julgamento sobre as produções do outro, mas uma posição de compreensão; o abandono, pelo adulto, da posição de "onicontrole" da trajetória do aprendiz; o abandono de uma visão normativa das "carências" do aprendiz, mas um trabalho sobre as inter-relações do aprendiz com seus ambientes e particularmente com os objetos do saber.

TRABALHAR "SOBRE" E "COM" AS DESIGUALDADES ESCOLARES (Françoise Platone)

Como Jean Biarnès, penso que aplicar o termo "heterogeneidade" a grupos humanos é impróprio e, ao mesmo tempo, arriscado. De fato, segundo o dicionário e no sentido literal, a heterogeneidade é a propriedade de um conjunto de elementos não apenas "diversos", mas de "natureza" diferente. Todavia, não vou criticar os professores. Quando eles empregam a palavra a respeito das turmas que lhes são confiadas, provavelmente não são diferenças de "natureza" entre os alunos que eles querem abordar, mas, antes, diferenças de cultura e as desigualdades que elas produzem em relação às normas e ao funcionamento mais habitual da escola: desigualdades em termos de níveis de conhecimento e de relações com o saber e a escolaridade. Quando essas desigualdades são de grande amplitude, os professores se declaram despreparados para assegurar o êxito de todos os alunos. Nesse plano bastante técnico, penso que a pesquisa trouxe alguns esclarecimentos e pistas interessantes para trabalhar, em benefício de todos, sobre e com as desigualdades entre alunos.

Essas pistas foram encontradas nas situações educativas de tipo interativo, construídas no âmbito da pesquisa. Ao discutir com os pesquisadores, os professores se esforçaram para romper com a estratégia pedagógica ou didática clássica, "que faz com que a progressão da aula dependa apenas da atividade do educador" (Coriton, 2000). Os professores buscaram as melhores condições para suscitar a expressão de cada um, a troca e a comunicação a respeito dos objetos e campos de conhecimento trabalhados. Para isso, foram propostas às crianças tarefas muito abertas, e as intervenções dos professores, no decorrer de seqüências, se tornaram mais estimulantes do que condutoras. Nos novos contextos assim organizados, várias observações recorrentes e concordantes puderam ser feitas sobre os diferentes campos da pesquisa, que envolvem especialmente o significado real das distâncias aparentes entre alunos, a transferência das aquisições cognitivas e comportamentais a todos os domínios de conhecimento, o papel das diferenças de níveis no trabalho de grupo dos alunos.

As distâncias entre alunos: a parte da aparência

Ao propor novos tipos de tarefas e de atividades em novos contextos comunicacionais, a maior parte das experiências realizadas fizeram aparecer a capacidade dos alunos, inclusive daqueles que se encontravam mais desqualificados pelas classificações escolares, de manifestar sensibilidade, conhecimentos, capacidades de expressão e de reflexão muitas vezes desconhecidas até então. Cada aluno pôde se mostrar em sua singularidade e sua densidade. Eles não eram mais condenados a poder mostrar "apenas a incompetência" (Coriton, 2000). Conseqüentemente, as crianças foram compreendidas de uma nova maneira pelos adultos. As relações dos alunos com a comunidade e com as aprendizagens escolares se modificaram.[2]

Esses efeitos foram particularmente bem-evidenciados na pesquisa conduzida na Ilha da Reunião (Chatillon e Tacite, 1998, 1999a, 1999b), em um CP, em um projeto de iniciação às artes plásticas que foi desenvolvido ao longo de todo o ano letivo, em parceria com o museu Léon Dierx de Saint-Denis. Seis crianças situadas em três níveis contrastados da hierarquia escolar tradicional foram particularmente observadas. Essa abordagem permitiu ver, um pouco como numa lupa, e por um tempo bastante longo, alguns efeitos desse tipo de experiência. Foi possível constatar primeiramente uma redução da desigualdade de *status* entre os alunos, produzida por sua posição nas classificações escolares. Os "melhores" não se distinguiam mais tanto, visto que os menos bons demonstravam repentinamente capacidades e manifestações de originalidade até então não-suspeitadas. Essa requalificação dos mais desqualificados permitiu aos alunos envolvidos descobrirem-se como "bons em alguma coisa", tanto em sua própria opinião como na de outros e "afiliar-se à comunidade escolar" (Chatillon & Tacite, 1999b). Por outro lado, foi possível ver que a vantagem não havia sido apenas para os menos qualificados, como mostra o caso de uma menina muito boa aluna cujo êxito se baseava em "um hiperconformismo escolar e uma aplicação meticulosa" (Chatillon & Tacite, 1999b). Ela ficou muito desconcertada, no início, pelas atividades não-convencionais do projeto de artes plásticas. Porém, progressivamente, ela se deixou levar por essa nova experiência, ao mesmo tempo em que descobria a possibilidade de novas relações cooperativas com seus colegas. O projeto lhe permitiu se aproximar dos outros e se estabelecer numa relação mais reflexiva e mais distanciada dos saberes escolares, pois estes passaram a ficar situados numa perspectiva cultural mais ampla.

Apesar dos efeitos positivos desse tipo de experiência, a questão das desigualdades quanto ao êxito das aprendizagens escolares permanece. Essas

---

[2] Ver os relatórios da equipe do IUFM de Créteil-Melun e da equipe do IUFM da Reunião.

experiências se inserem, de fato, freqüentemente em campos de conhecimento que ocupam um lugar um pouco periférico nos programas escolares: domínios artísticos, vida social no interior da escola ou disciplinas ditas de iniciação. É aí, muitas vezes, que os professores inscrevem suas primeiras tentativas de transformação, pois o desafio menor que está em jogo quanto ao êxito escolar proporciona uma segurança maior para ousar se lançar na experimentação pedagógica. Contudo, quando os resultados são probatórios, surge uma nova questão: como fazer para obter os mesmos efeitos nas aprendizagens escolares fundamentais?

Como transferir as aquisições às aprendizagens fundamentais?

Neste ponto, a pesquisa permitiu um avanço que pode caber em uma simples observação. É que, com muita freqüência, o cuidado de resolver essa questão é destinado às crianças. Como fazer para que *os alunos* transfiram às aprendizagens escolares as aquisições comportamentais e cognitivas que manifestam em outros domínios? Mas cabe mesmo às crianças operar tal transferência? Essa incumbência não seria, antes, dos professores, que teriam de transpor as condições que souberam instalar nos domínios ditos periféricos às situações que organizam para as aprendizagens fundamentais?

Operado no âmbito da pesquisa, esse deslocamento da questão levou a querer atualizar os parâmetros que tinham provocado, nas primeiras situações organizadas, a mobilização dos alunos. Assim, a equipe de Bonneuil estudou o funcionamento do conselho de crianças, novamente instituído na escola Octobre d'Alfortville[3] (Lejosne e Perrin, 1999). Uma das aulas gravadas foi submetida a uma microanálise minuciosa. Diversos fatores que operam na dinâmica interativa que se desenvolveu no decorrer da aula puderam assim ser depreendidos e, primeiramente, o caráter aberto da tarefa. Não mais que as crianças, o adulto-animador não tem solução predeterminada às questões debatidas (neste caso, os problemas apresentados pela utilização dos pátios da escola).

O segundo fator, que foi pormenorizadamente analisado, é o papel desempenhado pelo adulto para suscitar e sustentar a interatividade e a reflexão das crianças. Esse papel apareceu caracterizado primeiro pela abertura ao imprevisto, que pode surgir do debate entre crianças, da capacidade de aceitar a abundância de idéias e as digressões aparentes. O segundo traço destacado é a capacidade do adulto de trazer, quando necessário, uma ajuda ao surgimento das idéias, deixando o tempo para a formulação, tentando compreender o que as crianças estão querendo dizer, reformulando, se for preciso. Por fim, tam-

---
[3] Ver adiante o trabalho do diretor desta escola (Parte 2, Capítulo 7).

bém quando necessário, há a ajuda trazida para a circulação das idéias, aprendendo a remeter ao grupo as propostas de cada um. Esta competência permite evitar o fechamento em relações duais com essa ou aquela criança, bem como um outro risco, bem-formulado pela equipe de Épinal, "o risco permanente de se tornar o centro das trocas e o dispensador das respostas legítimas que interrompem, mais do que alimentam, prematuramente a reflexão" (Coriton, 2000).

Diferenças de níveis e dinâmicas interativas

Nesta pesquisa, foi possível também evidenciar o papel positivo que pode ser desempenhado pelas desigualdades de saber e de competências na gênese das dinâmicas interativas e na construção dos saberes por todas as crianças.[4] Sobre essa questão, uma primeira observação recorrente nas experiências realizadas é que os menos avançados, aqueles que a equipe Cresas-Bourseaux chamou de "novatos", se mostram espantosamente atentos e permeáveis às condutas e realizações dos mais avançados, que se esforçam em assimilar. Assimilar, e não imitar, pois, como diz a equipe de Épinal, "os processos que ocorrem entre os alunos são ainda mais complexos que uma simples imitação sem reflexão, necessitam de um intenso trabalho cognitivo" (Coriton, 2000). Uma segunda observação recorrente é que os mais novatos muitas vezes desempenham um papel de desencadeadores da reflexão no grupo: suas proposições ingênuas são apropriadas para levantar questões fundamentais que suscitam entre os mais avançados um distanciamento sobre noções aparentemente já dominadas, mas das quais a experiência mostra que ainda precisam ser examinadas, consolidadas e enriquecidas (Cresas-École des Bourseaux, 2000). Pode-se, portanto, dizer que a desigualdade dos saberes pode realmente constituir um recurso pedagógico, a partir do momento em que se souber organizar situações de trabalho e uma cultura de grupo que favoreçam a expressão de cada um e a confrontação dos pontos de vista. Essa conclusão requer, no entanto, uma precisão, claramente enunciada pela equipe Cresas-Bourseaux (Cresas-École des Bourseaux, 2000). A desigualdade dos saberes pode constituir um recurso pedagógico, contanto que as questões trabalhadas sejam questões para todas: elas ainda devem apresentar algumas asperezas para os mais avançados, ao mesmo tempo em que já têm significado para os menos avançados.

Assim, a conclusão que acabamos de enunciar pode encorajar a não limitar "o emprego da heterogeneidade" às microssituações interativas e reflexivas que são desenvolvidas em uma parte do tempo escolar. É possível usar o princípio para a organização geral da escola em um nível macrológico. Trata-

---

[4] Em especial, as equipes do IUFM de Aquitaine, do IUFM de Lorraine e a equipe Cresas-Bourseaux.

se de um dos caminhos abertos pela organização em classes de ciclo "multiidade", que caracteriza a escola de Les Bourseaux em Saint-Ouen-l'Aumône. Segundo as observações realizadas pelos professores desta escola e pelos pesquisadores do Cresas que trabalharam com eles nestes últimos anos, essa organização apresenta múltiplas vantagens para construir uma educação que beneficie a todos os alunos. Por exemplo, nessa organização, o fato de não saber é algo perfeitamente digno – e não é estigmatizante –, pois a presença constante de crianças mais novas ao lado de crianças mais velhas torna o fato completamente banal. Isso permite particularmente uma melhor integração de crianças que podem apresentar algum atraso em suas aprendizagens por razões ligadas à sua história pessoal – por exemplo, crianças que chegam de países estrangeiros com pouca ou nenhuma escolaridade anterior –, ou ainda para aquelas portadoras de deficiências. Por outro lado, na organização em classes multiidade, cada um é sucessivamente pequeno, médio e grande. Deste modo, nos três anos passados na mesma classe de ciclo, todos os alunos, tanto os melhores como os menos bons, poderão se beneficiar aos poucos da posição de novatos em contato com os mais sabidos, e depois, da posição de mais sabidos em contato com os menos avançados. Isso cria uma situação em que todos ganham sem trazer prejuízo a seus companheiros, muito pelo contrário.

Conclusão

Para concluir, direi simplesmente que o que se convencionou chamar de heterogeneidade dos grupos de alunos não é necessariamente um obstáculo para o exercício do trabalho de professor. Conforme a hipótese central de nossa pesquisa, ela pode até constituir um recurso. Todavia, essa "gestão positiva" da heterogeneidade não é possível senão num certo tipo de contexto pedagógico que necessita de difíceis modificações das formas de ensinar. A mobilização de todas as competências e de todos os apoios junto às equipes de educadores voluntários para se lançar nesta via é, pois, requerida, de acordo com as modalidades que são alvo das Partes 2, 3 e 4 desta obra.

ANEXO

Lista das equipes reunidas na pesquisa:

- Cresas-escola de Les Bourseaux
  Contato: Marianne Hardy, pesquisadora do INRP-Cresas
- IUFM de Aquitaine, sítio de Bordeaux
  Contato: Patricia Schneeberger, professora do IUFM

- IUFM de Aquitaine, sítio de Pau
  Contato: Patrice Robisson, professor do IUFM
- IUFM de Créteil, extensão de Bonneuil
  Contato: Marie-Clarie Lejosne, professora do IUFM
- IUFM de Créteil, extensão de Melun
  Contato: Jean Cordier, professor do IUFM
- IUFM de Lorraine, sítio de Épinal
  Contato: Thierry Coriton, professor do IUFM
- IUFM de Lyon
  Contato: Jean Louis Héraud, professor do IUFM
- IUFM da Reunião
  Contato: Jean Chatillon, professor do IUFM
- Universidade Paris-Nord
  Contato: Jean Biarnès, professor universitário

Psicologia, Pedagogia, Didática 6

*Gérard Vergnaud, Thierry Coriton, Roland Goigoux,
Bert Van Oers, Jean-Yves Rochex, Annick Weil-Barais*

INTRODUÇÃO (Gérard Vergnaud)

Em sua atividade, o professor não pode separar facilmente o que diz respeito à pedagogia, o que diz respeito à didática e o que diz respeito à psicologia. Aliás, é uma característica da prática, em geral, mobilizar saberes e competências referentes a várias disciplinas. Podemos até dizer que a divisão das disciplinas é um efeito da história do ensino e da pesquisa.

A questão da separação é levantada pelos próprios pesquisadores: em seu próprio trabalho de pesquisa e inovação, eles são apenas didáticos, ou apenas psicólogos, ou apenas pedagogos? De minha parte, tenho dúvidas. E as contribuições a esta mesa-redonda o evidenciam. Poderíamos nos contentar com esses testemunhos, mas não é supérfluo tomar um pouco de distância sobre essa questão das relações entre diferentes campos de pesquisa e reflexão.

Poderíamos pensar que a questão só é levantada sob o ângulo acadêmico das relações entre um campo de pesquisa voltado para a compreensão dos processos de construção da pessoa e do desenvolvimento das competências e um campo de pesquisa voltado para a ação do professor, do formador e dos outros atores da educação.

Hoje, ela é levantada por outras razões também, ligadas particularmente ao desenvolvimento da pesquisa em didática, que, como outras ciências nascentes, teve tendência a anular o passado e a se constituir em domínio autônomo de pesquisa. A pedagogia às vezes é considerada uma reflexão fraca e pouco operatória; a psicologia, por sua vez, é considerada abstrata e insuficientemente específica em relação aos problemas apresentados pelo ensino de leitura e compreensão de textos, de matemática e ciências, de educação física e esportes, de línguas estrangeiras, de música ou artes gráficas.

A criação dos IUFM, por mais difícil que seja ainda o seu funcionamento, traduziu uma vontade de melhorar a profissionalização dos professores. E o critério dessa profissionalização é naturalmente pesquisado do lado das práticas de aula, observadas em momentos que são escolhidos mais freqüentemente em função do conteúdo disciplinar da atividade, por esse conteúdo aparecer como um primeiro determinante da atividade dos alunos e, conseqüentemente, da atividade do professor. Estudamos, por exemplo, a maneira com que os professores procedem para introduzir a passagem da dezena ou a compreensão de textos narrativos, ou os gestos e as táticas do vôlei. E os pesquisadores elaboram situações e materiais que podem ser recursos utilizáveis pelos professores.

Mas também é necessário poder gerir o funcionamento da aula e a maneira com que os alunos importam seus próprios problemas para ela, determinados por sua trajetória pessoal, seu lugar na sociedade, em suas famílias, em seu bairro. A didática não fornece resposta direta a essas questões e, de qualquer forma, não é suficiente para ajudar o professor a respondê-las, mesmo que uma boa apresentação do saber seja um meio importante para modificar a relação dos alunos com o saber e com a escola. A relação com os alunos como pessoas – e como pessoas em construção – não diz respeito principalmente à didática, que pode trazer apenas uma contribuição. Esse é um primeiro ponto.

Porém, há um segundo ponto: a pedagogia produziu, há mais de um século, reflexões e ferramentas sem as quais a didática não seria o que é hoje. Nem a apresentação dos conhecimentos em situações funcionais, nem o trabalho de grupo, nem as pesquisas de opinião, nem a colaboração com um projeto coletivo nasceram com a didática; nem o princípio de que a própria atividade do aluno seja essencial na formação de suas competências e seus conhecimentos. A didática nascente tomou essas aquisições como óbvias, quase nunca percebendo que essas formas de organização da atividade dos alunos não eram praticadas há um século, exceto em raríssimas exceções. Alguns didáticos têm, pois, algum progresso a fazer para reconhecer sua dívida e seus limites.

Falemos da psicologia. Nem a didática e nem a pedagogia são redutíveis à psicologia. E é justo levantar essa bandeira se concordamos com isso. De fato, não é um processo de dedução que expressa as relações entre, por um lado, psicologia e, por outro, pedagogia e didática. Essas últimas supõem quadros teóricos, uma experiência e uma experimentação próprias, que não encontramos nos tratados de psicologia.

Mas será que podemos ser pedagogos ou didáticos sem ser psicólogos? E será que podemos considerar que a psicologia dos pesquisadores em educação e dos profissionais é simplesmente a do senso comum? Isso significaria que não haveria necessidade alguma da psicologia de hoje, que nos fornece conhecimentos sobre os processos cognitivos que organizam o funcionamento de um sujeito numa dada situação, o desenvolvimento de suas competências e de suas concepções ao longo do tempo e, até, o longo prazo e os diferentes tipos de atividades que contribuem para a formação da pessoa: gesto, fala, competências técnicas e científicas, interação social e afetiva. Dois argumentos principais permitem defender este ponto de vista.

O primeiro é que a maneira com que o professor ou observador pegam informações sobre o que acontece em aula (ou numa interação particular com um sujeito em reeducação, por exemplo) é determinada pelas categorias de pensamento que lhe permitem dar sentido aos fenômenos observados e selecionados. Não há percepção sem interpretação, sobretudo para os fenômenos complexos. Alguns professores não vêem o que outros professores, mais especializados, observam à primeira vista. Nem as dificuldades dos alunos, nem a sua recusa em participar de uma certa atividade podem ser entendidas sem um olhar psicológico: o tratamento dos erros também é um bom exemplo de análise psicológica.

Meu segundo argumento é o de que a psicologia dita do senso comum não tem tanto a ver com o senso comum. De fato, os conhecimentos psicológicos desenvolvidos há um século já penetraram profundamente nas concepções dos professores. É o caso, em particular, de certos conhecimentos envolvendo os processos psicanalíticos, a inteligência dos bebês e das crianças pequenas, ou, ainda, a identificação das conceitualizações subjacentes à conduta observável. Em outras palavras, o senso comum de hoje não é o mesmo de outrora e resulta em parte da difusão na sociedade dos conhecimentos oriundos da psicologia científica. Não vemos por que esse processo se interromperia.

Portanto, parece inteligente hoje em dia pensar a interpenetração recíproca da psicologia, da pedagogia e da didática, mais do que a sua oposição ou a sua independência.

UM PONTO DE VISTA DE FORMADOR (Thierry Coriton)

Em vários sentidos, sou um formador particular, isto é, não-representativo. Sou um formador de professores do ensino fundamental. E enquanto a maioria de meus colegas estão encarregados de formar para o ensino das disciplinas, eu estou encarregado da "formação geral", o que envolve a filosofia, a psicologia e a pedagogia. Como é que o formador, quando está com um professor em estágio, pode se inspirar concretamente nas contribuições da psicologia, da pedagogia, da didática? O caso que escolhi não tem nada de exemplar. É simplesmente muito recente. Trata-se de uma seqüência de matemática envolvendo a introdução da adição em colunas com técnica do "vai um"* no CP, numa turma com dois níveis, CP-CE1 [Curso Preparatório Curso Elementar 1º ano]. Vou tentar mostrar como as três perspectivas podem intervir.

---

*N. de R. T. O nome "oficial" dessa técnica, nas concepções mais tradicionais do ensino das quatro operações, tanto em francês quanto em português, é "adição com reserva".

Desenvolvimento da seqüência

A estagiária apresenta a situação: "Vocês vão trabalhar em duplas. Eu lhes darei um pequeno problema. Comprei duas caixas de bombons. Numa delas, há 25 bombons; na outra, 48. Quero saber quanto é o total". E ela acrescenta, quase imediatamente: "Eu gostaria que vocês pegassem estes bastõezinhos". Trata-se de barras e cubos de madeira que já haviam sido utilizados antes.

A estagiária vai se ocupar dos alunos do CE1, enquanto os do CP se organizam em duplas. Enquanto as crianças pegam o material, é possível observar que uma menina pega 17 barras e um grande número de cubos, que ela traz para a frente de seu parceiro. Ambos, frente a frente, parecem perplexos, não sabem muito o que fazer. As crianças brincam com o material.

A professora volta. Ela se aproxima de um grupo e pergunta às crianças o que fizeram. Uma menina explica: "Eu disse que 4 mais 2 dava 6 (ela separa 6 barras). Em seguida, somei 5 e 8, então 5-6-7-8-9-10-11-12-13-, está aí". E a criança pega três cubos.

A professora pergunta: "O que há em 13?" A criança não responde. Ela ajuda: "Há uma dezena". Surpresa real ou fingimento da criança: "Uma dezena?". Então, a professora toma as rédeas da ação e diz: "Bem, vamos lá, faça 25, pegue os cubos, as barras e faça 25". A criança pega duas barras e cinco cubos. "Bom, agora faça 48". Assim, a professora guia a criança passo a passo e depois vai embora. Ela volta um pouco mais tarde e faz o mesmo trabalho num outro grupo. E assim por diante, várias vezes. Depois de um momento, ela diz: "Bom, pessoal do CP, vamos corrigir". Ela vai ao quadro e desenha: "vou desenhar minha primeira caixa. Era 25". Ela desenha barras e cubos. "Agora desenho a segunda caixa". Ela desenha 48. "Agora coloco as duas caixas juntas: o que vai acontecer?" E ela desenha as caixas reunidas. A hora do recreio chega, perdeu-se muito tempo durante o exercício. Depois retoma-se: "Estávamos aqui. Quanto temos?" E ela codifica: "sessenta aqui, mais treze, dá setenta e três". Então ela relança a atividade: "Eu lhes dou novamente dois números, 17 e 26...". E assim por diante, até a descrição da técnica do "vai um", mas desta vez perguntando a uma criança que encontrou o resultado sem manipular. Eis o desenvolvimento!

Interpretação analítica ou abordagem integrada?

O que se pode dizer desta seqüência do ponto de vista didático, pedagógico e psicológico? Vamos fingir por um momento que é possível dissociar.

Do ponto de vista pedagógico, poderíamos nos perguntar sobre o papel do professor em tal dispositivo. É estar mergulhado nos pequenos grupos e passar muito tempo com as crianças, ou é, ao contrário, cuidar para que todos trabalhem, para que cada um seja confrontado com a tarefa (se a propomos é porque pensamos que ela tem sentido)? E também incluir aqueles que tardam a entrar, remover eventualmente os obstáculos que podem se apresentar, dar alguns "empurrõezinhos" que permitam àqueles que estavam à margem entrar na atividade, identificar certas estratégias dos alunos pensando no seu compartilhamento com os outros. Talvez fosse preciso representar esses papéis, mais do que entrar nos grupos e se perder neles.

No plano didático, poderíamos perguntar se é prudente impor o material, cubos e bastões. Não se pode deixar cada um aplicar a estratégia que melhor lhe convém? Da mesma forma, problemas se apresentam no nível do uso das simbolizações, no nível da passagem à escrita numérica. Em um momento, a "reserva" desapareceu: queremos explicar a idéia de "vai um", mas chegamos finalmente a 60 mais 13, e não há mais nada para ser reservado. E, por fim, quando voltamos a falar da "reserva", a criança que explica o problema não a terá manipulado. Dessa vez, foi a manipulação que desapareceu. Num caso, não há mais "reserva"; em outro, não há mais manipulação.

Por fim, no plano psicológico, é possível questionar o princípio difundido que requer que se manipule a qualquer preço. Será que um material é sempre uma ajuda? O que conta não é primeiro o pensamento que organiza a operação? Se formos piagetianos, podemos considerar que o pensamento figurativo com os bastões e os cubos não é totalmente o mesmo que o pensamento operatório. E talvez haja aqui também um problema com o desenvolvimento da noção de número? Da mesma forma, será preciso impor uma solução? Ou o sujeito não deve aplicar suas próprias ferramentas cognitivas? Também é possível evocar o uso dos instrumentos semióticos construídos pela cultura.

Assim, pode-se teoricamente recortar o conteúdo em fatias e remeter cada um à sua especialidade. Em formação, não é possível proceder assim, evidentemente. A abordagem é necessariamente integrada. Duas coisas organizam a troca: a leitura global da ação (de sua estrutura: trabalho de grupos e "correção" – manipulações e passagem à escrita numérica) cruzada com o que a estagiária percebeu. Estou partindo de algumas observações feitas por ela ao sair da ação: "Tive dificuldade em gerir a manipulação, havia barulho, havia agitação"; ou "havia meninos que precisavam manipular, e para outros não era necessário"; ou ainda "não insisti o bastante na troca dez contra um". Portanto, ela identificou algumas coisas, e meu papel é tentar retomar com ela toda a ação. Psicologia, pedagogia e didática intervêm nesse momento, mas sem que se remeta a um campo de pesquisa particular. O que é determinante, acima de tudo, é o caráter funcional da ação do professor.

PRÁTICA PEDAGÓGICA E DISCIPLINAS CIENTÍFICAS (Jean-Yves Rochex)

Historicamente – e talvez intrinsecamente, a questão das relações entre psicologia, didática e pedagogia é assombrada pela tentação aplicacionista.

Assim, no primeiro número da *Revue Française de Pédagogie*, Jean Chateau, importante psicólogo, levanta essa questão aplicacionista e, ao mesmo tempo, a refuta (Chateau, 1967). Eis o que escreveu Chateau: "Uma vez que se está de acordo com as metas e as finalidades da educação, acordo que envolve filosofia, moral e política (...), somente a psicologia pode fornecer as bases de uma pedagogia válida. Cabe ao psicólogo dar a mim, pedagogo, as bases nas quais construirei um sistema de técnicas pedagógicas eficazes. Primeiro psicologia, depois pedagogia; esta é, pois, a regra lógica". Reconhece-se a intenção, até mesmo a tentação, que foi durante algum tempo o cuidado de fundar uma pedagogia experimental e científica numa lógica de aplicação, em particular dos trabalhos da psicologia do desenvolvimento, da psicologia cognitiva e da psicologia das aprendizagens. Parece-me que essa tentação ainda persiste. Creio que é possível encontrá-la explícita ou em entrelinhas num certo número de posturas de colegas que pressupõem que os trabalhos de psicologia, até os trabalhos de didática, conduzidos em situações relativamente depuradas e experimentais valeriam *ipso facto* para o espaço da sala de aula ou forneceriam ensinamentos diretamente transponíveis para esse espaço.

O interessante no artigo de Chateau é o balanceamento que ele faz ao acrescentar imediatamente: "Porém, sem dúvida, não podemos acompanhar aqui a lógica, pois tanto para o educador como para o médico há pressa para agir, e assim como o médico não pode esperar por conhecimentos biológicos ou medicamentos ainda ignorados para atender o doente, também o educador não pode esperar pelo psicólogo". Vê-se como Chateau, sem dúvida provisoriamente, com a esperança de que um dia a psicologia consiga fundar uma ciência da ação, uma pedagogia científica real, levanta a antecedência da ação. Assim também o fazia Canguilhem, em páginas muito célebres em que levantava, não provisoriamente, mas de forma mais ontológica, a antecedência da técnica sobre a ciência, a antecedência da ação e o caráter secundário da análise, da pesquisa, da produção de conhecimentos.

O que continua interessante no artigo de Chateau é a idéia de que "o psicólogo ganhará muito em buscar sua inspiração na psicologia implícita que as práticas educativas necessariamente guardam (...)". À qual ele acrescenta que "o psicólogo será assim levado a explorar essas regiões em que inteligência e personalidade se fundem", e é possível apreciar aí o caráter polissêmico da expressão "se fundem"*. Ele acrescenta que, nesse momento, o psicólogo deve esperar e se preparar para encontrar elementos sociais cuja importância aparece cada vez mais. Isso me parece requerer o convite ao debate de outras disciplinas além da psicologia, da pedagogia e da didática, em particular uma dimensão sociológica que se interesse pela questão dos saberes e das práticas

---

*N. de T. Em francês, a conjugação "se fondent" é ambígua, pois pode significar tanto "se fundem" quanto "se fundam".

de saber, o que se poderia chamar de uma antropossociologia dos saberes. Como vocês sabem, é nessa direção que achei interessante estudar como os alunos interpretam o que lhes é proposto nas salas de aula: as situações, as atividades, os conteúdos. A aprendizagem é um espaço de transformação de si, e isto supõe que o aluno reconheça e atribua crédito ao que lhe é proposto (Rochex, 1995).

Deste modo, a prática educativa e os objetos de pesquisa próprios a esta convocam necessariamente as disciplinas constitutivas – contributivas à pesquisa em educação, por suas contribuições, mas, ao mesmo tempo, também por seus limites, no necessário diálogo epistemológico entre as diferentes disciplinas. Nesse sentido, é muito importante pensar essa antecedência da ação sobre a produção de conhecimentos que nos convida a pensar mais e a submeter nossas produções de conhecimentos disciplinares ao necessário debate epistemológico.

Contrariamente, a pedagogia não pode ignorar, nem menosprezar as contribuições e as questões dessas disciplinas contributivas. Ora, nas produções pedagógicas, sejam elas de pesquisa ou aplicadas, tem-se uma tentação de assepsia social – ou sociológica – dos trabalhos e inovações pedagógicos. Também, às vezes, os discursos pedagógicos são tentados a menosprezar as questões levantadas pelas disciplinas contributivas, pela psicologia, pela sociologia e pela didática.

Porém, como a pedagogia pode levar em conta as questões e as contribuições das disciplinas contributivas? A operação apresenta um risco, que Philippe Meirieu salientou recentemente em outro colóquio do INRP: segundo ele, a sociologia contribuiu para "desembrutecer" os pedagogos, levantando questões, como a de Philippe Perrenoud, por exemplo, sobre o caráter possivelmente elitista das novas pedagogias. Mas ao desembrutecer a pedagogia, a sociologia não estaria correndo o risco de desesperar a ação pedagógica?

Por fim, uma outra questão, envolvendo as relações entre práticas pedagógicas e conhecimento científico, trata do estatuto epistemológico da pedagogia: pode haver na pesquisa em pedagogia, no trabalho pedagógico, mais do que uma reflexividade da ação? Pode a pedagogia ser uma disciplina de pesquisa, uma disciplina científica? Para mim, a questão permanece, ao passo que me parece que psicologia, sociologia e didática são disciplinas sem contestação possível.

UM ENGAJAMENTO COMUM (B. Van Oers)

Minha intervenção envolve a produção das práticas educativas a partir dos conhecimentos teóricos da psicologia, da pedagogia e da didática. Para mim, o ponto principal é encontrar o engajamento comum das três disciplinas: a produção de novas práticas, que devem ser emancipadoras. Eis porque estou em busca da relação ideal entre a prática e as ciências da educação. A razão de ser dessas ciências é apenas contribuir para o melhoramento da educação.

Em geral, podemos encontrar duas abordagens dos problemas que são formulados aqui:

A *abordagem burocrática*: rege as disciplinas por meio de regulamentos rigorosos e pelo reforço direto das identidades próprias a cada uma. É a abordagem usual, que é seguida há vários anos e que progressivamente separou as ciências educativas uma da outra. De uma forma semelhante, as ciências educativas se separaram da prática. Percebe-se, no entanto, que uma necessita da outra, mas a relação se tornou utilitarista, em vez de resultar de um engajamento comum. A relação entre as teorias educativas e a prática é, na verdade, uma relação parasitária entre duas entidades que só consideram seus próprios interesses. Um abismo intransponível separa, portanto, a teoria e a prática – e a distância continua aumentando. Pode-se esperar que as discussões que querem organizar as cooperações entre as teorias e a prática do ponto de vista burocrático acabem rapidamente em uma querela de interesses, especialmente para dizer o que é mais importante ou mais fundamental. A meu ver, a abordagem burocrática é um impasse. Ao usar um exemplo de Vygotsky, que ele deu ao discutir o problema da crise na psicologia, é possível comparar a situação atual a respeito do estudo da prática com a situação dos químicos que queriam conhecer as propriedades da água (H_2O) examinando separadamente as propriedades do hidrogênio e do oxigênio. Mas, como se sabe, o oxigênio é inflamável, ao passo que a água é incombustível. Nunca se pode derivar as propriedades da água estudando os seus elementos. Para apreender a água, é preciso estudar a água. E, de maneira análoga, para a apreender a prática – e inovar –, é necessário estudar a própria prática. Portanto, é preciso uma outra abordagem.

A *abordagem integrativa*, que parte do engajamento comum de um grupo social, a partir do qual os membros desse grupo buscam produzir uma nova prática e, ao mesmo tempo, ganhar conhecimentos específicos em todos os aspectos que lhes parecem importantes. Assim se formam perspectivas especiais (como uma perspectiva psicológica, pedagógica, etc.), mas integradas no contexto comum. A abordagem integrativa começa na prática concreta porque reúne todas as qualidades dessa realidade. Pode-se estudar essas propriedades de diferentes pontos de vista, naturalmente, mas sempre no contexto original, e partilhando certas suposições e certas escolhas consideradas válidas pelos participantes. Isso não significa que se deva aceitar todas as suposições que se manifestam em todos os participantes. A condição fundamental, anterior a toda pesquisa integrativa, é a construção de uma cultura fundamental comum, por negociação, e de uma forma crítica. São os valores fundamentais – quanto à imagem humana, à definição da verdade, à concepção do saber – que permitem reunir esses aspectos diversos. Assim se forma uma psicologia concreta no sentido de

Vygotsky, de Leontiev e de Politzer. Essa psicologia concreta estuda as ações e as interações da perspectiva do próprio indivíduo. É, principalmente, uma perspectiva participante.

A relação entre a prática e as idéias teóricas não é mais, então, de natureza parasitária. Agora, é uma relação de simbiose, na qual todos os participantes tiram proveito da atividade do outro. É na prática que as especialidades diversas (psicológica, sociológica, pedagógica, etc.) se manifestam e podem se informar umas às outras. O engajamento comum de melhorar a prática é a inspiração básica para todos os membros do grupo. É exatamente o que estamos fazendo em nossas próprias pesquisas. Estamos elaborando uma nova abordagem utilizando as idéias de Vygotsky e Leontiev, colaborando com profissionais e pesquisadores de diferentes disciplinas. Não é apenas o professor que deve aprender com o psicólogo e o pedagogo, também são os pesquisadores que aprendem com o professor.

Eis um exemplo: por muito tempo, os professores adotaram *métodos de observação*, que eram desenvolvidos pelos pesquisadores e que eram reconhecidos por suas qualidades psicométricas. Esses testes eram não raro simplesmente impostos aos professores, ainda que, por vezes, tenham sido contrários aos seus valores pessoais e à sua moral em relação às crianças. Começamos a trabalhar de uma forma concreta junto aos professores, com vistas a elaborar um método novo de observação, considerando as idéias envolvendo a percepção, os interesses da sociedade, os pressupostos morais, os conhecimentos práticos dos professores, etc. Descobre-se que os professores podem desenvolver um método de observação novo graças à sua participação no grupo. E podemos demonstrar que esse método é tão válido e fiel quanto os instrumentos psicométricos. Outro exemplo: também estamos introduzindo e examinando diversos conceitos teóricos. Um desses conceitos é o de *atividade semiótica*. Por este conceito queremos destacar o fato de que as crianças devem ser orientadas para as relações entre significantes (*symboles*) e significados (*meanings*). A atividade semiótica é um conceito complexo para os professores e propriamente teórico. Entretanto, é possível discuti-lo com eles e mostrar-lhes que suas práticas já estão estreitamente nutridas com essa dimensão semiótica. É preciso assistir os professores na observação das atividades das crianças; assim, eles podem perceber as atividades semióticas dos alunos, mesmo entre os mais jovens. Construímos, assim, situações experimentais válidas, que são uma base para pesquisas controladas (Van Oers, 1999).

Para terminar, direi que é justamente essa mistura de profissionais e pesquisadores que me atrai nos trabalhos de meus colegas do Cresas. As diferenças culturais e teóricas entre nós devem ser discutidas e elaboradas, no contexto de uma ciência da educação que está emergindo, na base de um engajamento comum. Ninguém ensina sozinho, isto é certo, mas também ninguém pesquisa sozinho. E não é nem um pouco importante saber se essa pesquisa se chama didática, psicologia ou pedagogia.

VAMOS NOS INTERESSAR PELAS PRÁTICAS DOS PROFESSORES (Roland Goigoux)

Abordarei nossa reflexão comum do ponto de vista da didática do francês, disciplina na qual um dos objetivos é produzir conhecimentos que possam desempenhar o papel de *argumentos* na ação pedagógica. Essa disciplina, que deveria estudar os três subsistemas "alunos", "mestre" e "saber" em interação, tende a se focar nos objetos de saber e nas aprendizagens dos alunos em detrimento da análise da atividade do mestre. A abordagem didática "clássica" examina essa atividade apenas como um meio de facilitar as aprendizagens dos alunos e não considera suficientemente outros objetivos que os professores podem visar, nem as exigências que pesam na atividade. A didática ignora os efeitos do trabalho no próprio professor – prazer, auto-estima, fadiga, sofrimento – e os esforços que ele pode fazer para encontrar um bem-estar suficiente dentro e fora da sala de aula. Ela se priva, assim, dos meios de entender as contradições, inerentes à atividade do ensino, entre as exigências do exercício de uma profissão e as da aprendizagem dos alunos. É por isso que me parece necessário proceder a um reequilíbrio do paradigma didático, procurando estudar conjuntamente a atividade dos alunos e do mestre.

A segunda característica da didática do francês no ensino fundamental é de, às vezes, ela ser prisioneira de seu passado. Essa disciplina alçou seu vôo no âmbito de um projeto de transformação da escola e de renovação do ensino do francês. Atualmente, ela se esforça mais em agir sobre as práticas de ensino – para modificá-las ou transformá-las – do que em produzir conhecimentos a seu respeito. Quando visa a uma produção teórica, ela privilegia métodos de *pesquisa-inovação*, isto é, tenta compreender o real transformando-o. Em contrapartida, ignora totalmente os métodos que procuram compreender o real tal como ele é, sem agir diretamente nele, mesmo que seja para melhor transformá-lo posteriormente. Esta abordagem tem limites: como facilitar o desenvolvimento de competências profissionais novas, se conhecemos mal as práticas efetivas dos mestres e se não dispomos de um estado dos saberes e das competências profissionais disponíveis no conjunto de uma profissão? Resumindo, não somos capazes de nos apoiar nesses conhecimentos para pensar as evoluções possíveis. Como trabalhar, em formação, por exemplo, na "zona de desenvolvimento profissional" dos professores, se nosso olhar está voltado mais para as suas insuficiências do que para suas competências? Como convencer os professores da pertinência de nossa abordagem, se a sua primeira característica é um processo de desqualificação de sua intervenção?

Para evitar essa barreira, estou tentando desenvolver pesquisas sobre as competências profissionais dos professores. Esforço-me em cruzar as abordagens clássicas da didática com as da psicologia do trabalho, para estudar os recursos e as exigências que pesam na atividade do professor e para definir melhor a intencionalidade de sua ação. Busco especialmente entender a coerência interna dessas práticas e os equilíbrios que os mestres experientes encontram no exercício de sua profissão. Num estudo recente sobre as SEGPA[1], mostrei particularmente que duas lógicas de tomada de decisão aparecem em concorrência permanente: a lógica dos conteúdos de ensino – por exemplo, as dificuldades dos alunos incitam os professores a "fazer um desvio" para dar uma explicação complementar ou propor uma tarefa nova – e a lógica da estratégia da aula – o professor se assegura de que os alunos são ativos e motivados, que as permissões de falar são bem-reguladas, que a disciplina reina. Constatamos que a segunda lógica prevalece com freqüência sobre a primeira no ensino adaptado: os professores procuram, acima de tudo, manter um certo nível de atividade em aula, e as decisões que eles tomam parecem ter como objetivo principal estimular os alunos a permanecerem engajados num trabalho, seja ele qual for. Porém, essa preocupação em manter a atenção dos alunos sobre a tarefa se faz, com mais freqüência, em detrimento de uma estrita coerência didática e, provavelmente, em detrimento igualmente da qualidade das aprendizagens dos alunos.

Eu não me conformo com essa situação, o que poderia fazer usando o pretexto de não desejar posar como um juiz do trabalho dos professores. Mas eu sei que uma renovação didática não conduziria a uma melhor eficácia do ensino, se a alternativa proposta não considerasse os frágeis equilíbrios pedagógicos construídos pelos professores. Muitas vezes, mais preocupadas em marcar as rupturas do que garantir as continuidades, as inovações pedagógicas perdem muito de sua eficácia quando se distanciam do círculo estreito de seus criadores. É por isso que me parece indispensável pesquisar quais são as dimensões do trabalho de ensino que são potencialmente antagonistas e como os profissionais conseguem reduzir as tensões entre lógicas às vezes divergentes. Em outras palavras, parece-me inútil querer modificar as características didáticas do ensino sem ajudar os mestres a reorganizar os equilíbrios que eles construíram entre os saberes em jogo e as interações sociais com os alunos. Diferentemente dos psicólogos, os professores não julgam apenas uma técnica didática pelos efeitos que ela produz nas aprendizagens dos alunos, mas também em função das modificações que tal técnica implica no exercício de sua profissão. Por que renunciariam a práticas pedagógicas – apesar das fraquezas constatadas – que lhes permitem fazer com que os alunos que pareciam ter globalmente renunciado a aprender voltem ao trabalho, melhoram sensivelmente o clima da sala de aula, tornam vivas situações que não o eram mais e provocam, às vezes, com o tempo, efeitos indiretos nas aprendizagens?

---

[1] Section d'Enseignement Général et Professionnel Adapté [Seção de Ensino Geral e Profissional Adaptado].

Para concluir, eu gostaria simplesmente de salientar que, quando se examina as interações desse ponto de vista na classe, algumas intervenções magistrais do professor podem adquirir um outro valor. No quadro vygotskiano ao qual me refiro, estudo como as atividades cognitivas complexas, que, primeiro, são efetuadas coletivamente na sala de aula, são progressivamente reconstruídas, depois interiorizadas por cada aluno no decorrer da aprendizagem. Em leitura, por exemplo, atividades que os alunos conseguirão realizar mais tarde sozinhos e de maneira relativamente sincronizada são primeiramente efetuadas sob a abordagem do professor e segmentadas em várias etapas. Brossard também considera que uma criança sabe ler "quando sabe completar sozinha e orquestrar essas diferentes atividades. Então, ela terá se tornado a sua própria instância de pilotagem" (Brossard, 1993). Nessa perspectiva socioconstrutivista, o professor é considerado o agente que facilita as transições entre atividades interpsicológicas e intrapsicológicas (Vygotsky, 1933, 1985). Para mim, não há dúvida de que o professor é, deste ponto de vista, o melhor tutor da atividade infantil. É por isso que duvido das abordagens pedagógicas que supervalorizam as interações entre alunos e – ao mesmo tempo – desvalorizam aquelas que ocorrem entre o professor e os alunos. A questão é saber em qual momento, no processo didático, as interações entre alunos irão ser férteis e em qual momento, ao contrário, elas não podem ser substituídas pelas interações de tutela guiadas pelos professores. Seria paradoxal culpar os professores repreendendo-os por guiar de muito perto a atividade infantil, ao passo que, em certas situações, se pode mostrar que essa forma de sustentação é a mais pertinente para a aprendizagem. Tudo depende da especificidade dos desafios do saber!

NO CENTRO DA DISCUSSÃO, O INTERACIONISMO
(Annick Weil-Barais)

A questão das relações entre a psicologia e a pedagogia ficou muito mais importante quando esses dois campos evoluíram de maneira considerável a partir do início do século passado. Até a II Guerra Mundial, a educação era terreno privilegiado da pesquisa em psicologia. O assunto do psicólogo era o estudante, e o laboratório ideal era freqüentemente a escola.[2] Era, em especial, o caso de Binet, de Wallon, de Piaget e de Vygotsky. Seus trabalhos são indissociáveis de considerações sobre a pedagogia e a educação em geral. Seu pensamento abrange o psicológico e, ao mesmo tempo, o pedagógico.

A situação atual é bem diferente. De acordo com os modelos do psiquismo aos quais os pesquisadores se referem, as relações entre a psicologia e a

---

[2] Lembramos que Alfred Binet, em 1905, criou um laboratório na escola da rua Grange-aux-Belles, em Paris.

pedagogia são pensadas de modo diferente. As concepções mecanicistas do psiquismo tendem a estudar as funções psicológicas de maneira isolada, independentemente dos contextos sociopráticos onde são exercidas. Nesse caso, os resultados das experiências estão muito distantes das questões pedagógicas, e as aplicações eventuais não são evidentes. No lado oposto, as concepções culturais do psiquismo que afirmam, a exemplo de Vygotsky, a importância das interações sociais e das mediações simbólicas levam a estudar os indivíduos em seu meio de vida – escola, trabalho, família – e as situações educativas são privilegiadas como contextos em que as competências das crianças se desenvolvem. Buscando compreender os processos interacionais que permitem aos indivíduos desenvolver suas competências e conhecimentos, a psicologia que se inspira nessa corrente não pode dissociar o estudo do funcionamento dos indivíduos dos contextos situacionais. É a opção escolhida, de longa data, pelos pesquisadores do Cresas, que desempenharam, na França, o papel de pioneiros no estudo das trocas entre crianças pequenas e trocas entre educadores e crianças.

No contexto dos anos de 1970, em que se impõem entre os psicólogos modelos em que o sistema cognitivo é soberbamente isolado das esferas emocional, social e afetivo-relacional, as didáticas das disciplinas podem ser vistas como um espaço no qual é possível pensar juntos os funcionamentos psicológicos, as práticas educativas, bem como os conhecimentos que cada geração se esforça em se apropriar, transformar e superar. Pessoalmente, foi nesse espaço que trabalhei sobre o desenvolvimento do pensamento racional na criança e no adolescente, em relação ao ensino e a aprendizagem das ciências experimentais. Nesse espaço, existe uma interação quase natural entre a psicologia e a pedagogia. Ainda que possamos distingui-los conceitualmente – é até uma exigência epistemológica essencial –, o que diz respeito ao psicológico está ligado aos aspectos pedagógicos: especificação e gestão das situações, controle das atividades, etc. Em termos anglo-saxões dos anos de 1980, a cognição está "situada", ou seja, em contexto.

Salientaremos que a didática permitiu a produção de conhecimentos agora julgados essenciais para a formação dos mestres. Sabemos assim que aprender não é somente lidar com informações. Para que haja aprendizagem, é necessário que exista uma partilha de intenções e interesses: percepção das intenções do mestre pelos alunos, desejo de aprender, crença de que o mestre é um bom mediador para fazê-lo, etc. Já que as intenções pedagógicas estão, em grande parte, relacionadas com os conhecimentos, é a intersubjetividade a seu respeito que está no cerne do processo de aprendizagem. Ela envolve tanto a partilha das significações referentes aos conceitos quanto aos valores – crença em sua utilidade, seu interesse, sua generalidade, sua elegância, seus valores identitários e seus costumes. Em suma, ao lado dos aspectos relativos às operações mentais e às condições de seu funcionamento – nível de vigilância, carga da memória de trabalho, atenção partilhada – aos sistemas de categorização e às formas de modelização sobre os diferentes domínios de competência e de conhecimentos, é necessário considerar as condições que tornam possível a intersubjetividade.

A psicologia cognitiva, baseada no paradigma do tratamento da informação, isolando o sujeito aprendiz, privou-se de poder estudar as dimensões intersubjetivas que operam em todo processo de aprendizagem. Foi apenas há alguns anos que se começou a estudá-las, durante seqüências pedagógicas inovadoras que tentavam dominar as condições para que se instalassem processos intersubjetivos centrados no compartilhamento de conhecimentos e de competências (Dumas-Carré e Weil-Barais, 1998; Roux, Trognon e Gilly, 1999).

No campo da educação científica, os primeiros resultados evidenciam:

- As dificuldades para conceber atividades que favoreçam a intersubjetividade – entre o mestre e os alunos ou entre os alunos – a respeito de objetos que possam promover o pensamento dos alunos e, ao mesmo tempo, o profissionalismo dos mestres – o conhecimento dessas atividades diz respeito à competência profissional da mesma forma que os conhecimentos disciplinares.
- A importância de recorrer a sistemas semióticos conhecidos dos alunos – quando existe uma discrepância importante demais entre a "linguagem científica" e a linguagem cotidiana, é necessário propor uma "linguagem intermediária".
- A importância da reflexão e das trocas sobre aspectos epistemológicos referentes aos diferentes campos disciplinares.
- As dificuldades, para mestres e alunos, de mudar de papel – do papel de emissor de mensagens ao de mediador, no caso do mestre; do papel de receptor-aprendiz ao de participante de uma comunidade científica, no caso do aluno.

Atualmente, a importância atribuída pelos psicólogos do desenvolvimento e pelos psicólogos sociais às interações sociais, para o estudo dos processos de aquisição e de desenvolvimento, contribui para encorajar as relações entre a psicologia e a pedagogia. Contudo, num país como a França, onde a psicologia da educação tem dificuldades para se implantar, as teses aplicacionistas tendem a perdurar em detrimento de uma abordagem integrada tal como aquela promovida pelas didáticas das disciplinas.

Parte 2

TRABALHAR ENTRE ADULTOS

A Construção do Trabalho em Equipe nos Estabelecimentos de Ensino 7

Bernadette Mouvet, Marianne Hardy, Joëlle Delepierre, Geneviève Ganné, Daniel Sabre, Patrick Clerc, Anne-Marie Tolla

CO-CONSTRUIR (Marianne Hardy)

O trabalho em equipe apresentado aqui é definido primeiro por um objetivo: o de que todas as crianças adquiram saberes mais sólidos num clima e num meio mais propícios à sua expansão. Perseguir tal objetivo exige da parte dos professores profundas transformações de suas práticas e concepções pedagógicas. Por meio de uma estratégia de experimentação metódica, é possível se aventurar nesse caminho com um máximo de segurança. Trata-se de conceber, de aplicar, de observar, de analisar e de fazer com que as ações pedagógicas evoluam juntas; para isso, é preciso prever diversas modalidades de trabalho que favoreçam a partilha e o distanciamento: co-conduzir uma atividade em sala de aula, separar um tempo para discuti-la, prever reuniões regulares por subequipes – depois em equipe – e, por fim, provocar encontros com o exterior.

Por meio de trocas sobre um objeto de conhecimento compartilhado, os adultos co-constroem um quadro conceitual e novos princípios para a ação pedagógica. No cerne do processo, trocas em que cada um – seja qual for seu estatuto profissional ou posição hierárquica na equipe – deve poder expressar seu pensamento, e as idéias, as resistências e as proposições de cada um devem ser consideradas. A instauração de tais relações "equilibradas" é essencial para que a experiência progrida. Para isto, há muitas razões: levar em conta cada um para mobilizar todos os parceiros; levar em conta todos para delimitar o conjunto visando à coerência, à continuidade; coordenar as idéias para buscar soluções originais; expressar suas resistências para fazer com que a reflexão avance; justificar e argumentar para convencer; esclarecer para obter um consenso real.

Desde o início de sua aventura comum, os pesquisadores do Cresas experimentaram neles mesmos os benefícios – e as dificuldades – de tal abordagem. Divididos em pequenos grupos de pesquisa pluriestatutários, nos quais cada membro era co-responsável pelo tema trabalhado, confrontávamos constantemente os nossos objetivos, hipóteses, metodologias e análises. Durante seminários regulares, conselheiros científicos externos reconhecidos nos guiavam discutindo nosso trabalho de igual para igual. Assim, a organização interna de nossa equipe imediatamente favoreceu a confrontação dos pontos de vista e a descentralização de cada um, o que nos permitiu abrir vias de pesquisa originais. Quando desenvolvemos pesquisas-ações para fornecer, nos estabelecimentos, condições favoráveis para a aprendizagem de todos, colaboramos com profissionais de campo, de acordo com princípios semelhantes: co-responsabilidade na ação e confrontação dos pontos de vista. Com o distanciamento, constatamos que essa estratégia de pesquisa tinha efeitos estruturantes no trabalho de equipe de nossos parceiros de campo. Nosso objeto de estudo então foi ampliado para as modalidades de transformação das práticas dos profissionais engajados conosco na elaboração de uma "pedagogia interativa". Aos poucos, tomamos consciência do aspecto formador de nossa abordagem, o que nos levou a esclarecê-la, a estruturá-la e a dar-lhe um nome, tomado de empréstimo de Bertrand Schwartz, "a auto-avaliação reguladora". A partir daí, iniciamos pesquisas em maior escala, no âmbito daquilo que chamamos de pesquisas-ações-formações. Esses trabalhos visam a apreender os mecanismos de co-construção trabalhados entre adultos, a equipe educativa e seus parceiros, numa dinâmica de transformação das práticas.

Chamamos aqui alguns de nossos parceiros de campo que souberam fazer viver em seus estabelecimentos a pedagogia interativa, enriquecendo-a com suas contribuições originais. Joëlle Delepierre e Geneviève Ganné são dirigentes de creches. Acostumadas a trabalhar em rede de estabelecimentos de ensino, elas apresentam, juntas, uma única e mesma intervenção. Daniel Sabre é diretor de uma escola do ensino fundamental. É deste ponto de vista que ele compartilha a sua experiência pessoal. Patrick Clerc é professor numa escola organizada em princípios cooperativos. É na qualidade de representante da equipe que ele intervém. Por fim, Anne-Marie Tolla é professora no ensino médio, onde a noção de equipe geralmente remete à associação de um pequeno número de professores que se organizam para realizar uma ação circunscrita. Ela é a principal agente desse trabalho de equipe. Depois desses testemunhos, Bernadette Mouvet apresenta as linhas de força que, a seu ver, parecem atravessar a construção do trabalho em equipe.

O PAPEL DOS DIRIGENTES NA CONSTRUÇÃO DO TRABALHO EM EQUIPE NA CRECHE (Jöelle Delepierre e Geneviève Ganné)

Não é raro ver creches que funcionam dividindo as crianças por idade, com equipes especializadas por faixa etária, o que pode ocasionar rupturas e desordens no estabelecimento. Essas rupturas são acentuadas quando existe pouco compartilhamento do material e das idéias e a ausência de instâncias de reflexão previstas para tratar problemas de organização. Tal funcionamento repercute nas condutas das crianças, que parecem se aborrecer, e nos adultos, que parecem não ter saídas e têm pouca coisa para dizer a respeito de suas ações.

Autoridade permanente da instituição, a dirigente da creche – às vezes com a ajuda de um auxiliar, quando há mais de 72 crianças – exerce um poder hierárquico sobre a organização do trabalho das profissionais – uma ou duas educadoras de crianças pequenas têm formação pedagógica, 15 auxiliares têm formação em puericultura, e agentes de serviço sem qualificação profissional, encarregados das tarefas materiais: cozinha, manutenção das roupas de cama e locais. Além do acompanhamento médico-social das crianças, a dirigente tem obrigação de trabalhar com sua equipe o quadro organizacional, o projeto pedagógico e o encaminhamento do trabalho. Cabe a ela envolver todos os profissionais, nem que seja apenas para gerir o melhor possível as exigências arquiteturais, a amplitude de abertura dos estabelecimentos – em geral das 7h30min às 18h30min –, os horários de trabalho de uns e outros, a divisão das tarefas, a fim de que a creche corresponda o máximo possível às necessidades das crianças e das famílias. Para melhorar o funcionamento, ela tem, pois, um papel preponderante.

Em nossas creches, com o desejo de evitar as rupturas vividas pelas crianças nas passagens de uma seção a outra e quebrar o isolamento dos adultos, instituímos reuniões de trabalho regulares que permitem conduzir ações harmônicas, desenvolver trocas entre todos os profissionais e favorecer um clima de confiança. Apoiando-nos nas experiências de cada um e compartilhando idéias, depreendemos em comum os nossos objetivos e as nossas orientações e estabelecemos uma coerência entre as ações, o que dá sentido ao trabalho de cada um. Essa evolução se alimenta das formações propostas pela administração para objetivar e estruturar a reflexão em torno de um projeto pedagógico. Entre essas formações, a do IEDPE[1] nos forneceu um quadro de reflexão em equipe, ancorado na realidade do trabalho cotidiano: um método para analisar, avaliar e reajustar as práticas conforme seus efeitos nas condutas das crianças; os meios de instaurar uma dinâmica interativa em que cada um pode se expressar, favorecendo as confrontações, os questionamentos e as descobertas propícias às transformações. Progressivamente, as profissionais adquiriram interesse em construir situações educativas em que cada criança e adulto experimenta o prazer da descoberta. Provemo-nos de meios para analisar as condutas das crianças por meio de observações escritas e de "diários de bordo" nos quais anotamos tudo o que nos surpreendeu. Pudemos trabalhar uma organi-

---
[1] Ver nesta obra, Parte 3, Capítulos 11 e 14.

zação rigorosa, com planejamento das tarefas da semana, na qual as ações das profissionais acarreta o engajamento de todas e não, como anteriormente, apenas a boa vontade de algumas. Tudo isso permite trocas mais ricas entre profissionais e pais sobre o conteúdo do trabalho e as ações das crianças, que são acompanhadas por suportes escritos para alimentar a informação.

O resultado dessa dinâmica? Crianças ativas, felizes, que evoluem num ambiente com material pedagógico adaptado às suas necessidades, onde desenvolvem trocas cada vez mais freqüentes entre si – mesmo as com pouca idade. Esse trabalho se prolonga no âmbito de redes de reflexão interestabelecimentos, o que permite continuar as trocas sobre as práticas com outras equipes de creche. A capacidade das coordenadoras de creche de acompanhar essa evolução contribui enormemente para a continuação e o aprofundamento do trabalho iniciado.

MOBILIZAR OS PROFESSORES NO ENSINO FUNDAMENTAL (Daniel Sabre)

A escola da qual sou diretor há quatro anos está classificada em uma zona de educação prioritária. Ela é constituída por 13 turmas comuns e três turmas do setor especializado. A população é, em sua maioria, desfavorecida, com muitas crianças de famílias de imigrantes. Quando cheguei, fiquei chocado com a violência que reinava na escola e pela ausência de abertura e de comunicação. Para desencadear mudanças, apoiei-me na experiência que adquiri ao trabalhar com os pesquisadores do Cresas e atuei em três planos: implantar estratégias pedagógicas, trabalhar em equipe e funcionar em rede interestabelecimentos. O que liga esses procedimentos é o papel central das trocas e da comunicação, as noções de projeto e de distanciamento sobre a ação.

Tive como prioridade favorecer as relações e instalar um clima de comunicação entre todos os atores: crianças, pais, professores e pessoal de serviços. Para regular os problemas que existiam na escola, muito numerosos na época, deixei minha porta aberta, com o desejo de ouvir a todos e depois ajudar os protagonistas dos conflitos a discutir entre si. Muito rapidamente, decidi me dedicar mais profundamente à agressividade das crianças, oferecendo-lhes um espaço de opinião que lhes permitiria adotar uma atitude mais construtiva. Instalei conselhos de delegados a partir do primeiro mês de minha chegada, o que implicava uma participação de cada turma, mesmo que fosse apenas para proceder à escolha dos delegados. Paralelamente, aproximei a pré-escola por meio de um projeto pedagógico envolvendo todo o grupo escolar. Para minha colega de pré-escola e eu, isso era importante para afirmar nossa vontade de abrir-nos e compartilhar valores comuns. Com esse espírito, instalamos uma comissão de multiparceria envolvendo associações, educadores de rua, a prefeitura e a escola. Nesse primeiro ano, posso afirmar que o ambiente de violência e de fechamento que caracterizava a escola em minha chegada mudou radicalmente. No entanto, vários professores, em desacordo com o projeto que eu tentava instalar, solicitaram transferência. Os professores que permaneceram escolheram, portanto, participar do projeto.

Numa segunda etapa, meu objetivo foi mobilizar todo o grupo escolar na questão da aprendizagem de todas as crianças. Com minha colega de educação infantil, solicitamos duas pesquisadoras do Cresas para conduzir um estágio que visava a iniciar um trabalho sobre as práticas pedagógicas. Na continuação desse estágio, estabeleci, uma vez por semana, oficinas interativas no ciclo 2. Para começar, eu mesmo conduzi essas oficinas que reuniam crianças de idades diferentes. Em cada encontro, dois professores vinham observar seus alunos. Na discussão que seguia, trocávamos nossas impressões sobre a situação, nossas surpresas com as condutas das crianças e nossos pontos de vista sobre o papel do adulto na dinâmica entre crianças. Alguns encontros foram filmados, o que nos permitiu compartilhar nossas observações e análises com todo o ciclo. Aos poucos, essas oficinas foram ocupadas pelos próprios professores e esse modo de agir veio irrigar as práticas diárias em classe. Um trabalho semelhante está sendo desenvolvido agora no ciclo 3 e em toda a educação infantil.

Essa dinâmica se desenvolve com o apoio da inspetora. De minha parte, atualmente tenho sido confrontado com dois problemas: o de minha própria organização em relação à amplitude do projeto, que deve continuar a ser sustentado e organizado, e o da gestão de uma equipe cujos membros, todos voluntários, possuem, todavia, diferentes graus de implicação.

UMA INICIATIVA INTERATIVA NUMA ESCOLA COOPERATIVA (Patrick Clerc)

Desde sua abertura, há 20 anos, a equipe da escola de Les Bourseaux proveu-se de um funcionamento particular, que é elaborado a partir de três eixos:

Eixo 1: Uma concepção do "viver em conjunto" construída sobre princípios cooperativos: direção colegial flexível com distribuição dos ganhos numa conta associativa; vida associativa aberta aos pais e ex-alunos; definição de espaços onde cada um possa existir e se expressar – conselhos de classe e conselhos de escola –; vínculos com associações e pessoal dos lares onde vivem alguns de nossos alunos.

Eixo 2: Uma concepção do "aprender em conjunto" construída sobre princípios construtivistas e interacionistas: organização que favorece as trocas mais diversificadas – ciclos multiidade, trocas interciclos – projetos artísticos envolvendo as crianças de todos os ciclos, trabalhos em grupos, prioridade à reflexão e à criatividade, respeitando, é claro, os programas.

Eixo 3: Uma concepção da ação pedagógica guiada por um espírito de pesquisa que se constrói por momentos de convívio informais e pela institucionalização de momentos de informação, de trocas para entender, de regulações, de elaboração de ferramentas, de administração do tempo, de definição das exigências em relação às crianças, que se inscrevem numa preocupação de coerência e continuidade entre os três ciclos. No nível da equipe inteira, reuniões acontecem semanalmente; no nível das equipes de ciclos, quinzenalmente.

Para fazer conhecer e estabelecer um contrato moral diante de uma estratégia e de um projeto pedagógico envolventes, organizamos estágios nos próprios espaços de nossa escola para candidatos a postos vagos. Quanto aos funcionários que não eram professores nomeados pela escola, como os animadores cuturais e o pessoal de serviço, sua nomeação se fez por intermédio de uma comissão extramunicipal de acompanhamento do projeto. Colaborando com o Cresas, acrescentou-se ao nosso dispositivo uma abordagem sustentada pela "exigência de todos", que nos permitiu melhor servir nossos princípios. Essa abordagem causou profundas transformações em nossas práticas pedagógicas e sociais e em nossas representações referentes particularmente aos processos de aprendizagem.

Esses "habitus" (Bordieu) profissionais permitem o surgimento de uma cultura pedagógica, especialmente a partir do trabalho em equipes de ciclos, pois é nesse nível que as trocas no cotidiano sobre as práticas concretas são mais intensas. Vejamos o exemplo do trabalho de elaboração de seqüências pedagógicas no ciclo 3, constituído de três turmas. Dois casos podem ser apresentados. Concordando sobre uma questão que deverá ser tratada por nossos alunos, vamos à reunião de ciclo com propostas pessoais, a partir das quais uma estratégia comum será construída, que cada um trabalhará em sua turma. Ou então, um de nós desejar muito experimentar uma atividade específica em sua turma. O professor informa seus colegas sobre o desenvolvimento de sua ação, que pode em seguida dar lugar à estruturação comum de ferramentas das quais cada um poderá se apropriar, ou que poderá constituir o ponto de partida de um projeto pedagógico de grande porte para o ciclo ou para a escola. Uma vez determinado o conteúdo das ações, a aplicação da seqüência não é muito clara: é por isso que instauramos entre professores um processo chamado "práticas deslocadas", que não é apenas compartilhamento, mas uma co-construção que nem sempre é evidente. Tendo definido um contéudo em comum, um de nós o testa em sua turma. Ele então relata, antes que a experiência "esfrie", as modalidades e os efeitos aos colegas, que se preparam para repetir a mesma ação em suas turmas, o que lhes permite realizar melhorias imediatas e estar atentos a certas reações das crianças, reações que, por sua vez, eles relatarão aos outros. Esse ajuste coletivo permite a cada um se tranqüilizar em relação às suas dúvidas, porque está consciente de participar da evolução de um processo comum a todos.

Tal criação coletiva passa pela construção de um consenso que inclui as idéias de cada um e não por compromissos supostamente que não devem excluir ninguém. Essa exigente conduta só pode ser efetuada por uma verdadeira escuta e por um trabalho que leve em conta os diferentes pontos de vista. O que estamos fazendo com as crianças, também tentamos fazê-lo em nosso nível. Nesse sentido, encaramos o trabalho em equipe como uma busca incessante de coerência entre o que enunciamos politicamente e nossa ação no dia-a-dia.

INSTITUIR O TRABALHO EM EQUIPE NO ENSINO MÉDIO (Anne-Marie Tolla)

A experiência relatada a seguir é a de uma pequena equipe interdisciplinar de professores cujo número flutua conforme os anos. Nunca fomos mais de seis. A história desta equipe já é antiga. Conhecemo-nos bem, temos prazer em trocar idéias bebendo um café, almoçando juntos. Sendo bastante diversos, compartilhamos a mesma visão das aprendizagens: pensamos que todos podem aprender, que não aprendemos sozinhos e que aprendemos muito melhor quando encontramos sentido no que fazemos. E, além disso, gostamos de tentar coisas novas. Portanto, foi muito natural montarmos e realizarmos juntos vários projetos pedagógicos: em torno da idéia da ajuda aos alunos em dificuldade, da diferenciação das aprendizagens, da autonomia dos alunos, da luta contra o estresse na escola, etc. Além do prazer que temos em "colocar nossas idéias em prática", juntos, tivemos o sentimento de aprender muitas coisas uns com os outros, procurando em todas as direções. Foi, em especial, um de nós que levou os outros a fazer com que equipes de alunos trabalhassem em temas diferentes; uma outra estimulou todos a tentarem diferenciar os modos e os níveis de avaliação; um terceiro iniciou os outros na gestão mental. Tivemos debates animados sobre a formulação das instruções. Juntos, aprendemos que não se improvisam as situações pedagógicas de trabalho de equipe e que nem todas as situações se equivalem.

O que chamarei de "institucionalização" do nosso trabalho de equipe nos ajudou muito a avançar e a não nos cansarmos, propondo-nos um acompanhamento e impondo-nos uma avaliação daquilo que fazíamos. Trata-se, primeiramente, há cinco anos, da contratação de um de nossos projetos no âmbito acadêmico das "Inovações e Valorizações dos Êxitos"[2], logo após a participação em uma pesquisa do Cresas, de quem já haviamos podido encontrar os pesquisadores no contexto do acompanhamento anterior. Foi então que nosso interesse se concentrou na transversalidade dos saberes e na observação e na

---

[2] Ver Parte 4, Capítulos 17 e 18.

análise das trocas entre alunos. Foi a participação na pesquisa que nos permitiu passar, do prazer de buscar idéias juntos, ao gosto de gravar em vídeo e analisar, mais tarde, o que se passa entre os alunos durante uma seqüência pedagógica. É por isso que nos acostumamos a administrar, com dois professores de disciplinas diferentes, as situações de aulas que gostaríamos de observar. Aos poucos, tivemos a impressão de nos tornar mais rigorosos, mais eficazes, e isso nos estimulou a continuar.

Trabalhar em conjunto, e de tempos em tempos ensinar em conjunto, requer uma grande flexibilidade para a administração dos horários e dos alunos. Também aprendemos muito rápido a antecipar, pensar antes nossas demandas de serviços e de emprego do tempo. As equipes administrativas da escola de ensino médio Rodin mostraram muita boa vontade. É evidente que, sem o seu apoio, não poderíamos ter feito muita coisa, já que as dificuldades de organização tinham grandes chances de fazer com que qualquer projeto fracassasse.

TRABALHAR EM EQUIPE SE APRENDE E SE CONSTRÓI (Bernadette Mouvet)

Todos os começos são possíveis

As práticas que foram relatadas destacam a diversidade das origens e a singularidade das histórias das experiências de trabalho em equipe. Na origem de um trabalho em equipe nos estabelecimentos de ensino, é possível encontrar exemplos tão contrastados quanto a vontade de um dirigente de estabelecimento ou a de um grupo de educadores militantes. Também podemos encontrar o engajamento de dois professores voluntários ou uma reforma de sistema. Em todos os casos, esse trabalho se insere numa história e escreve sua própria história, feita de dificuldades e de encantamentos ligados a exigências, a recursos e a liberdades de seu contexto particular, aos desafios pessoais e coletivos dos parceiros, a tudo o que faz com que cada um de nós seja irredutível a qualquer outro. Ao mesmo tempo em que a originalidade de toda empreitada em equipe torna difícil a elaboração de um "modelo" de construção do trabalho em equipe, será possível ver nela uma incitação ao otimismo: todos os começos são possíveis!

Um feixe de propósitos

O trabalho em equipe visa, ou realiza, na confluência do desejável e do possível, a várias intenções ou propósitos que poderíamos denominar "maneiras de ver, maneiras de fazer e maneiras de ser".

Maneiras de ver. O trabalho em equipe rediscute, ou visa a rediscutir, o olhar que é lançado sobre os alunos, sobre os colegas, sobre a instituição e sobre si mesmo. O novo olhar que aí se exerce permite e sustenta dois reenquadramentos fundamentais: de um foco em si mesmo a um foco nas crianças e seus comportamentos, e de um foco nos erros das crianças a um foco em suas competências e em suas estratégias de aprendizagem.

Maneiras de fazer. O trabalho em equipe transforma, ou visa a transformar, as práticas profissionais e as práticas de instituição. O trabalho em equipe requer e favorece a abertura do campo fechado da sala de aula – no qual vários professores mantêm uma relação de propriedade privada em relação aos seus alunos e a suas práticas – a esse "espaço público" de construção de objetos e interesses coletivos que constituem as interações entre os membros do grupo. Essa passagem do privado ao público permite a cada um, por sua confrontação com outrem, compreender melhor o que está fazendo. Ela permite a todos, graças à consideração das contribuições e exigências de cada um, a co-construção de princípios e práticas compartilhadas.

Maneiras de ser. O coletivo é uma maneira de estar no mundo que permite, ou visa a permitir, a cada um se sentir indissociavelmente reconhecido em sua identidade e solidário aos outros. Sem esse ideal, o trabalho em equipe não teria razão instrumental; por que não sonhar com que todos possam vivê-lo em seu lugar de trabalho?

Condições para prosseguir

Para que o trabalho em equipe encontre as intenções que foram enunciadas, as condições a serem preenchidas são várias e estreitamente intricadas. Permitir e promover o trabalho em equipe requer um engajamento determinado de todos os níveis de decisão do sistema educativo, que inscreve na prática o reconhecimento de sua importância. Assim, por exemplo, devem ser tomadas disposições para garantir uma estabilidade mínima dos funcionários nos estabelecimentos e valorizar, durante o horário de trabalho dos profissionais, momentos sem a presença das crianças, que lhes permitam reunir-se e entrar em acordo entre si e com o seu meio – famílias, associações de bairro, etc. Desenvolver uma real cultura do trabalho em equipe exige igualmente que sejam iniciadas e sustentadas redes de trocas e de cooperação entre profissionais de instituições, e/ou de competências disciplinares diferentes e entre as pessoas que atuam na prática e os pesquisadores. No interior de um estabelecimento de ensino, a cultura do trabalho em equipe tem por necessidade, ainda, a instauração de modos de funcionamento e de decisões que permitam a cada um, adulto e criança, ter direito a dar a sua opinião sobre os projetos e sobre a organização da vida cotidiana da instituição.

Modalidades de trabalho para construir

Muitas vezes um acompanhamento externo será necessário, sob a forma de uma formação, por exemplo. Vários dispositivos de formação mostraram-se eficientes, como vemos em especial no caso daqueles desenvolvidos pelo Cresas e pelo IEDPE[3]. Além de suas especificidades, tais dispositivos compartilham três traços fundamentais: a sua fixação em um projeto de ação coletiva – pois, assim como para tantas outras coisas, é fazendo trabalho em equipe que se aprende a fazê-lo; o desenvolvimento de uma dinâmica de pesquisa subordinada às necessidades e descobertas da ação coletiva; a observação e a análise permanente dos efeitos das ações desenvolvidas nas crianças e em seus comportamentos, que permitem operar as transformações necessárias para melhorar ininterruptamente as ações trabalhadas.

Em todos os casos, a equipe deverá trabalhar meios e modalidades de trabalho – sempre singulares e contextualizados – que permitirão manter o rumo e regular constantemente o seu próprio funcionamento. A coisa é difícil e "o diabo se esconde nos detalhes": será preciso planejar o trabalho e as reuniões, negociar e distribuir as tarefas; objetivar e preservar amostras de materiais e de avanços do trabalho para analisá-los e transformá-los novamente, como, por exemplo, por meio de vídeos sobre as práticas ou "diários de bordo"; voltar a esclarecer-ajustar-precisar em cada etapa os objetivos do trabalho; arranjar o acolhimento e a integração de novos membros na equipe, etc. Também será preciso, juntos, negociar os desafios e a importância da implicação de cada um no trabalho da equipe. Trabalhar em equipe não significa que seja necessário, a todo momento, estarem todos iguais e intensamente envolvidos nos trabalhos do grupo. Negociar campos, níveis, temporalidades de implicação inscritos na prática, o reconhecimento da identidade de cada um, de suas competências e de suas obrigações.

Criar sentido, criar vínculo

O trabalho em equipe não representa somente um meio de fazer um pouco melhor o ofício de ensinar e educar: ele constitui uma dimensão intrínseca e substancial de um novo ofício que deve ser exercido pelos adultos encarregados de crianças. Esse ofício teria por palavra de ordem "criar sentido, criar vínculo". Criar sentido, criar vínculo entre crianças, entre professores, entre as equipes de estabelecimento, entre essas equipes e seu meio, entre a pesquisa e o campo, entre os profissionais e os formadores, etc., entre todos aqueles que, de uma forma ou de outra, estão envolvidos no crescimento de todas essas

---

[3] Ver Parte 3.

crianças, que são as crianças de toda a comunidade dos adultos. A empreitada é difícil, pode ser desencorajadora. Nossa época, ao mesmo tempo em que nos obriga a tentar a aventura, nos oferece a grande chance de dar forma a esse voto de Spinoza, tal como formulado por Étienne Balibar: sermos o maior número possível a pensar o máximo possível (Balibar, 1996).

A Construção das Parcerias na Coordenação Municipal da Pequena Infância   8

Olga Baudelot, Sylvie Rayna, Louisette Guibert

OS COORDENADORES DA PEQUENA INFÂNCIA: UMA FUNÇÃO DE PARCERIA (Olga Baudelot e Sylvie Rayna)

Ser parceiro é ser aliado em ações com um objetivo comum e para um benefício recíproco. Ao mesmo tempo em que a parceria no campo educativo é abordada pela pesquisa (Zay, 1994; Glasman, 1992), as dinâmicas de parceria que se desenvolvem no setor da pequena infância (0-6 anos) são pouco estudadas. A questão aparece nos anos de 1980 com as novas políticas territorializadas que buscam colocar em sinergia os recursos locais. A preocupação que surge de um acolhimento de qualidade para todas as crianças pequenas obriga a desenvolver parcerias institucionais e de campo. Em uma recente pesquisa sobre novos funcionários – os coordenadores municipais da pequena infância[1] (Baudelot e Rayna, 1999b, 2000a, b) –, nós nos perguntamos sobre a construção de parcerias nas quais esses funcionários se encontram implicados, sobre suas formas e seus desafios.

Os coordenadores municipais da pequena infância

Enquanto era enunciada, em 1982, uma política global da pequena infância cuja aplicação cabia às comunidades, esses funcionários, encarregados da coordenação do acolhimento das crianças pequenas, apareciam na cena municipal. Exercendo uma função transversal, eles se encontravam numa posição

---
[1] Convenção entre o INRP e as CAF – Caisse Nationale d'Allocations Familiales [Caixa Nacional de Abonos Familiares].

de interface entre numerosos interlocutores: os diversos profissionais da pequena infância, os eleitos, os usuários reais e potenciais, e os profissionais de outras instituições. Alguns coordenadores estão envolvidos na complexidade dos novos dispositivos territorializados – zonas de educação prioritária (ZEP), políticas municipais, etc. – e são levados a elaborar novas relações, em particular com os eleitos e os serviços, mas também com os usuários, para evitar o risco de não levar em conta as populações mais marginalizadas.

Nossa pesquisa de opinião, feita em 30 departamentos franceses, indica que esses novos profissionais, exercendo suas funções sob denominações diversas, são, em sua maioria, originários de áreas de atuação prática. São principalmente puericultoras, mas também educadores de crianças pequenas, trabalhadores sociais, animadores culturais. Eles se multiplicam com o desenvolvimento das políticas contratuais, especialmente o contrato infância – entre as comunidades e as CAF – que sustentam o melhoramento quantitativo e qualitativo do acolhimento das crianças de menos de seis anos (Périer, 1999).

Sua atividade é polivalente e leva à aquisição de competências novas. O incontornável trabalho de gestão dos equipamentos e dos funcionários que eles asseguram é modelado por sua proximidade das práticas e pelo objetivo, ligado à sua missão, de unificar o acolhimento das crianças pequenas em toda a comunidade. Tal tarefa se prolonga no trabalho de acompanhamento dos funcionários, que visa à criação de vínculos, de um "espírito de serviço", de uma "cultura de empresa". A construção dessa parceria entre os que trabalham com a pequena infância está, portanto, no centro de sua atividade, à qual se une a parceria externa com os outros diversos interlocutores.

O acompanhamento dos funcionários

Apesar da heterogeneidade dos estatutos profissionais – puericultoras, educadoras, cuidadores, animadores culturais, etc. – que os coordenadores consideram como uma grande dificuldade inicial, devido ao desconhecimento uns dos outros e às rivalidades de categorias, a coerência buscada pode vir com o tempo. O engajamento dos funcionários em projetos comuns, que permitem a confrontação dos olhares uns dos outros, leva à construção progressiva de uma cultura comum.

A força de impulso dos coordenadores é um fator importante desta dinâmica de parceria, ligada aos contextos mais ou menos favoráveis nos quais ela se desenvolve. Uma prática de acompanhamento interativo se revela particularmente fértil a esse respeito. Baseada, por um lado, na organização de um quadro de ação e de reflexão aberto e evolutivo e, por outro, no estabelecimento de trocas equilibradas entre todos os parceiros envolvidos nas experiências escolhidas, esta prática leva à co-construção de saberes partilhados, bem como ao estabelecimento de novas relações interpessoais. Encontramos aí os princípios que sustentam o modelo pedagógico desenvolvido pelo Cresas (1991).

O processo de co-construção é acompanhado por um distanciamento, por uma tomada de consciência da relatividade dos conhecimentos e pela aceitação de ser desprovido de um domínio adquirido em seu setor, para recuperar esse domínio e aumentá-lo depois, graças aos outros, na colaboração e na retomada mútua das idéias. As representações dos próprios coordenadores, ligadas às suas práticas anteriores – sanitárias, educativas, sociais –, tenderão a se transformar graças ao contato com outros universos culturais. O encontro com outros atores reforça esse processo, por exemplo, em projetos de ações de iniciação cultural que implicam uma parceria com artistas e profissionais do livro (Baudelot e Rayna, 1999a).

A relação com os pais

Atualmente, o lugar dos pais está sendo reafirmado nos textos oficiais: a criança não é mais acolhida sozinha, mas com sua família. Para os coordenadores, trata-se primeiramente de informar as famílias sobre as propostas oferecidas pela comunidade, mas também de ouvir os pais. Essa escuta, importante para os coordenadores, é modelada por suas experiências profissionais anteriores ou por suas opções pessoais: sensibilidade aos públicos em dificuldade, entre os antigos trabalhadores sociais, ou valores religiosos de várias puericultoras.

Apesar disso, os pais são parceiros? Os projetos que incluem os pais como verdadeiros parceiros existem em Hem com as mães contadoras de histórias (Bréauté et al., 1999), ou nas estruturas associativas, como em Auby, onde eles estão na origem da criação de um espaço de multiacolhimento associativo (Eme, 1999). Porém, os pais raramente participam das propostas comunitárias. Eles são, mais freqüentemente, destinatários de ações, no seio de dispositivos que visam ao apoio da função parental e à criação de vínculos nos bairros por meio dos espaços de acolhimento pais-filhos, como em Roubaix (Dupraz et al., 1999), as ações de iniciação cultural como aquelas feitas em Valenciennes (Dupont-Delcourt, 2000), ou os módulos de formação pais-profissionais, como aqueles propostos em Villeurbanne (Passaris et al., 1999).

A parceria municipal e intermunicipal

As relações com os outros serviços municipais estão, em grande parte, ligadas ao grau de reconhecimento da pequena infância na política municipal. A transversalidade, nas prefeituras, não é evidente, e a apresentação de uma visão coordenada do serviço encarregado da pequena infância em diversos grupos de trabalho existentes dá visibilidade a estes últimos, sendo uma oportunidade de distanciamento crítico para o coordenador.

Ao mesmo tempo em que são privilegiadas as relações com certos serviços – por exemplo, os serviços encarregados da política da cidade, quando existem –, elas são, no entanto, mais raras com outros setores, especialmente aqueles que estão encarregados da educação ou da cultura. Os parceiros potenciais se situam, na verdade, mais ao lado da ação social. No entanto, a parceria de campo se desenvolve muitas vezes diretamente com bibliotecas, museus ou escolas de educação infantil. Enfim, a abordagem global da pequena infância (0-6 anos) na escala municipal encontra ainda muitas resistências, já que as atividades extra-escolares freqüentemente se encontram divididas entre o serviço de pequena infância e o serviço de ensino.

A parceria com outras municipalidades pode reforçar a coesão interna em cada serviço, facilitar a elaboração dos projetos pela retomada das idéias de uns e de outros, promover a mutualização dos esforços e otimizar, assim, seus efeitos. O estabelecimento de trocas entre coordenadores pode levar a uma colaboração que enriquece as iniciativas de cada um e abre novas perspectivas, como mostra a oficina de pequena infância da aglomeração de Dunkerque (Calon, 2000) ou as jornadas de pequena infância montadas por Orléans e pelas cidades próximas (Millet, 2000). Coesão, visibilidade e reconhecimento do serviço se reforçam com um maior distanciamento operado em relação à prática e à extensão da cultura comum.

As relações com as parcerias institucionais

A implicação dos coordenadores no contrato de infância com a CAF se revela particularmente formadora, pelo estabelecimento de inventários, pela redação de projetos e balanços que esse contrato implica. Ela permite a apropriação ou a construção de ferramentas de diagnóstico, de avaliação, etc., mas também o distanciamento provocado pelos inventários sustentados que a parceria exige.

Os coordenadores se beneficiam de meios financeiros prudentes e de conselhos sobre os novos dispositivos apoiados pelos CAF, como, por exemplo, a substituição de cuidadores, as ações de apoio à paternidade, etc. Em troca, os CAF recebem informações de campo que lhes permitem modelar sua política. Essa reciprocidade favorece o equilíbrio das relações entre os coordenadores municipais e os conselheiros técnicos dos CAF, cuja formação de origem (trabalhadores sociais) favorece a proximidade.

As relações no plano institucional com a Proteção Maternal e Infantil (PMI) são menos aparentes no discursos dos coordenadores, mas se desenvolvem na prática, especialmente por meio de ações de animação nos consultórios que atendem bebês lactentes, em que a cooperação entre profissionais encontra a sua plena expressão, como acontece em Villeurbanne (Dupraz et al., 1999) ou em Nantes (Lardière, 2000). Essas ações em torno do jogo, da música ou do livro, feitas nas salas de espera pelos funcionários de creches ou de pré-escolas, bibliotecários ou músicos, buscam levar em conta todas as crianças. Nessa parceria, um desbloqueio das abordagens médico-sociais e culturais dos diversos funcionários envolvidos começa aos poucos a provocar uma fértil mistura.

Com essas ações, que podem ir até o acompanhamento de famílias com grande dificuldade, pode se ganhar a confiança de populações distantes da cultura dominante. Uma informação mais eficaz sobre as estruturas de acolhimento é efetivada, em especial nas escolas de educação infantil, nas brinquedotecas, nos acolhimentos pais-filhos. O acesso a esses meios pode ser facilitado por meio da personalização da estrutura, com uma pessoa conhecida durante a consulta.

A parceria com o Ministério da Educação da França se caracteriza, em contrapartida, por sua fraqueza de conjunto. Os fortes antagonismos entre culturas profissionais diferentes explicam as lacunas que cercam essas parcerias, reforçadas pela organização municipal que introduz uma clivagem, assinalada anteriormente, na pequena infância. Existe, contudo, boa-vontade no âmbito do campo ou no nível institucional, mas muitas vezes os dois níveis não funcionam em harmonia, os vínculos ficam frágeis e submetidos aos acasos das vontades individuais. Todavia, existem experiências concretas que provam que a colaboração entre professores e funcionários da pequena infância não é impossível, que ela é proveitosa para as crianças e para as famílias, sobretudo as menos favorecidas, mas também para os próprios profissionais. As experiências realizadas em Nantes (Baudelot & Guibert, 1987), Lille (Bréauté et al., 1999) ou Roubaix (Dupraz et al., 1999) atestam o fato. A colaboração entre inspetores do Ministério da Educação Nacional e coordenadores da pequena infância, como em Estrasburgo (Houchot, 2000; Slaoui, 2000), por exemplo, abre novas perspectivas. O engajamento dos diversos funcionários em projetos inovadores, como as classes e ações-passarelas (Dupraz, 1995), aparece como um fator particularmente favorável à superação do isolamento dos universos culturais.

Conclusão

Havíamos percebido, nos trabalhos efetuados na escala de bairros em desenvolvimento social – que fizeram emergir a problemática da relação pais-instituições e a dificuldade em considerar famílias menos favorecidas (Baudelot et al. 1988) –, a necessidade de uma coordenação da pequena infância e a sua complexidade. O papel essencial que pode ser desempenhado pelos funcionários de "coordenação" no apoio aos funcionários da pequena infância também apareceu para nós, durante pesquisas-ações, quando estes se engajam na elaboração de práticas novas e que, a partir disso, redes de profissionais se desenvolvem (Bréauté e Rayna, 1995, 1997).

A coordenação da pequena infância pelo acompanhamento de projetos, realizados no âmbito de diversas parcerias intervindo direta ou indiretamente em sua aplicação, leva a estimular, a apoiar e a continuar a inovação. Um certo número de exemplos, encontrados no decorrer de nossa investigação, comprova este fato. É sobre esse aspecto da atividade dos coordenadores que gostaríamos de concluir, salientando o grande papel que esses profissionais podem desempenhar na transformação das práticas dos diversos funcionários, por meio da organização de situações interativas nas quais o lugar central é atribuído às iniciativas de cada um e à cooperação entre todos. As inovações não são evidentes, mas a construção de parcerias entre pessoas com diferentes percursos e diferentes olhares sobre a pequena infância pode convergir em torno de objetivos comuns, apesar das separações tradicionais que persistem, especialmente entre o universo da pequena infância (0-6 anos) e o da educação e da escola (que começa aos 2 anos). Prova disso é o exemplo de Nantes, brevemente apresentado a seguir por Louisette Guibert.

A PARCERIA MINISTÉRIO DA EDUCAÇÃO NACIONAL – CIDADE DE NANTES (Louisette Guibert)

A parceria Ministério da Educação Nacional – Cidade de Nantes em torno do acolhimento da pequena infância data do final dos anos 1970. Tratou-se primeiramente de um encontro ligado a indivíduos, à inspetora do setor e a membros da associação de prevenção da delinqüência. Adolescentes delinqüentes pareciam ter atravessado o sistema escolar sem fazer aprendizagens e, muito freqüentemente, já desde a chegada à escola de educação infantil eram considerados alunos em dificuldade escolar. Diante dessa constatação, foi feita a escolha de trabalhar conjuntamente em torno do acolhimento da pequena infância. Tratava-se de mobilizar uma sinergia de competências, de estilos de trabalhos, de universos de pensamentos e de lógicas de ações para maximizar os recursos locais, construir para si uma cultura comum, em particular para um melhor acolhimento das famílias mais distantes das instituições.

Uma reflexão comum entre estruturas da pequena infância e escolas de educação infantil é a garantia de uma coerência educativa. Se os profissionais da pequena infância e os professores de pequenas seções* informam-se mutuamente sobre seus objetivos educativos, suas condições de acolhimento, seus

---

* N. de R. T. A "pequena seção" recebe crianças de até três anos.

obstáculos institucionais e suas preocupações a respeito da relação com as famílias; então, estão em condições de definir um consenso no nível de sua ação educativa, de desenvolver um discurso comum dirigido aos pais e de construir juntos as condições de uma integração progressiva e bem-sucedida da criança pequena na escola. Essa preparação à escolarização deve sempre se inserir numa série de preocupações comuns aos profissionais da pequena infância e àqueles do Ministério: o bem-estar das crianças e seu desenvolvimento, a valorização do lugar dos pais como co-educadores.

Ações de parceria ditas "passarelas", que concretizam essa política, foram instaladas: visitas à escola pelas crianças da pré-escola ou da creche e pelas famílias, trocas de correio ou de arquivos de cantigas entre pequena seção e pré-escola, oficinas comuns organizadas na escola, meias-jornadas de aula com os educadores e com os pais, atividades festivas comuns, presença da educadora na sala de aula no dia em que volta às aulas. "Estruturas de transições" também foram criadas, com objetivos bem específicos, em que a ausência de vínculo social arrisca colocar em perigo a integração escolar da criança.

O lugar de acolhimento filhos-pais, "O Recanto", apresenta a originalidade de funcionar com uma equipe interinstitucional que compreende dois funcionários da escola – um professor e um ATSEM[2] – e uma educadora de crianças pequenas do serviço de pequena infância. É um lugar de diálogo e de escuta, um espaço de liberdade. As crianças podem brincar nele, encontrar amigos e ter uma experiência de vida em sociedade. Os pais podem fazer uma pausa, encontrar-se, trocar idéias ou simplesmente estar lá.

O lugar-passarela (*lieu-passerelle*) "A caminho da escola" é uma estrutura voltada particularmente às crianças que não têm a experiência da coletividade e às suas famílias. Esse lugar de transição permite uma apropriação progressiva da escola. Crianças e pais são recebidos por uma equipe composta por funcionários da pequena infância e de funcionários que trabalham vários meio-turnos por semana. Atividades educativas preparam a criança para o ritmo escolar e para a vida escolar, sensibilizam os pais aos valores educativos escolares e lhes dão segurança. Quando a criança está pronta, ela integra a classe de pequena seção na qual foi inscrita previamente e onde um lugar está reservado para ela. Esse dispositivo torna possível o acolhimento ao longo do ano, em particular para as crianças que atingem três anos no decorrer do ano escolar.

Essas estruturas particulares são ferramentas de integração social e de prevenção precoce que têm por objetivos facilitar a escolarização da criança, familiarizá-la com a vida em coletividade, valorizar a identidade dos pais, ins-

---

[2] Agent Territorial Spécialisé de l'École Maternelle [Agente Territorial Especializado da Escola Maternal].

taurar uma relação de co-educação pais-profissionais, desfazer as tensões e criar um clima de confiança. A idéia de uma transição – um vínculo, um tempo, pessoas – entre a família e a escola de educação infantil está sempre presente nessas ações. Neste caso, a lei da "aliança" dos adultos certamente é a melhor forma de permitir à criança entrar no jogo social.

Dinâmicas Educativas Locais nas Zonas de Educação Prioritária 9

*Gérard Chauveau, Éliane Rogovas-Chauveau,
Didier Perrier, Évelyne Burguière, Sylvain Broccolichi*

AS CONDIÇÕES DA EFICÁCIA ESCOLAR
(Gérard Chauveau e Éliane Rogovas-Chauveau)

A questão que está no centro desta oficina é a seguinte: a parceria educativa nas ZEP*, a abertura da escola ao meio local, o desenvolvimento de ações "escolas e bairro" podem ser meios para construir a escola popular, isto é, uma escola de êxito para todos os bairros populares? Em quais condições essas "dinâmicas educativas locais" permitem a democratização do acesso aos saberes e ao êxito escolar? Apresentaremos a seguir duas pesquisas relacionadas ao ensino fundamental que trazem vários elementos de resposta.

As características das escolas eficazes

Tentamos comparar o funcionamento de 12 escolas de ensino fundamental ZEP, que "fabricam êxito" em francês e matemática, e uma amostra de escolas ZEP de desempenho fraco. As 12 escolas ZEP com bom desempenho apresentam um mesmo perfil de eficácia: foco nos saberes e nas aprendizagens escolares, estabilidade e motivação da maioria dos mestres, solidariedade do grupo de professores, direção forte e ativa, expectativas mais positivas em relação aos alunos e às famílias populares.

---

*N. de R.T. Criadas em 1981, as ZEP (Zonas de Educação Prioritária) têm o objetivo de promover uma "discriminação positiva" nas áreas escolares mais problemáticas da França, especialmente em regiões com maiores dificuldades econômicas e de integração sociocultural.

As características comuns a essas escolas de êxito devem ser pensadas como um todo. Por exemplo, um "bom clima", uma disciplina "flexível", um ensino "inovador" ou uma "abertura" para o exterior não parecem ser em si fatores de eficácia pedagógica em ZEP. Da mesma forma, o longo tempo de serviço dos mestres, a presença de um diretor "motivado" ou interventores "complementares" não acarretam *ipso facto* muito mais sucesso. É o que ocorre também com a equipe pedagógica: sua existência não é uma garantia de uma maior eficácia da escola. Tudo depende da maneira como "a equipe" leva em consideração os outros componentes da eficácia pedagógica. Ou seja, o que conta é a associação de diferentes fatores:

- Organização social e pedagógica da escola: estabilidade e solidariedades dos mestres, "pilotagem" firme e dinâmica.
- Orientação dos alunos, prioridade às aprendizagens e aos saberes escolares, foco no "dispositivo" e na didática.
- Orientação social: "olhar" e atitude mais benevolentes para com os alunos e as famílias populares.

Os "Clubes Mão-na-Roda"*

Em colaboração com duas municipalidades do subúrbio parisiense, organizamos e tentamos avaliar um dispositivo extra-escolar de leitura-escrita destinado aos alunos "frágeis" do CP: os Clubes Mão-na-Roda (em leitura-escrita). Podemos separar quatro idéias-força da iniciativa dos Clubes-Mão-na Roda em leitura-escrita:

- *O acompanhamento escolar*: é uma intervenção em três direções: acompanhar a atividade escolar dos jovens alunos em leitura-escrita – nos níveis cognitivo, metodológico, cultural –, acompanhar os pais no desempenho escolar de seus filhos e, também, acompanhar o trabalho didático e educativo dos mestres.
- *A cognição*: é uma ação extra-escolar que exerce influência direta sobre a aprendizagem da leitura-escrita e se situa numa perspectiva de democratização dos saberes: o acesso para todos ao aprendizado da leitura e ao prazer de ler. Esta ação participa da formação, do desenvolvimento e da expansão intelectual e cultural da criança/aluno no domínio da escrita.
- *A eqüidade*: a operação Mão-na-Roda dirige-se a princípio a todos os escolares do CP, mas acolhe, prioritariamente, aqueles a quem faltam auxílios e experiências extra-escolares em leitura-escrita, oferecendo-lhes o que as crianças mais favorecidas recebem em seu meio sociofamiliar.

---

*N. de T. Em francês, "Clubs Coup de Pouce".

- *A interatividade*: o Clube Mão-na-Roda não se justapõe – e não pode substituir – à escola e à família, mas tenta associar os dois outros "pólos" do espaço de aprendizagem da leitura à sua ação. O Clube tenta, por outro lado, suscitar trocas e colaborações entre os quatro atores envolvidos: a criança que aprende a ser leitora, o animador do Clube, o professor e os pais.

A título de exemplo, eis os resultados registrados num bairro popular. A ação envolveu dois grupos escolares (cinco turmas de CP, sete Clubes, 35 crianças e famílias, num único bairro). Mais uma vez, apresentamos apenas os resultados que se relacionam à leitura-escrita.

Duas técnicas foram empregadas no fim do CP: a apreciação dos mestres de CP, os desempenhos em uma prova de leitura (Teste UTM, Universidade Toulouse-Le-Mirail):
- *O ponto de vista dos mestres*: de 36 crianças, 25 (ou seja, 70%) foram declaradas leitoras (boas, boas o bastante, medianas); oito crianças, isto é, menos de 1/4, foram apresentadas como leitoras fracas ou alunos em dificuldade. Estas oito crianças estavam concentradas em duas turmas (classes 1 e 2).
- *Os desempenhos da prova de leitura*: mais da metade das crianças do Mão-na-Roda (19 de 34, ou seja, 56%) tiveram um escore bom ou satisfatório em leitura no fim do CP. Aproximadamente 1/4 (8 de 34) estavam em dificuldade.

Se levamos em conta a disfunção pedagógica do primeiro CP devido à "deficiência" do mestre, observa-se que, se o Mão-na-Roda "funciona bem", perto da metade das crianças "frágeis" são boas leitoras no fim do CP.

De uma forma geral, constata-se que os Clubes Mão-na-Roda podem ter um efeito importante sobre o êxito em leitura de crianças ditas frágeis e desfavorecidas, em particular quando os professores são os primeiros envolvidos por essa ação extra-escolar. Além disso, percebemos que a grande maioria dos pais oriundos de ambiente (muito) popular – aproximadamente 80% – são capazes de respeitar a "regra do jogo" do Mão-na-Roda.

DINÂMICAS CENTRADAS
NAS APRENDIZAGENS (Didier Perrier)

Nossa reflexão atual sobre as ZEPs está inserida num período em que cada um se pergunta sobre os efeitos da retomada dessas zonas, sobre os discursos políticos que as envolvem, sobre o que está no centro ou na periferia de seus desafios. A frase de um professor de ZEP relatada por Anne-Marie Chartier nas Assembléias Nacionais das ZEP, em 1998,[1] condiz com a época: "Às vezes, quan-

---

[1] *Relance de l'éducation prioritaire*. Actes des Assises nationales des ZEP, Rouen (4 e 5 de junho de 1998), Ministère de l'Éducation Nationale de la Recherche et de la Technologie.

do perdemos ilusões, ganhamos forças". Perder ilusões supõe sem dúvida perguntar-se sobre o que parece ser uma evidência e não o é, ou pelo menos que é preciso questionar. O título dessa oficina "Dinâmicas educativas locais em ZEP" remete às oficinas da manhã sobre o trabalho entre adultos e as políticas e práticas de parceria, ou ao título do colóquio sobre a transformação das práticas educativas. Será tão evidente que o trabalho em equipe e a parceria sejam necessariamente benéficos? Será tão evidente que seu objeto deva ser, ou seja, transformar as práticas dos atores? E em quais condições então, se responde positivamente a uma ou a outra dessas perguntas?

Para facilitar esse questionamento, tomaremos como exemplos a escrita na escola e o acompanhamento escolar em Cherbourg ou em outros lugares. Retiramos de nosso trabalho de acompanhamento de equipes em ZEP, ou de nossas enquetes, quatro pontos nodais das dinâmicas educativas locais, onde equipes funcionam numa dinâmica de trabalho que parece, em relação aos indicadores clássicos, produzir efeitos positivos. Afinal, o desafio maior das dinâmicas educativas locais em ZEP é a dinâmica de aprendizagem dos alunos. O que se deve colocar no cerne do trabalho em ZEP para construir tais dinâmicas e quais são os desafios das práticas dos atores e especialmente dos professores?

Desafios das dinâmicas de aprendizagem dos alunos

Freqüentemente, muitos discursos fazem ver os alunos das ZEP mais como portadores de déficits e erros diversos do que como alunos capazes de aprender e de realizar progressos. A este respeito, na escola, é sem dúvida tempo de se perguntar sobre os efeitos perversos de uma cultura de avaliação todavia necessária, mas que faz com que o aluno às vezes seja percebido mais em termos de distância à média e, neste caso, requerendo múltiplas remediações que como um aluno passível de se mobilizar sobre os saberes e para o qual é possível favorecer uma real dinâmica de aprendizagem. A dinâmica de aprendizagem passa pela atividade cognitiva, intelectual e cultural do aluno. Na escola, assim como no acompanhamento escolar, é essa atividade que se trata de suscitar. Alunos podem efetuar tarefas para responder às instruções do professor ou para estar em dia com as lições e os deveres, sem produzir a atividade requerida e sem apropriação dos saberes em jogo. Mudar o olhar sobre as práticas é fomular-se especialmente a questão da atividade do adulto provocando a dificuldade daquele que aprende. Não existe cultura escolar sem escrita e, para os alunos menos familiarizados com as práticas da escrita, trata-se de uma transformação de si mesmos. Familiarizar com as práticas da escrita contribui para dotar os alunos de práticas intelectuais e culturais necessárias para a construção dos saberes.

Aos discursos deficitaristas ou deterministas sobre as crianças correspondem aqueles sobre as famílias. É um desafio para as equipes e as parcerias levarem em conta as fortes expectativas das famílias populares envolvendo o êxito escolar de seus filhos.

Esses desafios não pretendem ser exaustivos, mas são estruturantes e diferenciadores e nós os encontramos nas dinâmicas educativas aplicadas em ZEP. A sua consideração supõe certas condições favoráveis a essas dinâmicas educativas, a um trabalho de equipe e a uma "parceria" bem-compreendida. Essas condições envolvem a orientação e o acompanhamento do trabalho de equipe, o trabalho sobre a compreensão das lógicas e das situações trabalhadas, a elaboração e a reelaboração do sentido do trabalho em equipe e da parceria.

Condições favoráveis às dinâmicas educativas locais em ZEP

A orientação do trabalho de equipe e da parceria em ZEP diz respeito a equipes diferentes. Isto supõe que cada uma determine suas prioridades, seus objetivos em coerência com os outros. Os objetivos dos projetos e das ações são determinantes para fazer com que não sejam contraditórios, mas complementares, voltados para a atividade cognitiva e cultural dos alunos e não, por exemplo, para o salpico artístico-cultural ou a imposição de normas de alimentação supostamente favoráveis à aprendizagem. Caso contrário, é possível ver aí uma das razões para as quais as ZEP, mesmo obtendo relativo êxito, não têm tido muito mais sucesso, ou que seus efeitos estejam limitados. Uma das condições favoráveis é que a equipe de condução local de atividades da ZEP, os professores e os acompanhadores escolares, coloquem os saberes em primeiro plano, na formação do aluno.

Uma outra condição é que a formação dos professores e dos atores e o acompanhamento das equipes sejam explicitamente levados em conta na pilotagem e que se inscrevam com o passar do tempo. Formação e acompanhamento das equipes deveriam ser claramente articulados na pesquisa, numa relação que ultrapassa a oposição teoria-prática no sentido de que os trabalhos de pesquisa permitam aos atores construir referências que capacitem sua reflexão em relação aos desafios definidos anteriormente.

Outra condição: as dinâmicas educativas locais devem considerar as lógicas dos alunos e de suas famílias. Se é verdade que a relação do sujeito com os saberes é também transformação de si, de sua relação com o mundo e com os outros, isso implica que os professores e os educadores levem em conta as lógicas existentes. Sem isso, a transformação de si pode se tornar difícil.

Nas ZEP, não menos que em outros lugares, a falta de recursos é grande e se a inovação é necessária, todas as inovações e todas as práticas não se equivalem. Quais são seus objetivos? Elas são pertinentes em relação às dinâmicas educativas? Sem dúvida, é uma das condições de eficácia da parceria e do trabalho de equipe tomar explicitamente por objeto de reflexão o próprio sentido das práticas, dos projetos e das ações feitas, questionando a evidência deste ou daquele. O sentido deve ser reelaborado constantemente.

Conclusão

Estamos diante de profissionalizações que se constroem ou que evoluem, seja a dos trabalhadores sociais, dos acompanhadores escolares, dos professores ou dirigentes, tanto nas ZEP como em outros lugares, mas talvez mais nestas do que em outros lugares. As dinâmicas educativas nas ZEP, com o trabalho em equipe e a parceria, mostram que a evolução profissional se dá particularmente em torno de desafios fortes e condições favoráveis para a sua aplicação. Isso requer uma renovação da organização do trabalho individual a partir das equipes e da parceria, de uma melhor consideração das questões educativas, pedagógicas e didáticas. Da mesma forma, a dimensão ética da profissionalização intervém plenamente com seus valores, suas referências, no que chamamos de mudança de olhar a respeito das práticas, dos alunos, das crianças, dos pais, das famílias. Devemos salientar, por fim, a capacidade de tirar da "sombra" as práticas profissionais e as situações educativas, para explicitá-las, compartilhá-las e analisá-las de maneira capacitada e reflexiva.

SÍNTESE DA DISCUSSÃO (Sylvain Broccolichi)

Em resposta a questões envolvendo o lugar atribuído às famílias, Didier Perrier salienta a que ponto continua forte a tendência a imputar a elas a responsabilidade pelos problemas de fracasso escolar. Assim, 60% dos professores consultados no âmbito da retomada das ZEP vêem nas famílias a principal causa das dificuldades escolares dos alunos. O fato de os pais não virem encontrar os professores muitas vezes é percebido como a prova de sua falta de interesse pela escolaridade de seus filhos, sem que se perguntem sobre as dificuldades que provoca, para eles, essa ação e sobre as modalidades de convite que permitiriam superá-las. Entretanto, é revelado que trabalhando essas questões, explicitando melhor a ordem do dia e o interesse do encontro e propondo horários variados, equipes de professores das ZEP obtiveram uma elevação considerável da proporção dos pais que vinham encontrar os professores (mais de 80%). "Para fazer o quê?" é evidentemente a questão que não deve ser evitada, como foi particularmente destacado por Dominique Glasman. Não se trata de educar os pais, mas principalmente de garantir um dever de informação a respeito do que os alunos estão aprendendo na escola e sobre o que eles têm de fazer em casa. Pode tratar-se, por exemplo, de trabalhar a questão do aprender, para sensibilizar os pais ao fato de que aprender não é necessariamente recitar, repetir, recopiar – que há também outra coisa: tentar, procurar, se engajar – e que isso merece ser discutido.

Pesquisadores e professores de ensino médio chamam a atenção para a amplitude das dificuldades de adaptação em turmas de segundo ano, que eles observaram, com freqüência, no caso de alunos que vinham de ZEP. Esses alunos viviam sua situação de fracasso com muito mais confusão quando eram percebidos anteriormente como "bons" ou "bastante bons" no ensino fundamental. Disso resultava o sentimento de que eles mudavam radicalmente de mundo e se encontravam completamente desestabilizados por uma subversão das exigências e dos critérios de avaliação. Essa constatação clássica de desestabilizações que afetam negativamente a escolaridade de um número não-ignorável de alunos – não apenas aqueles provenientes de estabelecimentos em ZEP, o que deixa evidentes as dificuldades subjacentes nas passagens da educação infantil ao ensino fundamental e do ensino fundamental ao ensino médio. Porém, sabe-se que o mesmo tipo de problema se apresenta na passagem para o ensino superior, lembra Évelyne Burguière. Preocupar-se com essas dinâmicas educativas longitudinais poderia ser precisamente a postura adotada pelo Ministério da Educação Nacional com vistas a assegurar uma continuidade suficiente no decorrer do tempo da escolaridade dos alunos, paralelamente ao desenvolvimento das dinâmicas educativas locais, em favor de uma coerência entre as ações organizadas em espaços vizinhos.

Évelyne Burguière volta, em seguida, a alguns pontos de destaque nos propósitos de Gérard Chauveau e Didier Perrier, envolvendo as ilusões a serem superadas para adquirir mais eficácia. Em particular, eles mostraram que o trabalho de equipe não constituía em si uma garantia de eficácia e não favorecia as dinâmicas de aprendizagem dos alunos a não ser em função do lugar atribuído ao saber e à formação. Numa perspectiva semelhante, Évelyne Burguière se pergunta se os questionamentos "angelicais" em termos de parceria a serviço das dinâmicas educativas locais não trazem o risco de se esquecer que as relações entre atores da instituição escolar, do meio local ou das coletividades territoriais, existem também no modo da coabitação, da concorrência ou da competição. Não seria preciso então se perguntar o que permite passar de um modo a outro? De uma maneira mais geral, seria interessante precisar mais ainda as condições favoráveis ao desenvolvimento de uma parceria eficaz, no sentido que se atribui ao se falar de escola eficaz.

Para Gérard Chauveau, efetivamente, toda dinâmica local não é por si só portadora de progresso, no sentido de uma democratização dos saberes, especialmente se ela se baseia no postulado de uma incapacidade de aprender "dessas crianças" e leva a limitar-se ao fazer "social" ou "ocupacional". Portanto, é importante explicitar as condições que se revelam mais regularmente decisivas. Primeiro, as dinâmicas educativas não nascem do nada, mas dependem sempre fortemente dos pontos de apoio já existentes. Essa dimensão havia sido ressaltada desde o lançamento das ZEP, em 1981: segundo os textos, não se podia criar uma ZEP se não houvesse previamente uma mobilização de parceria, um esboço de projeto educativo local. E, no campo, percebe-se que é efetivamente essencial que já existam escolas inovadoras, ações da prefeitura ou das estruturas educativas que se acostumaram a trabalhar com os professores, por exemplo. Segundo elemento importante: a existência daqueles que foram denominados "interatores", os atores locais que possuem várias facetas e se situam nas interseções de várias instituições: um diretor de escola que também é conselheiro municipal ou dirigente de uma associação cultural ou esportiva no bairro, por exemplo. Terceiro elemento: não basta reunir as pessoas em torno de uma mesa para produzir uma dinâmica de mudança. Uma chave importante da dinamização é o foco dessas pessoas sobre objetivos precisos e um denominador comum, como trabalhar sobre a leitura e a escrita. Não nos contentamos em justapor o discurso do animador de atividades, do educador de rua, do professor, etc. Focalizamo-nos em objetos comuns e, se possível, em orientações comuns sobre esses objetivos. Por exemplo, constituimos grupos de trabalho para fazer um acordo sobre o que chamamos de atividades de leitura-escrita e sobre os principais objetivos relacionados a eles. É este trabalho coletivo centrado em objetivos comuns que produz uma "transformação" que tem efeitos positivos. No decorrer dessa transformação, trata-se de aprender juntos e, melhor ainda, aprender uns com os outros.

A formação muitas vezes é invocada como a solução a todos os problemas novos que podem aparecer nas ZEPs ou em outros lugares, mas esquecemos de nos perguntar quem vai formar os formadores. Seria ingênuo imaginar que existem necessariamente, nos organismos de formação instituídos, especialistas competentes para formar ou para resolver os problemas que aparecem nos diferentes campos. E, por exemplo, quais são os formadores competentes para formar os acompanhadores escolares? Como fazer uma reflexão crítica sobre a noção de acompanhamento escolar e como construir as práticas relacionadas a ela? A um bom número dessas questões as respostas devem ser construídas coletivamente, num processo de co-formação que passe pela questão da "trans-formação".

A Colaboração entre Professores e Especialistas na Integração Escolar das Crianças Deficientes 10

*Aliette Vérillon, Brigitte Belmont,
Monique Vial, Patricia Portelli*

COMO COLABORAR PARA INTEGRAR?
(Aliette Vérillon e Brigitte Belmont)

Desde 1975*, a escolarização das crianças deficientes deve ser encarada prioritariamente no meio escolar normal. Essas crianças fazem, pois, parte do conjunto dos alunos dos quais a escola deve se encarregar. A sua integração levanta com uma intensidade particular a questão da heterogeneidade da população escolar. Ela suscita uma reflexão que se inscreve na problemática geral dos trabalhos do Cresas, que visam a estudar como melhorar as práticas educativas para fazer com que todas as crianças progridam em suas aprendizagens.

A parceria entre professores e profissionais da educação especial aparece como um fator determinante para favorecer a integração das crianças deficientes na escola comum. De fato, o desenvolvimento das crianças é um processo global. O trabalho realizado com um aluno corre o risco de ser ineficaz se os encargos de saúde e educação não forem concebidos em coerência um com o outro. Neste sentido, a legislação preconiza uma harmonia entre todos os parceiros envolvidos, para garantir uma complementaridade das ações. Ela estimula a elaboração dos projetos individuais de integração e atribui aos serviços de saúde e educação especializada uma missão de ajuda à integração. Além dessa complementaridade, a colaboração com os profissionais especializados que acompanham as crianças integradas – médicos, psicólogos, educadores ou instrutores especializados, reeducadores, etc. – é sentida como uma neces-

---

* N. de R. T. Na França, são de 1975 as primeiras leis que preconizam a "inclusão" (integração) de crianças e adolescentes com deficiências na rede pública escolar normal.

sidade pelos professores. De fato, acolher uma criança que apresenta uma deficiência física ou mental verificada, numa turma comum, implica uma organização das práticas habituais de ensino (Lantier et al., 1994). Parece desejável que a escola possa beneficiar-se de conhecimentos ou de competências desenvolvidas por esses especialistas, envolvendo a educação de tais crianças. Também parece que as adaptações pedagógicas instaladas pelos professores para os alunos integrados beneficiam, na maior parte dos casos, outros alunos da turma. Vê-se ainda que práticas educativas organizadas para ajudar as crianças em dificuldade se revelam adaptadas para facilitar as aprendizagens das crianças deficientes. Essas constatações se colocam no caminho de práticas educativas que estariam em condições de corresponder, ao mesmo tempo, às necessidades educativas das crianças deficientes e dos outros alunos.

Nossos trabalhos sobre a parceria entre escola e estruturas especializadas são orientados para as seguintes questões: de acordo com quais modalidades se desenvolve a colaboração entre professores de escola comum e profissionais especializados? Em que essa colaboração favorece o trabalho de integração? Ele pode contribuir para uma melhoria das práticas para todos os alunos? A nossa reflexão apóia-se numa hipótese que guia vários trabalhos do Cresas: as interações de colaboração entre adultos desempenham um papel importante na melhoria das práticas educativas. Parece-nos, mais precisamente, que uma colaboração entre professores e especialistas pode ser proveitosa para a adaptação das práticas pedagógicas, contanto que suas trocas tratem dessas práticas e que as competências dos parceiros sejam compartilhadas, na perspectiva de uma busca de soluções.

Uma primeira pesquisa (Belmont e Vérillon, 1997) evidencia que as colaborações entre professores e especialistas que tratam das práticas educativas são minoritárias. As modalidades de encontros, freqüentemente muito espaçados – trimestrais na maioria dos casos –, dificilmente permitem aos professores falar sobre os problemas com os quais se deparam, no cotidiano, com o aluno integrado e também não permitem as trocas que podem ajudar a vislumbrar soluções pedagógicas adequadas. Uma outra pesquisa é focalizada em situações de integração em que os parceiros têm contatos freqüentes, pelo menos uma vez por semana, portanto, em condições mais favoráveis a trocas sobre as práticas (Belmont e Vérillon, 1999; Vérillon e Belmont, 2000). Parece que relações acompanhadas se desenvolvem principalmente com profissionais que têm uma ação educativa ou reeducativa direta junto às crianças: em sua maioria educadores ou instrutores especializados em estruturas fora do Ministério da Educação Nacional (particularmente SESSAD[1]), mas também

---

[1] Service d'Éducation Spécialisée et de Soins à Domicile [Serviço de Educação Especializada e Cuidados a Domicílio].

reeducadores – fonoaudiólogos, ergoterapeutas, cinesioterapeutas, psicomotricistas. As análises, realizadas a partir do discurso de professores e de especialistas entrevistados, tratam dos modos de colaboração que podem então se desenvolver e dos processos interativos de reflexão entre os parceiros.

Os modos de colaboração

A colaboração entre parceiros pode tomar formas diversas. Ela trata de quatro aspectos do trabalho de integração: o encargo da criança integrada pelo especialista, a administração da turma que está recebendo essa criança, as relações com seus pais e as decisões relativas ao projeto de integração. Para cada um desses aspectos é possível distinguir modos de funcionamento que engajam, mais ou menos, os parceiros num trabalho comum:

O compartilhamento de informações, de saberes, de experiências e de práticas, do qual cada parceiro pode depois tirar proveito em seu próprio trabalho com a criança. Por exemplo, um professor indica à educadora especializada os problemas que uma criança encontra em matemática, para que o apoio à criança ajude a superar suas dificuldades; uma instrutora se inspira em atividades propostas com sucesso em reeducação psicomotora para organizar em sua turma jogos motores acessíveis à criança integrada; uma instrutora especializada aprende, por meio da professora, os êxitos de uma criança integrada em uma atividade de lógica feita em classe e retoma esse tipo de exercício em seu trabalho de apoio.

A reflexão comum que leva ao acordo sobre certas atitudes a serem adotadas ou práticas a serem aplicadas. Assim, uma professora e sua parceira especializada procuram identificar as atividades que atraem o interesse de uma criança, de maneira a suscitar a sua participação. Concordando sobre as possibilidades de progresso em escrita de uma criança com deficiência motora, os parceiros decidem solicitar seus esforços nesse domínio.

O engajamento em ações comuns, para, por exemplo, fazer juntos reuniões com os pais, para obter sua adesão às decisões tomadas no âmbito do projeto, ou o acompanhamento do trabalho escolar da criança. O envolvimento num trabalho conjunto pode levar até a conceber e a conduzir juntos as seqüências educativas para toda a turma. Professor e especialista, partilhando então a preocupação de todas as crianças, são levados a levar em consideração as semelhanças das dificuldades encontradas pelos jovens integrados e outros alunos. São levados a compartilhar suas competências para buscar condições pedagógicas que facilitem as aprendizagens tanto de uns como de outros. Por exemplo, uma professora e uma instrutora especializada preparam e conduzem juntas uma atividade de iniciação no CP para que crianças com problemas de audição possam participar juntamente com as outras. Elas consideram que a complementaridade de suas abordagens, verbal para uma, e não-verbal para a outra, fez progredir sensivelmente todos os alunos no plano do vocabulário, numa classe em que o nível de língua era considerado como fraco. Encontramo-nos assim em condições nas quais a adaptação do ensino às necessidades das crianças integradas não envolve medidas singulares estigmatizantes e visa a uma melhoria das práticas e das aprendizagens para todos.

Processos interativos de reflexão

Quando professores e especialistas se encontram com freqüência, as análiserem mostram que se dá o desafio de contribuir juntos para favorecer ao máximo a participação da criança na aula. Instaura-se entre eles uma dinâmica de trocas, envolvendo a evolução da criança, da situação de integração. O estudo dessas dinâmicas permite caracterizar processos interativos, que não estão necessariamente em jogo em todos os casos, mas que parecem pertinentes para o compartilhamento das competências entre adultos e a eficácia do trabalho de integração para a criança.

A confrontação das observações sobre a criança permite aos parceiros analisarem sua evolução e chegarem progressivamente a uma avaliação partilhada de seus progressos e dificuldades. A convergência dos pontos de vista conforta os parceiros em suas apreciações. Em caso de desacordo, seu engajamento em uma abordagem comum os estimula a precisar as apreciações por meio de novas observações ou a nuançá-las pela análise das condições nas quais as reações da criança são observadas. A confrontação das observações leva, assim, a superar as apreciações subjetivas para ir em direção a uma maior confiabilidade e uma maior precisão das avaliações. O desafio comum da colaboração leva os parceiros a não deter-se na constatação dos progressos e das dificuldades. Preocupando-se em identificar, a partir de suas observações, as situações que parecem entravar as aquisições da criança ou, ao contrário, facilitá-las, eles podem formar hipóteses sobre as suas necessidades para progredir. Essa determinação em comum das necessidades educativas da criança é primordial para estabelecer uma coerência entre os diferentes modos de intervenção dos parceiros.

O esclarecimento dos objetivos visados é necessário para entrar em acordo inicialmente a respeito de orientações de trabalho. Isto permite também aos parceiros se entenderem sobre os critérios de avaliação, sendo que essa avaliação pode levá-los a precisar mais os objetivos iniciais ou a decidir modelá-los juntos. Assim, há um ajuste progressivo dos objetivos em função das dificuldades e potencialidades manifestadas pela criança integrada.

A explicitação das práticas. Em sua busca de soluções para ajudar a criança integrada, professores e especialistas muitas vezes são estimulados a mostrar como procedem com a criança ou com todos os alunos. A discussão de práticas diferentes induz a um distanciamento crítico em relação às formas de trabalhar e leva a fazer reajustes. As trocas de informações sobre as práticas são uma fonte de idéias novas que permite tanto a professores como a especialistas se apropriar dos modos de trabalho de seus parceiros.

O esclarecimento dos papéis e das competências. Professores e especialistas são igualmente levados a precisar, a realçar na interação a maneira com que concebem seu papel respectivo junto à criança integrada. Eles são levados a delimitar seus campos de intervenções e de competências, precisando tanto o que os distingue, como também os aspectos comuns de suas experiências profissionais. O esclarecimento dos papéis e das competências permite evitar equívocos quanto às expectativas de uns em relação aos outros. Esta iniciativa pode ajudar a reforçar a confiança dos professores, bem como a dos especialistas, em suas capacidades de encarregar-se de uma criança em integração, graças a trocas que contribuem para definir melhor as identidades profissionais, tanto para si próprio quanto para os parceiros.

Conclusão

As contribuições de uma colaboração que pode ser desenvolvida a partir de encontros freqüentes entre professores e especialistas parecem inegáveis àqueles que participam da experiência. Essas contribuições são baseadas em relações de reciprocidade. Os professores entendem que a colaboração lhes proporciona não apenas uma ajuda para melhor se ocupar da criança integrada, mas também uma abertura para novas maneiras de levar em conta as crianças em dificuldade. Os especialistas estimam tirar disso um conhecimento melhor da criança integrada, especialmente no que se refere às suas possibilidades de adaptação num ambiente comum, e os meios para melhor ajustar sua prática às dificuldades encontradas pela criança na sala de aula.

O reconhecimento das contribuições da colaboração, em especial no plano do enriquecimento profissional, deverá levar mais professores a aceitar crianças em integração e mais estabelecimentos especializados a confiar às escolas comuns as crianças pelas quais se responsabilizam. Se esse modo de colaboração é tão pouco difundido é, sem dúvida, em parte, por ser contrário aos costumes de trabalho. É preciso tempo para fazer evoluir as concepções profissionais. É também porque levanta um certo número de dificuldades, tais como o medo de ser julgado em seu modo de trabalhar, de ser questionado, o medo de uma perda de poder e de identidade profissional.

A aplicação de uma estratégia de negociação entre parceiros é um meio para superar tais obstáculos. Consiste em gastar o tempo que for necessário para elaborar um modo de trabalho envolvendo uma construção comum e o ajuste ao que cada um está pronto para fazer em um dado momento, bem como ao que a observação da criança faz de suas necessidades. Para favorecer esse modo de colaboração, parece igualmente importante institucionalizar esse trabalho de interações entre profissionais, organizando períodos de encontro suficientes na organização dos estabelecimentos, tanto na escola como nas estruturas especializadas.

Porém, que tipo de integração essa colaboração possibilita? Em quais práticas educativas ela resulta? Parece que as ações organizadas pelos parceiros para responder às necessidades das crianças integradas são, com mais freqüência, medidas específicas que se dirigem especialmente a elas: ajuda material, apoio escolar individual, adaptação particular das atividades, das atitudes. Essas medidas excepcionais às vezes são reveladas como entorpecedoras do funcionamento da aula e sobrecarregam o emprego do tempo da própria criança. Para uma inserção de melhor qualidade e mais facilmente generalizável, seria desejável, a nosso ver, que o compartilhamento das competências dos profissionais da educação especial e da escola comum não se limitasse à pesquisa de um apoio particular para a criança integrada. É importante que se desenvolvam também modos de colaboração por meio dos quais professores e especialistas busquem, juntos, melhorar suas práticas de ensino para melhor corresponder a necessidades educativas comuns às crianças integradas e aos outros alunos. Nessa condição, a colaboração pode contribuir para fazer avançar a questão da administração da heterogeneidade dos alunos nas turmas, de uma forma geral.

SÍNTESE DA DISCUSSÃO (Patricia Portelli)

Monique Vial introduz a discussão ao ressituar os trabalhos apresentados na evolução das pesquisas do Cresas. As primeiras pesquisas rediscutiram as noções explicativas do fracasso escolar em termos de inadaptação ou de deficiência individual, descartando as concepções que consideram as crianças em dificuldade escolar como deficientes ou inadaptadas (Ravon, 2000). Depois, as pesquisas focaram-se no estudo das condições educativas que permitiam aos alunos superar suas dificuldades. Assim, a formalização de uma pedagogia interativa interessou-se em considerar a heterogeneidade das classes. Atualmente, a tentativa é repensar o conjunto dos problemas apresentados pelas dificuldades dos alunos e integrar a escolarização das crianças deficientes a uma questão de pedagogia geral. O problema é favorecer o êxito de todas as crianças, inclusive aquelas que apresentam uma deficiência, em condições educativas que levem em conta a diversidade dos alunos.

A discussão fomenta o surgimento do interesse por esse procedimento que recoloca as crianças deficientes entre o conjunto dos alunos e que se dirige a todos, sendo todos diferentes, cada um tendo tanto competências como dificuldades. O debate tratou essencialmente das condições de aplicação da integração. As leis de 1975 e 1989 afirmam o princípio de uma escolarização das crianças deficientes, de preferência em ambiente normal, mas, na realidade, a dificuldade de admitir um jovem deficiente numa turma persiste. As possibilidades de integração se baseiam muitas vezes no voluntariado, situação justificada pela idéia de que a responsabilidade pelo acolhimento não pode ser imposta aos professores, devido à falta de preparação. À luz da experiência, parece que tal posição, que conduz a um número muito limitado de propostas por parte das escolas, tem pouca chance de favorecer um desenvolvimento da integração.

É possível colocar o problema de outra maneira e considerar que, em sua definição, o trabalho de professor comporta em si essa dimensão de acolhimento de uma criança deficiente. A questão que permanece é saber como preparar os professores àquilo que agora faz parte de sua missão. Vários caminhos são considerados para instalar condições que favoreçam a integração. Eles permitiriam suplantar o princípio do voluntariado, geralmente considerado como incontornável. A apreensão que se manifesta muitas vezes diante do deficiente parece resultar particularmente de uma certa falta de informação e de formação dos professores envolvendo o acolhimento de uma criança deficiente. A introdução dessa preocupação no programa de formação inicial e contínua revela-se, pois, necessária e permitiria que a decisão de acolhimento fosse considerada como um procedimento comum. A inserção da integração no projeto da escola também é um meio de evitar que a iniciativa envolva somente a responsabilidade individual do professor. O desenvolvimento de um trabalho em equipe para uma responsabilização coletiva da integração pode contribuir para a qualificação dos professores. Esse modo de trabalho permite uma sensibilização de todos e a partilha das experiências.

O desenvolvimento de uma parceria entre professores e profissionais especializados, conforme as modalidades apresentadas, enriquece a todos. Centrado na reflexão sobre as práticas e baseado na observação das crianças, o processo de parceria facilita o trabalho de integração. A possibilidade de se apoiar nessa iniciativa pode contribuir para generalizar a aceitação de uma criança deficiente numa sala de aula; entretanto, a sua aplicação encontra dificuldades. É por isso que essa dimensão de colaboração entre parceiros em um projeto educativo comum deveria igualmente ser objeto de formação, inicial e contínua, tanto para professores quanto para especialistas.

Parte 3

COMO FORMAR PARA TRANSFORMAR?

Uma Estratégia Interativa de Formação Contínua na Creche

11

Monique Bréauté, Danielle Chauveau, Marie-Reine Ersine, Elisabeth Ginestar, Maria Isolina Landin, Danielle Naudin, Marta Torrès[1]

HISTÓRICO DA ABORDAGEM

Com a perspectiva de lutar contra o fracasso escolar, pesquisadores do Cresas conduziram, na creche e na escola, trabalhos visando a precisar as condições favoráveis à manifestação e ao desenvolvimento das competências das crianças nas instituições. Na creche, onde as preocupações médico-sociais foram por muito tempo prioritárias, esses trabalhos contribuíram para o desenvolvimento de preocupações pedagógicas. As pesquisas se apoiaram na descoberta de competências insuspeitadas até então que as crianças pequenas manifestam desde o nascimento, tanto no plano cognitivo quanto social (Sinclair et col., 1982; Stambak et col., 1983; Stambak e Sinclair, 1990). Assim como na escola, essas pesquisas contribuíram para elaborar uma abordagem pedagógica fecunda, que provoca o envolvimento de todas as crianças nas atividades (Cresas, 1987, 1991a, 1991b). Essa pedagogia foi co-construída pelos pesquisadores e pelos profissionais de campo que compartilharam o processo de pesquisa e as descobertas.

Experiências de difusão dos resultados de pesquisa

Os pesquisadores desejavam realizar essa colaboração ampliando o campo das experiências a um maior número de estabelecimentos de ensino, numa

---

[1] A oficina da qual este texto é proveniente foi preparada em colaboração com Irène Sénéchal, Nadine Bouvier, Françoise Gallou, Martine Beauvois, Marie-Hélène Chandon, Chantal Dupont, Myriam Benrubi, Joëlle Delepierre, Geneviève Ganné.

perspectiva de verificação e de difusão dos resultados. As equipes educativas envolvidas queriam, por sua vez, difundir esta iniciativa junto a seus colegas de outros estabelecimentos. Desejavam também continuar a aproveitar o apoio da pesquisa para efetuar em seus próprios estabelecimentos uma reflexão comum sobre a organização geral da creche. Nessa colaboração, o Cresas aparecia aos profissionais de campo como um "lugar privilegiado", oferecendo uma ponte entre o trabalho que tentavam realizar e a necessidade de distanciar-se para refletir, perguntar-se e perguntar aos outros, a fim de fazer um trabalho do qual cada um percebia o grande interesse para as equipes e as crianças.

Também foram empreendidas duas novas pesquisas-ações que reuniram os antigos parceiros e vários novos estabelecimentos voluntários. Essas pesquisas se desenvolveram, simultaneamente, de 1988 a 1990: uma foi realizada com dirigentes de estabelecimento e coordenadoras de creches que desejavam dominar a abordagem do Cresas, focalizando-se nas modalidades de acolhimento da manhã; a outra, com diretoras de creches acompanhadas de membros do quadro de funcionários, duas coordenadoras e um psicólogo de um mesmo distrito parisiense que desejavam harmonizar as práticas no nível local, experimentando situações de jogos de ficção.

Os pesquisadores supuseram que, ao proceder com os adultos conforme os princípios da pedagogia interativa depreendidos a partir das pesquisas do Cresas, veriam surgir entre eles o desejo de inovar e um investimento profissional ligado ao prazer de aprender e comunicar. Os resultados mostraram que, ao analisar juntos as ações concretas realizadas junto às crianças, as práticas aparecem e são compartilhadas, a ação e a análise se apóiam reciprocamente e conduzem a um processo de experimentações conjuntas, que são a fonte de conhecimentos sobre as crianças e sobre as práticas. Esses conhecimentos reforçam o investimento profissional e, aos poucos, os participantes dos grupos envolvem todos ou parte de seus colegas do estabelecimento numa experiência de pesquisa (Bréauté, Rayna e Vérillon, 1993; Bréauté e Rayna, 1997).

Um ambiente institucional favorável

Em 1989, a criação do IEDPE[2] deu um novo impulso a este trabalho. O instituto oferece um ambiente que facilita as relações com os dirigentes políticos e administrativos. Para difundir e desenvolver os trabalhos sobre a pequena infância que havia dirigido no Cresas, Mira Stambak fez contatos com políticos eleitos e administradores da cidade de Paris. Com seu apoio, o IEDPE organizou, em março de 1991, encontros internacionais: "Iniciativas para a

---

[2] Instituto fundado em 1989 por Rachel Cohen, Mira Stambak e Gérard Vergnaud.

pequena infância na Europa". Esses encontros deram grande divulgação a esses trabalhos e legitimaram a colaboração entre pesquisadores-práticos. O conteúdo de produções, de pôsteres e de vídeos foi retomado numa obra coletiva amplamente difundida entre os profissionais da cidade de Paris (Bréauté e Rayna, 1995).

Transformado em organismo de formação, o IEDPE também reúne um grupo composto por pesquisadores do Cresas e parceiros de campo que elaboram um dispositivo de formação contínua para os profissionais da pequena infância, formação que a cidade de Paris inscreveu em seu programa a partir do final de 1990. Esse grupo de formadores se reúne regularmente para fazer uma reflexão aprofundada sobre as formações empreendidas, a fim de precisar o dispositivo, levantar os fatores que favorecem sua eficácia e caracterizar as modalidades de intervenção. As análises da formação continuam e permitirão a sua ampliação a novos campos – as cidades de Caen e Meudon, o departamento de Seine-Saint-Denis – e a garantir a preparação de novos formadores.

Para os que atuam na prática, todas essas iniciativas foram etapas sucessivas de uma dinâmica que permite manter uma relação permanente entre o trabalho concreto e o trabalho de pesquisa e de formação.

O DISPOSITIVO DE FORMAÇÃO

Uma alternância entre a ação e a reflexão

A formação faz alternar momentos de ação com momentos de reflexão sobre a ação. Ela induz a um distanciamento sobre o fazer, e o exame de certas ações, retomadas numa perspectiva de reajuste ou de verificação, contribui para construir uma abordagem de experimentação controlada que, por meio de hipóteses sucessivas, caracteriza práticas pertinentes e estimula a criatividade. Esta abordagem se incorpora a nosso calendário. No decorrer de sessões sucessivas de dois, três dias consecutivos, os formadores organizam as ações e a análise das ações. Essas sessões são divididas em intervalos regulares de um ou dois anos e, entre as sessões, momentos de ação e de análise são organizados nos estabelecimentos, dando aos formados o tempo para testar as ações e analisá-las: "O fato de nos reunirmos a cada três meses, em datas fixadas com antecedência, nos impôs uma exigência externa e nos permitiu progredir".[3]

---

[3] As passagens entre aspas são citações extraídas dos testemunhos das creches formadas.

Uma formação voltada para estabelecimentos

Trata-se de uma formação proposta a estabelecimentos, e não a indivíduos. Os funcionários participam das sessões na qualidade de representantes do estabelecimento no qual trabalham. Essa escolha, proveniente das pesquisas-ações do Cresas, levou o grupo de formadores a pensar nos meios de estimular a adesão de todos os funcionários e manter seu investimento, mesmo sabendo que nem todos estão presentes nas sessões, já que todos os funcionários não podem deixar a creche ao mesmo tempo. Assim, os formadores organizam um encontro prévio com todos os funcionários de cada estabelecimento. Eles apresentam a formação, cuidam para que cada um se sinta envolvido e garantem o interesse de todos pelo trabalho a ser realizado no local. "A primeira visita do formador no estabelecimento foi importante e permitiu estimular muito rapidamente a adesão de toda a equipe." "Os funcionários foram sensíveis ao fato de as formadoras conhecerem as creches, de poderem considerar nossas problemáticas locais e ir ao cerne do assunto sem que se necessite 'montar o cenário'. Foram tocados também pelo fato de as formadoras não terem idéia *a priori* sobre aquilo que estava sendo feito."

Para manter a mobilização de todos os funcionários enquanto apenas a dirigente e dois ou três membros do quadro de funcionários estão presentes nas sessões, é necessário prestar atenção ao vaivém entre o trabalho efetuado no decorrer das sessões e aquele efetuado nos estabelecimentos. "O retorno ao estabelecimento levantou quase que imediatamente o problema da transmissão. Como estar certo de que se comunicou bem o que foi recebido na formação? Como dar àqueles que não assistiram à sessão a vontade de agir?" Os formadores facilitam as transmissões para o estabelecimento, formalizando os pontos fortes, as descobertas e o objeto dos debates que aparecem durante as trocas. Cuidam também para atualizar, no decorrer das sessões, o trabalho realizado nos estabelecimentos, fazendo precisar as ações, as análises e os ajustes efetuados. Além disso, algumas equipes escolheram participar das sessões por revezamento, o que apareceu como um fator suplementar de investimento de todos. "Havíamos escolhido participar das sessões por revezamento, pois desejávamos que fosse um estágio em grupo, que todos pudessem participar das sessões."

Entre as sessões, esse investimento de todos é apoiado pela ação da dirigente do estabelecimento, que garante o desenvolvimento das ações, planeja e conduz os momentos de análise. Esse papel essencial da dirigente se confirmou no decorrer das formações. A formação leva os dirigentes a se envolverem fortemente nas atividades educativas. Esse envolvimento se faz por meio de um posicionamento específico que preserva uma certa exterioridade, ao mesmo tempo em que permite garantir a coerência e a qualidade das ações educativas desenvolvidas pelos funcionários. Com esse posicionamento, os dirigentes descobrem nos funcionários competências e saberes, até então não-expressados, que reafirmem esse posicionamento. "Como dirigente, essa formação permitiu situar-se ao mesmo tempo dentro e fora da equipe, pois temos o papel de estabelecer o quadro e deixar a equipe expressar-se dentro desse quadro." "Inspirei-me nos procedimentos dos formadores para confiar na reflexão em equipe, que se tornava uma força de apoio, e juntos podíamos fazer escolhas." "A formação me permitiu dar um sentido à função de garantia do projeto de estabelecimento e esse sentido foi precisado ao descobrir que os funcionários podiam agir sem mim."

Essa formação se dirige conjuntamente a vários estabelecimentos. Quatro estabelecimentos são representados no decorrer das sessões. As trocas entre funcionários vindos de estabelecimentos diferentes permitem tomar consciência das preocupações e interesses comuns. Além disso, a confrontação de experiências diversas amplia o campo das possibilidades e estimula a experimentação verificadora. É um fator de abertura entre estabelecimentos, que aprendem a se conhecer e que constroem uma linguagem comum, uma cultura comum, respeitando os contextos e os interesses específicos.

Uma formação efetuada por vários formadores de estatutos profissionais diferentes

A formação é garantida por pelo menos dois formadores, que podem, assim, comparar suas análises sobre os momentos de formação, refletir sobre suas intervenções e ter uma visão mais objetiva do desenvolvimento. No decorrer das sessões, eles podem ser levados a expressar pontos de vista diferentes, o que contribui para instalar uma dinâmica interativa com os formados e entre os formados. Desde o início, a equipe de formadores associou, na sua atividade de animação, pesquisadores e pessoas que tinham experiência prática. A presença de pessoas com experiências da prática tranquiliza os formados, que encontram junto a elas uma compreensão de seus problemas, uma linguagem mais próxima de sua realidade e a garantia de que é possível aplicar a estratégia proposta. Os pesquisadores garantem a posição de distanciamento crítico dos formadores e a referência teórica para o processo. Recentemente, outros profissionais foram integrados na equipe de formação. São pedagogos e psicólogos formadores e, há pouco tempo, psicólogos de creche interessados pelos efeitos da formação nos estabelecimentos onde trabalham. A reflexão sobre a formação se enriquece com essa diversidade, e a integração desses novos formadores estimula a equipe inicial a precisar suas práticas de formação, a questioná-las e a formalizá-las para poder transmiti-las.

PRINCÍPIOS DE FORMAÇÃO

Iniciar uma reflexão sobre as práticas

Para permitir a abordagem das práticas e a sua apresentação diante dos outros, os formadores procuram instaurar entre os representantes dos estabelecimentos uma dinâmica interativa, criando um clima de confiança. Eles favorecem o conhecimento mútuo – por exemplo, solicitando a cada estabelecimento que apresente o seu "cartão de visita" –, encorajam e levam em conta a expressão dos diferentes pontos de vista, esclarecem as preocupações e os objetivos que guiam os profissionais. Para fazer evoluir as práticas, os formadores suscitam a vontade de experimentar novas situações, que eles ajudam a definir e que serão o objeto de um trabalho de análise aprofundada no decorrer das sessões.

Propor um método de trabalho rigoroso

Os formadores propõem aos formados um método de trabalho rigoroso que se baseia na elaboração de projetos de ação e na avaliação reguladora das ações realizadas. A apropriação desse método se faz progressivamente por meio das etapas obrigatórias que são trabalhadas nas sessões e exercidas nos estabelecimentos. Em primeiro lugar, elaboram-se projetos de ação que representam as práticas num campo circunscrito em torno de objetivos precisos – jogos, refeições, acolhimento, sesta, etc. Em seguida, observam-se as situações instaladas e seus efeitos nas crianças para analisar as práticas numa perspectiva de evolução. As trocas sobre as práticas permitem explicitá-las, questioná-las e vislumbrar os ajustes necessários. A manutenção de um "diário de bordo" registra as descobertas sobre as crianças e os ajustes das situações que direcionam a evolução do trabalho dos estabelecimentos. No final da formação, os estabelecimentos são convidados a fazer um balanço depreendendo todos os conhecimentos adquiridos, tanto sobre a apropriação da abordagem de pesquisa-ação quanto sobre as condutas das crianças, e as características das práticas pertinentes. Esse balanço tem também um caráter prospectivo que ajuda os estabelecimentos a projetarem a continuação de seu trabalho. "Cada sessão teve o seu papel: a primeira, o papel de desencadeadora; as sessões do meio permitiram estruturar o nosso trabalho; as últimas, a atingir os objetivos." "Isso nos deu uma metodologia de trabalho, diferentes parâmetros que nos dão um contexto que permite conceber as dificuldades de outro jeito, sem culpabilizar, vê-las como finalmente possíveis de ser administradas." É uma abordagem audaciosa que encontra a sua legitimidade na avaliação e na regulação coletiva das ações.

Co-construir saberes pedagógicos

Essa estratégia de experimentação controlada em torno de ações observadas e questionadas num espírito de pesquisa não pretende chegar à descoberta de soluções imediatas. Ela permite o erro, contribui para uma mudança de olhar sobre as crianças e sobre o papel dos adultos, desperta a curiosidade e suscita a vontade de agir. As ações estudadas colocam em jogo uma diversidade de conhecimentos que a observação e a análise objetivam. A confrontação das experiências provoca constatações de regularidades entre situações, intervenções dos adultos e condutas das crianças. Elas orientam para práticas mais bem-ajustadas às necessidades manifestadas pelas crianças e melhor dominadas pelos profissionais. Essa co-construção de saberes pedagógicos reforça o investimento das equipes de campo. "Observar a criança objetivamente nos permitiu centralizar nosso foco sobre a criança, observar as crianças, entender que não são copos vazios que se deve encher: compreendemos que a criança era rica desde o início." "É uma abordagem dinâmica que se baseia em questões e traz respostas que produzem outras questões. Ela nos ajudou a encontrar uma linguagem comum."

O DESEJO DE CONTINUAR

Essa formação suscita nos formados o desejo de continuar a reflexão coletiva e de encontrar apoios externos. A colaboração entre estabelecimentos é buscada, assim como a participação das coordenadoras de creche. Estas podem legitimar o trabalho realizado e garantir o funcionamento e a eficácia das redes de estabelecimentos. "Ampliamos o nosso funcionamento ao envolver os agentes de serviço, o médico, a psicóloga, e ao participar dos grupos intercreches do distrito." Em Paris, redes se desenvolvem e se estruturam. O papel das coordenadoras é precisado por meio de uma pesquisa coordenada pelo IEDPE no âmbito do programa europeu Leonardo Da Vinci.[4]

---

[4] Ver, adiante, Capítulos 15 e 18.

Uma Estratégia Interativa de Formação Contínua no Ensino Fundamental   12

*Marianne Hardy, Christiane Royon,
Marie-Claire Lejosne, Patrick Robo, Claude Chrétiennot*

A ESTRATÉGIA (Marianne Hardy e Christiane Royon)

Se as primeiras formações na pedagogia interativa puderam ser trabalhadas para o pessoal das creches da cidade de Paris,[1] parecia-nos importante beneficiar também os professores de escolas de educação infantil e das séries iniciais do ensino fundamental. Há vários anos, no âmbito de uma colaboração entre o Cresas e o IUFM de Créteil, tal formação pôde ser implantada no departamento de Val-de-Marne.[2] Apresentamos a seguir um exemplo que será analisado do ponto de vista da estratégia de formação e depois sob o ângulo das condições institucionais de sua implantação.

Nossa formação visa a iniciar equipes na experimentação metódica de práticas pedagógicas "inclusivas", isto é, não-seletivas. Ela está focalizada na aplicação, na análise e na regulação de ações pedagógicas circunscritas. O objetivo é aprender a empreender ações em grupo, a observar os fatos em seu desenvolvimento, a analisá-los em termos de processos, de evolução, de história. Essa aprendizagem se faz a longo prazo, num movimento em que se alternam a concepção – definir ou redefinir um projeto de ação –, a realização – aplicar concretamente – e a abstração – refletir sobre o real. Ao longo desse percurso, os professores objetivam suas práticas, apropriam-se dos conceitos, avançam na abordagem pedagógica.

O quadro que concebemos – dispositivo, atividades, condições – e as modalidades de animação de atividades que desenvolvemos estão em coerência com a

---

[1] Ver a Parte anterior.
[2] Sobre este trabalho, ver também Parte 4, Capítulo 16.

nossa abordagem construtivista e interacionista. Enquadrada e co-animada por dois ou três formadores, a formação dirige-se a equipes ou subequipes, a voluntários ou representantes de várias escolas. O dispositivo faz alternar sessões de agrupamento – se possível, três semanas divididas num ano escolar – e sessões intermediárias nos campos da prática. As atividades propostas implicam uma cooperação entre formados. As realizações obtidas engajam a responsabilidade dos formadores. A condução da atividade visa a favorecer a confrontação dos olhares e idéias sobre os objetos de trabalho, o questionamento comum e a colocação das realizações em perspectiva. Para ilustrar o nosso propósito, vamos examinar aqui uma ação de formação sob três aspectos: a dinâmica formadores-formados, a evolução de uma experimentação e a apropriação da pedagogia interativa.

Trocas entre formadores e formados

Para engajar as equipes num processo de construção de saberes, as interações entre formadores e formados desempenham um papel preponderante. Para apreender sua natureza, gravamos sessões que transcrevemos depois. As trocas estudadas aqui foram gravadas no início da formação, no decorrer de uma atividade pensada para iniciar os formados em nossa abordagem. Trata-se de observar e analisar, juntos, curtos trechos de situações filmadas em diversos estabelecimentos associados a nossas pesquisas, creches ou escolas. As trocas entre adultos tratam aqui de um episódio filmado numa creche, no qual vemos dois bebês às voltas com objetos, cujas propriedades físicas eles estão examinando – continente-conteúdo – sob o olhar atento de suas educadoras. Do ponto de vista do método, o objetivo é fazer com que os formados sintam interesse em confrontar seus pontos de vista para definir da melhor forma possível os fatos e dar-lhes um sentido. Do ponto de vista dos conteúdos, o objetivo é suscitar o interesse pelos processos de aprendizagem das crianças, de toda criança, e provocar perguntas sobre o impacto das condições pedagógicas sobre as atitudes dos alunos.

Após uma primeira visualização, as formadoras perguntam: "E então, vocês se questionaram sobre algo?". A restituição dos fatos observados, feita pelos professores, é entremeada por interpretações pessoais, fontes de desacordos, o que provoca questionamentos, especialmente sobre o que suscitou a atividade das crianças. Antes de retornar ao filme, uma formadora enuncia, para todos, os parâmetros já identificados por alguns formados, que lhes parecem úteis a levar em consideração para tratar a questão: "Desta vez, vemos uma organização material, o início da atividade, o papel dos adultos, etc.".

Na segunda visualização, é precisado o vínculo entre situação e atividades das crianças:
- *Um professor*: "O material é variado e já induz a certas ações."
- *Uma formadora*: "Sim, o material é escolhido para induzir..."
- *Um professor*: "Há tubos, canudinhos que podem ser enfiadas dentro deles, para induzir a correspondência entre dois objetos."

- *Uma formadora*: "Qual correspondência?"
- *Um professor*: "Enfiar, introduzir..."
- *Um outro professor*: "Atravessar também..."

A título de síntese, as formadoras fazem emergir o sentido dos elementos observados, destacando o que, a seu ver, constitui o valor da situação: "Então as crianças exercem *colocar em, fechar, passar através* de, etc. Vemos que esse tipo de material interessa muito a crianças de diferentes idades; portanto, é uma situação que parece convir a uma certa heterogeneidade." A atividade é encerrada com o testemunho espontâneo de duas professoras que, com toda a sinceridade, relacionam suas próprias práticas ao que acabam de observar: "Fico o tempo todo dizendo 'faça isso, faça aquilo' a elas". "É verdade que nos momentos de recepção pela manhã, sabemos que elas trocam coisas...". "Com a bibliotecária, existem coisas muito legais desse tipo, que acontecem entre as crianças, e aí é verdade que me alegro observando-as. Mas não estamos mais nessa situação, não nos colocamos mais nela. Talvez existam muitas coisas a ser inventadas." Um tema de reflexão mais abrangente é então abordado: o papel do adulto nas dinâmicas entre crianças.

Para transmitir as chaves da observação, as formadoras fizeram emergir questões, orientaram o olhar para elementos pertinentes, exigiram precisão. Para compartilhar sua abordagem pedagógica, elas associaram os formados aos raciocínios que levavam a interpretações do tipo: "vemos que..."; "portanto...". Tanto num como noutro caso, elas mostraram o interesse que têm pelas idéias dos formados, para incentivá-los a defini-las, ajudá-los a estruturá-las. Em resumo, elas incentivam a construir saberes, num clima de confiança propício à expressão do pensamento e à colaboração. É nessa base que se iniciaram os projetos de experimentação pedagógica.

Evolução

Experimentar é romper com as rotinas para explorar possibilidades, correr juntos muitos riscos calculados, mostrar-se criativo e audacioso e tirar da experiência princípios que irão facilitar a ação pedagógica cotidiana. Tomemos como exemplo a evolução de uma ação conduzida por um grupo de professores com o objetivo de "favorecer as trocas entre crianças de diferentes idades". Já na primeira sessão de formação, duas professoras de educação infantil e duas do ensino fundamental concebem juntas "oficinas interativas abertas", que devem ocorrer toda semana, durante meia hora. Em seu retorno ao trabalho, elas implantam duas oficinas – "legos e objetos rolantes" – numa sala grande. Em um canto, uma grande caixa de legos é colocada à disposição das crianças. Em um outro canto, objetos, como, por exemplo, embalagens de filmes fotográficos, bolas, bobinas, tubos e pequenas tábuas. As quatro professoras estão presentes, cada uma com duas crianças de sua turma, que se dividem em dois grupos multiidade. Uma delas filma a oficina lego. Uma reunião acontece logo depois, no final da aula, para trocar observações e impressões. Durante esse tempo, colegas e ajudantes se encarregam do resto das crianças das turmas envolvidas.

Na segunda sessão, a análise dos filmes mostra que a disposição do material atrapalha a comunicação e que os adultos valorizam pouco as trocas em atos que, contudo, estão sendo esboçados. Filmes de outras equipes mostram que as crianças precisam de muito tempo para chegar ao fim de suas investigações. Discussões entre equipes convencem-lhes da necessidade de instituir reuniões de regulação abertas aos colegas da escola. O segundo retorno ao trabalho permite organizar melhor as oficinas – disposição do material, atitude dos adultos, duração da atividade – e instaurar um processo regular de diálogo na equipe. Na terceira sessão, um início de difusão na escola é planejado: 15 oficinas, todas interativas, serão organizadas por sete adultos para 77 crianças.

Transformações

Os balanços coletivos estabelecidos em cartazes ao final de cada uma das três sessões permitem lembrar-se da dinâmica mental e da evolução do pensamento que sustenta a evolução das ações.

O balanço da primeira semana – a das descobertas – traduz tomadas de consciência ligadas a uma visão positiva das crianças: "Falamos demais... crianças em dificuldade numa situação talvez não encontrem dificuldades em outra". Mostra também vontades e curiosidades: "Conceber situações para que todas as crianças possam aproveitar", "ver como as crianças aprendem sem urgência nem obrigação". O balanço da segunda semana menciona constatações bastante exatas e percebidas por meio das dificuldades e surpresas encontradas na ação: "Discrepância entre as intervenções dos adultos e as preocupações das crianças, as crianças podem se ater muito tempo a uma mesma atividade". Na terceira semana, é possível abstrair regras analisando criticamente o conjunto das experiências. Nesse último balanço, princípios de ação, baseados num melhor conhecimento dos modos de pensar e de agir das crianças, são enunciados sob forma de preceitos: "Não ficar próximo demais de sua progressão, de suas expectativas. Aprender a usar o tempo necessário, sem se fixar em resultados imediatos, preconcebidos, palpáveis, avaliáveis".

Tais formulações indicam uma profunda mudança de estado de espírito, uma transformação da atitude dos adultos em relação às crianças. A nosso ver, isso significa que seus autores aprenderam a questionar suas práticas no que elas têm de mais íntimo, profundo, geral e cotidiano.

INSERIR UMA FORMAÇÃO INTERATIVA NA FORMAÇÃO CONTÍNUA: ASPECTOS INSTITUCIONAIS (Marie-Claire Lejosne)

Há vários anos, as formações do Cresas puderam ser implantadas em Val-de-Marne, o que não deixou de apresentar um certo número de dificuldades. O contexto institucional da formação contínua dos professores do ensino fundamental não é muito favorável *a priori* a esse tipo de estágio. Devemos lembrar que um plano departamental de formação contínua é publicado todo ano, sob a responsabilidade da inspeção acadêmica, que define suas prioridades em função das orientações ministeriais. Podemos distinguir *grosso modo* dois tipos de estágio. Estágios de quatro semanas consecutivas, organizados pelo IUFM durante os estágios sob responsabilidade dos PE2[3] e estágios mais curtos de uma ou duas semanas – titulares-substitutos se encarregavam das turmas – organizados ou no IUFM – estágios departamentais – ou, com mais freqüência, nas circunscrições. Nesse contexto, as formações concebidas pelo Cresas pareciam atípicas, tanto pelo seu conteúdo quanto pela sua forma – três sessões de uma semana com dois períodos de recesso. Durante quatro anos, no entanto, pudemos fazer com que esse estágio fosse inserido no plano acadêmico de formação contínua de Val-de-Marne como estágio departamental para os professores de educação infantil. Sendo então membro do conselho de formação contínua e do grupo de trabalho que preparava o plano de formação, pude defender a idéia desse estágio em três sessões. Porém, podemos salientar que ele só foi aceito, porque era único em seu gênero e experimental, o que mostra que seria difícil de multiplicá-lo. Também encontramos um outro obstáculo que tornava difícil o trabalho com equipes de escola, pois o procedimento de seleção das candidaturas aos estágios de formação contínua não permite dar uma real prioridade às candidaturas de equipes sobre as candidaturas individuais, em razão da tabulação em função do número de pontos, do número de dias de formação já obtidos e outros critérios desse tipo. Daí o número importante de candidaturas "isoladas" que foram selecionadas, a dispersão dos estagiários em um grande número de escolas e sua dificuldade para difundir a reflexão feita no decorrer do estágio junto a seus colegas, o que praticamente não favorecia o avanço do trabalho no decorrer dos intervalos entre as sessões.

Diante destas dificuldades, decidimos, em 1998-1999, propor esse estágio não mais no nível departamental, mas numa circunscrição. Este ano, esse

---

[3] Professores de ensino fundamental fazendo estágios de qualificação, com duração de dois anos, em universidades francesas.

estágio, que foi aberto também ao ciclo 2, se deu pela segunda vez na segunda circunscrição de Val-de-Marne, onde era destinado às equipes de escolas situadas em Rede de Educação Prioritária. Essa circunscrição oferecia um campo muito mais favorável, pois o inspetor do Ministério da Educação Nacional, Christian Billères, já havia desenvolvido lá uma rede de trocas entre as escolas e estava aberto a esse tipo de formação para relançar a dinâmica já impulsionada nas escolas. Seu apoio permitiu contornar a dificuldade que permanecia no nível da seleção das candidaturas – sempre efetuada pela inspeção acadêmica –, pois pôde negociar com os professores mudanças de candidaturas para permitir a cada escola envolvida enviar uma equipe representativa para acompanhar o estágio. Além disso, as conselheiras pedagógicas da circunscrição, associadas ao enquadramento do estágio, puderam garantir um acompanhamento no campo durante os intervalos entre as sessões e trazer o apoio necessário à continuação da reflexão nas escolas.[4] Entretanto, a circunscrição não obteve a recondução desse estágio para o ano seguinte.

Tudo isso mostra que este tipo de formação, que necessita de uma ação a longo prazo ou, no mínimo, de um acompanhamento de vários anos nas escolas, é dificilmente compatível com o quadro institucional, que considera a formação com outros critérios: estabelecer um equilíbrio entre as circunscrições, fazer circular os meios de um ano para o outro... Continua sendo necessário encontrar e renegociar, a cada vez, um espaço de formação. E outras fórmulas, mais flexíveis que os estágios, sem dúvida, devem também ser buscadas. Devemos notar, entretanto, que as idéias se difundem aos poucos nas escolas que participaram desses estágios, e que os conselheiros pedagógicos constituem um apoio precioso para dinamizar a continuação da reflexão iniciada dentro das escolas.

COMO FORMAR PARA TRANSFORMAR AS PRÁTICAS PEDAGÓGICAS NO ENSINO FUNDAMENTAL? (Patrick Robo)

A experiência de acompanhamento em formação interativa, tal como a apresentada pelo Cresas, é particularmente interessante por vários motivos: a sua metodologia, a objetivação, a apropriação de conceitos, a alternância, o posicionamento dos acompanhadores. Dessa experiência, darei destaque aos seguintes princípios:
- Estabelecer uma coerência entre o fundo e a forma do acompanhamento.
- Fazer com que os professores, os atores e os autores de sua formação ocupem uma posição de pesquisadores-praticantes.
- Produzir saberes sobre a prática e recursos mutuamente compartilháveis.

---
[4] Ver, a seguir, na Parte 4, Capítulo 16.

- Organizar uma alternância que corresponda ao paradigma da formação-ação.

Essa formação levanta interrogações a respeito dos três temas a seguir:

Sua transferibilidade no sistema de formação do ensino fundamental, ligada às exigências próprias do IUFM, que comanda as formações inicial e contínua. Essa formação é dirigida a professores voluntários. Ora, habitualmente, a escolha dos candidatos depende de sua tabulação. Para ter uma existência institucional – inscrição no Plano Acadêmico ou no Plano Departamental de Formação –, a formação deve contemplar certas facilidades, já que os estágios em várias sessões são difíceis de ser implantados. Isso está ligado às possibilidades administrativas e financeiras do estabelecimento: substituições, meios financeiros. Enfim, requer uma competência específica e uma grande disponibilidade dos formadores-acompanhadores.

Sua complementaridade com outros dispositivos de formação e seu lugar em percursos personalizados é, deste modo, difícil de ser encontrado. Existem, de fato, dispositivos de formação próximos, complementares dessa experiência. Citaremos alguns deles: os grupos ou redes de mutualização de práticas; as "formações acompanhadoras" diferenciadas nos conteúdos e dispositivos – estágios de adaptação nos postos de trabalho, visitas mútuas de classes, pesquisa ou experimentação em grupos reduzidos de duas ou três pessoas, tutorias, etc.; os grupos de análise de práticas profissionais, os grupos de formação-ação – tais como aqueles trabalhados no Plano Departamental de Formação de Hérault –, os estágios em duas sessões com intersessão acompanhada e, por fim, a camaradagem.

Sua multiplicação, ligada especialmente os locais de implantação dos pesquisadores do Cresas. Quais são as competências requeridas para acompanhar a interatividade? Quantos formadores têm as competências esperadas? Quais formadores poderiam encarregar-se da formação dos formadores-acompanhadores? Como propor uma formação coerente dos acompanhadores baseada no acompanhamento interativo?

Para concluir, direi que, considerado o interesse manifesto da pertinência e da coerência de uma formação interativa, como a do Cresas, e apesar das dificuldades mencionadas, devemos nos perguntar aqui sobre três pontos: como divulgar essa experiência nas escolas? Como permitir, induzir o desenvolvimento de tais dispositivos? Como (se) formar para o acompanhamento na interatividade?

E devemos lembrar-nos de que "ninguém se forma sozinho". Será esse o tema do próximo colóquio do Cresas?

Uma Estratégia Interativa de Formação Contínua no Ensino Fundamental e no Ensino Médio 13

Christiane Montandon, Arlette Cohen, Marie-Josèphe Francart, Marie-Claude Noiray, Dominique Gelin

PRINCÍPIOS E CONTEXTO DA FORMAÇÃO
(Christiane Montandon)

Nossa concepção da formação é compatível com nossas teorias da aprendizagem. A uma abordagem construtivista e interacionista das aprendizagens, em que o papel das interações é um fator determinante na construção dos conhecimentos, corresponde a nossa vontade de fazer com que os professores trabalhem em equipe, se apóiem nas interações entre formados para estimulá-los a refletir sobre suas práticas e formá-los numa epistemologia das aprendizagens. Isso nos leva a privilegiar um foco sobre os procedimentos dos aprendizes: como será que eles constroem seu objeto de saber, será que tomam consciência de suas estratégias, será que têm uma representação da situação de aprendizagem? A obrigação de poder responder a tais perguntas tem repercussões sobre os métodos de coleta de dados que elaboramos com a concordância dos professores em formação.

A modelização do dispositivo de formação é primeiramente tributária dos conceitos e das dificuldades que encontramos quando nossas propostas de formação entravam no quadro tradicional do Plano Acadêmico de Formação. A oferta é anônima, descontextualizada em relação às equipes existentes. De fato, os professores se inscrevem como indivíduos provenientes de estabelecimentos diferentes de toda a academia. Seus conceitos sobre a formação intervêm, para dar forma às suas expectativas de contribuições teóricas, e suas demandas, para lhes fornecer modelos de situações "prontas para uso". Algumas de nossas propostas se encontram assim em situação ambígua em relação ao contexto institucional no qual se inserem. Nossas concepções da formação se chocam com as representações que os professores têm das aprendizagens, mais centradas nos conteúdos do que nos processos e nas condutas cognitivas, que privilegiam a aquisição de conhecimentos num contexto disciplinar. A apresentação da interdisciplinaridade parece desencorajar muitos deles, faz alguns hesitarem. Assim, é possível formular a hipótese de uma inadequação entre a nossa oferta de formação e a procura de formação dos professores: por exemplo, um estágio intitulado "Pedagogia interativa e situações de aprendizagem interdisciplinar no ensino médio", organizado em três dias, tendo como objetivo sensibilizar os professores a uma pedagogia diferente e a ensinar-lhes a construir situações interativas de trabalho em pequenos grupos, não pôde ser realizado por falta de um número suficiente de inscrições em toda a academia de Créteil.

A partir dessas constatações de fracassos relativos e da necessidade de levar em conta certas exigências institucionais, fomos levados a remodelar nossas propostas de formação, depreendendo as características fundamentais requeridas, a nosso ver, por todo dispositivo construtivista de formação de professores:

- Na medida em que toda a formação é transformação (Kaës, 1975), nosso objetivo é ajudar os professores a mudar suas práticas pedagógicas, criando um ambiente favorável, isto é, modificando, articulando uma experiência de desestabilização e um trabalho reflexivo sobre o que é vivido e observado em suas relações com os aprendizes. Essa dupla posição, de envolvimento no processo de formação por meio de um trabalho de reflexão sobre a própria prática (Perrenoud, 1998), e de distanciamento em relação a um engajamento pedagógico devido a sua posição de observador das interações entre os alunos, na prática, implica uma nova gestão do tempo. Na medida em que uma formação sobre si implica engajar-se a longo prazo, esse tempo de maturação necessita estender a formação por um ano inteiro, mesmo que ela dure de três a cinco dias. Isso nos leva à segunda característica do dispositivo.
- A alternância entre ação e reflexão, entre intervenção no campo e momento de distanciamento e de análise das práticas confere uma função decisiva aos intervalos entre as sessões. A aplicação prática, em situações de aprendizagem contextualizadas, de critérios analisados nas confrontações entre estagiários permite fazer a ligação entre diferentes parâmetros de toda a situação pedagógica: características do público, etapas na progressividade das seqüências, peso das representações dos alunos na relação com a tarefa e com a disciplina considerada, etc.
- A função de instrumentação dos formadores é predominante em relação à de uma transmissão de conhecimentos. Trata-se de fornecer métodos de coleta de dados: observação, gravações em vídeo e áudio, amostras escritas das produções de alunos, assim como outros meios de constituir uma

coleção de fatos recolhidos na prática, a partir do qual se possa construir uma epistemologia das aprendizagens. As contribuições metodológicas determinam quais serão as contribuições teóricas, e isso é feito segundo as solicitações dos estagiários.
- Formar interativamente na pedagogia interativa é privilegiar as interações entre colegas dentro das diferentes equipes que se constituíram e que a formação agrupa. Isso nos estimula a optar antecipadamente por ajudas negociadas com estabelecimentos propondo um período de prévio acordo com os diferentes atores voluntários, para ajustar as características do dispositivo de formação às características do campo. Esse momento de mediação prévia da própria formação favorece o envolvimento progressivo dos diferentes parceiros e inicia a constituição de equipes que, imediatamente, participam da elaboração do dispositivo, ainda que seja apenas negociando a duração e o ritmo das sessões.

Assim, o dispositivo de formação é a materialização de nossas referências teóricas. Colocar a interação no próprio centro do dispositivo implica uma co-construção progressiva deste pelos formadores e pelos formados, graças a uma auto-regulação que se apóia nos momentos de negociação, de contratação, de metacognição e de auto-avaliação crítica. Podemos chamar isso de uma "abordagem dinâmica do dispositivo". O dispositivo de formação não se reduz a uma descrição estática das modalidades organizacionais e técnicas das diversas etapas da formação, mas é um sistema que evolui em função das interações entre os diferentes atores. O segundo princípio essencial do dispositivo é sua "isomorfia": da mesma forma que ninguém aprende sozinho, também ninguém ensina sozinho. O dispositivo de formação dos professores é estruturado da mesma maneira que o dispositivo de aprendizagem dos alunos, apoiando-se nas relações, tanto horizontais quanto verticais, entre pares e formadores para construir novos conhecimentos. À construção de conhecimentos metacognitivos entre os aprendizes em sua relação com o saber, corresponde a construção de um metassaber entre os professores envolvendo suas práticas pedagógicas.

UMA EXPERIÊNCIA NO ENSINO FUNDAMENTAL:[1] O PONTO DE VISTA DE UM FORMADOR (Arlette Cohen)

Negociação prévia e estabelecimento de um contrato

Na volta às aulas de 2000, envolvidos na atualização do nível no sexto ano, inscrita como ação no projeto de estabelecimento, 20 professores se per-

---
[1] Essa experiência foi feita por Arlette Cohen, Christiane Montandon e Françoise Platone.

guntam sobre as formas de apoio a serem instaladas. O chefe-adjunto do estabelecimento, que trabalha com o responsável pela Formação de Iniciativa Local, tomou conhecimento de uma proposta de formação feita pelo Cresas à inspeção acadêmica do departamento para equipes de ensino fundamental. Contatados, demos nosso aval, formamos uma nova equipe e formulamos uma proposta que levava em conta as necessidades e a heterogeneidade do grupo, mas que respeitava os princípios de formação aos quais estamos ligados: ação-reflexão, trabalho em equipe, co-construção de situações de aprendizagem e observação das trocas entre alunos, análise e reajuste das práticas. Cinco dias separados no tempo e distribuídos ao longo do ano foram propostos, pois permitiam o trabalho das equipes entre as sessões e a apropriação de uma metodologia de experimentação. "De um dia para o outro", conforme o protocolo, "os professores podem, assim, apropriar-se de uma conduta metódica de inovação, aprendem a colaborar, a criar juntos condições favoráveis à construção das aprendizagens de todos, a observar e a avaliar os efeitos de suas propostas". "O acompanhamento", por outro lado, "não exclui a contribuição de conhecimentos teóricos". Essa proposta foi aceita pelos professores, pelo chefe do estabelecimento e pela Formação de Iniciativa Local, que a financia. Uma convergência se operou entre a vontade institucional e a preocupação dos professores.

A formação reúne 18 professores – intervindo na atualização do nível em três disciplinas, ou em classes nas quais são escolhidos os alunos ou os interessados pela pedagogia – e uma conselheira-chefe de educação. No estabelecimento, a prática do trabalho em equipe se perdeu ou é inexistente. O processo de co-construção, com os professores, se aplica de forma isomorfa aos três formadores: co-construção das sessões, co-animação de atividades, participação de cada formador na elaboração e na análise grupo a grupo de seus projetos, análise do funcionamento dos pequenos grupos e dos grandes grupos e, por fim, reajuste.

O desenrolar das sessões

Em cada sessão preparada pela equipe de formadores em função da evolução das equipes de professores, constroem-se projetos e analisam-se dados. O trabalho em pequenos grupos é alternado com o trabalho em grande grupo, no qual se operam a confrontação e a síntese. Um formador participa de cada subgrupo. Ele facilita o questionamento, responde às propostas e análises da equipe sobre outras experiências, aponta aspectos interessantes, teoriza, ajuda no distanciamento reflexivo. Nos intervalos entre os encontros, as equipes trabalham suas situações de aprendizagem com observação e fazem uma pré-análise. Os formadores analisam o trabalho em subgrupos e em grande grupo e co-constroem a sessão seguinte.

O desenrolar da formação se assemelha para os professores, a um processo de aprendizagem que se insere no tempo. A reflexão sobre a ação acarreta um processo de desestabilização e uma demanda de ferramentas metodológicas das quais os professores vão progressivamente se apoderar. Portanto, trata-se de uma fase de instrumentação. A prática da análise coletiva repercute em propostas pedagógicas que evoluem no sentido de uma co-construção de aprendizagens pelas crianças. A observação se dá no sentido de uma descoberta dos alunos, de sua capacidade de se mobilizar em grupos, de suas diferentes abordagens da tarefa e do peso das representações. Segundo um professor, "esses encontros são um congelamento de imagem". Há confiança nas atitudes das crianças que se abrem, se expandem, não necessariamente como em um trabalho acadêmico. Imprevistos também aparecem: "coisas não adquiridas realmente, o que nos leva a proporções mais equilibradas em relação a nossas exigências". O trabalho em equipe inscreve-se nas práticas: os professores refletem antecipadamente sobre a situação que será proposta às crianças. A seqüência é submetida à observação de um colega e à análise, primeiro em grupos pequenos, depois no grande grupo. Os professores adquirem aos poucos uma competência crítica. "Adquirimos – diz um deles – hábitos de análise, de observação, hábitos de trabalho com o passar do tempo". Flexíveis, as propostas buscam também envolver mais os alunos e favorecer suas trocas. Alguns exemplos: criação de painéis em inglês, classificação gramatical a ser justificada, problema de matemática a ser resolvido.

O quinto e último encontro, muito particularmente, é uma consideração de todas as observações feitas em grande grupo sobre as situações de aprendizagem, portadoras ou não de trocas construtivas. Uma regulação implícita é produzida. Contudo, os professores se perguntam como levar em conta as representações dos alunos e seus erros e como articular esses encontros com a prática global nas salas de aula. Eles também sentem que é necessária uma transformação de suas práticas e querem continuar o trabalho em equipe: "O trabalho em equipe", afirma um professor, "é a vontade de sair do âmbito da sala de aula para ir trabalhar no vizinho. Do contrário, ela não se concretiza". Porém, uma dúvida persiste sobre suas próprias competências a conduzir o trabalho sem acompanhamento.

UMA EXPERIÊNCIA NO ENSINO MÉDIO: O PONTO DE VISTA DE DUAS FORMADAS (Marie Josèphe Francart e Marie-Claire Noiray)

A experiência de formação encontra-se entre a pesquisa-ação e o acompanhamento formativo. É na seqüência de uma pesquisa-ação de dois anos com o Cresas (Hugon et al., no prelo) que a equipe de uma turma de segundo ano solicita continuar a trabalhar em grupo com os alunos de maneira interdisciplinar. A dificuldade de dar continuidade a tal pedagogia interativa, sem reconhecimento institucional por parte do chefe do estabelecimento e sem o prévio período de acordo com um pesquisador que define essas reuniões de regulação, leva a equipe a recorrer à célula "inovação-valorização"[2] da academia de Créteil, para encontrar um modelo institucional adequado. Esse contexto permitiu um certo tipo de funcionamento gerador de efeitos formativos.

A presença de um pesquisador dirigindo regularmente as reuniões de regulação da equipe favorece, por sua posição de exterioridade, um trabalho de reflexão sobre os caminhos da aprendizagem dos alunos e uma análise crítica das intervenções dos professores e da maneira com que a tarefa foi concebida e proposta aos alunos. Os professores apreciam igualmente as iniciativas criativas que esse período de acordo prévio suscita, especialmente a inventividade em relação aos temas transversais, elaborados à medida que acorrem as discussões, e também a inauguração de novos modos de intervenção com dois professores na sala de aula. Essa intervenção "dual" provoca a tomada de consciência por parte dos alunos de que, diante de um mesmo assunto, professores de disciplinas diferentes podem optar por estratégias muito divergentes. Os alunos se sentem assim autorizados a uma maior audácia, a uma maior liberdade de pensamento e modificam sua atitude em relação ao erro, que não julgam mais de acordo com um pensamento único.

No entanto, essa experiência tem limites, pois a equipe se sente isolada. Ela sofre da falta de interações na medida em que a célula de inovação não previu durante o ano agrupamentos que permitissem se confrontar com outras experiências realizadas na academia. Parece importante, para assegurar a dinamização e a regulação interna das equipes, garantir uma alternância entre pequenos grupos e grupos maiores, o que permite ao mesmo tempo uma circulação das informações e, por meio de sua difusão, a capacidade das equipes de tomar emprestado e se apropriar das inovações dos colegas. Tal formação apresenta então um importante desafio de regulação das interações entre os professores dentro de um estabelecimento e entre estabelecimentos.

DISCUSSÃO

Como extrair da experiência uma metodologia para que as equipes de professores se coloquem em torno da mesma mesa? Quais são as chaves?

De acordo com os interventores, um contexto institucional favorável, com um chefe de estabelecimento que promova ligações entre todos os envolvidos, é relativamente necessário. O momento importante, no começo, é o da nego-

---

[2] Ver, adiante, Parte 4, Capítulo 17, a apresentação deste dispositivo acadêmico.

ciação, do fechamento do acordo. Segundo um participante, podemos ver que nas zonas de educação prioritária equipes se constituem e se questionam sob o efeito da urgência, da vivência. Aquilo que é simplesmente importado não consegue se efetivar.

Como abordar a formação com os professores em dificuldade que questionam a democratização do ensino, chocam-se com a compartimentação dos saberes, ao desrespeito da lei, à heterogeneidade dos alunos?

De acordo com os interventores, esses professores têm uma reação de proteção. Só o questionamento do conceito de aprendizagem pode trazer uma evolução. É por isso que a organização de situações indutoras de possibilidades de aprendizagem tem um papel a desempenhar. Favorecer a elaboração de um projeto é ajudar a trabalhar juntos, a constituir equipes, a facilitar a circulação das idéias. Partindo deste princípio, um professor do IUFM fez então a proposta da criação de uma rede para trocas de experiências entre condutores de estágios.

Conclusão (Dominique Gelin)

As dificuldades dos professores devem ser compreendidas. Pouco importa como começar. É preciso se servir dos temas solicitados, mesmo que sejam receitas. O que vale é que, por meio do acompanhamento, uma contribuição serena se faça, que a possibilidade de construir algo apareça. Deve-se ajudar os professores, aceitando-os a partir do ponto em que estão. No nível das reformas, assistimos a uma divulgação redundante e obscura que desanima os professores. Eles não se apropriam de forma alguma dos dispositivos previstos. Ao iniciar as formações que propõem, os formadores devem levar em conta essa realidade.

A Vivência dos Atores da Formação. Quais Interações? Qual Evolução nas Transformações 14

Jean-Marie Barbier, Marie-Christine Besniard, Monique Bréauté, Marie-Hélène Chandon, Arlette Cohen, Dominique Fanni, Marie-Josèphe Francart, Catherine Lézine, Brigitte Oury, Renée-Lise Portut

INTRODUÇÃO

Esta mesa-redonda tinha por objetivo contribuir para a análise dos efeitos das formações na pedagogia interativa, mostradas nas oficinas anteriores, por meio da vivência dos formados. Todos são educadores que trabalham em contextos institucionais diferentes: na creche, na educação infantil, no ensino fundamental e no ensino médio. Esta mesa-redonda foi preparada por Jean-Marie Barbier em colaboração com os formados. As interventoras são todas antigas formadas dentre as quais algumas se tornaram formadoras. Como proposta de Jean-Marie Barbier, três finalidades para o debate foram definidas. A mesa-redonda teria como meta confrontar as diferentes experiências, submetendo-as a um mesmo questionamento. Ela deveria permitir a abordagem das formações do ponto de vista dos formados, sabendo que "a intenção formativa" dos formadores, amplamente desenvolvida antes nas oficinas, não corresponde necessariamente à vivência dos formados. Por fim, deveria permitir a adoção de uma posição de análise mais do que uma posição de avaliação. Avaliamos os fatos em relação ao que se deseja fazer, ao passo que a análise permite fazer aparecer e interpretar fenômenos independentemente dos objetivos visados.

Nessa base, foram definidas três questões a ser apresentadas aos participantes da mesa-redonda:
- Quais mudanças as formações produziram quanto às práticas e ao olhar sobre as práticas, quanto às interações entre educadores e crianças e quanto às interações entre adultos – membros da equipe e outros membros do estabelecimento – e que são muito importantes de se diferenciar das anteriores?

- Essas formações criaram ou modificaram uma dinâmica? E de que forma essa dinâmica continua a operar?
- Qual olhar os formados têm em relação à formação propriamente dita? O que fez com que ele funcionasse, no começo da formação e ao longo de seu desenvolvimento? O que a formação pressupõe para que a alquimia funcione: o posicionamento de cada um? A relação entre as pessoas, cuja importância todos conhecem? As trocas e a análise das práticas, pontos que nos interessam particularmente?

O QUE ESSAS FORMAÇÕES MUDARAM

Um trabalho em equipe sobre as práticas educativas

Brigitte Oury (educação infantil): Tivemos a chance de fazer a formação com a equipe de toda a escola. Havia uma vontade de trabalhar em conjunto. Eu cheguei na escola, a equipe não estava constituída, mas eu sentia por todo canto um pouco de riqueza que não estava sendo compartilhada. Era preciso juntar tudo aquilo. No início, era interessante para nós ter três semanas para viver alguma coisa entre adultos.

Marie-Josèphe Francart (ensino médio): O que me deu muito prazer foi toda a criatividade que se pode ter entre quatro pessoas. Propúnhamos um objeto de trabalho e chegávamos na maioria das vezes às reuniões com uma idéia sobre como conduzir o módulo seguinte. Quando saíamos, uma hora e meia depois, havíamos inventado uma coisa totalmente diferente, tínhamos chegado a uma idéia a qual não havíamos absolutamente pensado antes de chegar. Entre quatro pessoas, construímos um projeto novo, coletivo, que muitas vezes trazia algumas dificuldades, mas que, ao mesmo tempo, dava-nos vontade de pesquisar. Na prática, o que me parecia interessante era o prazer de pesquisar para criar situações novas para os alunos.

Marie Hélène Chandon (creche): Realmente, há um consenso de equipe. Todo mundo decide agir junto, mesmo que nem todos se engajem da mesma forma. O fato de ver colegas se engajarem dá vontade de fazer o mesmo. Rapidamente, damo-nos conta de que, se não tentarmos juntos, nada poderemos ver.

Arlette Cohen (ensino fundamental): As práticas de cada um se tornam objeto de reflexão coletiva e, pouco a pouco, vemos uma competência crítica que se esboça na observação, que produz interrogações e uma vontade de continuar em equipe. Mas também não existe milagre, nem mudanças radicais e súbitas. Descobrimos a riqueza das equipes e dos membros da equipe. Trazemos idéias, analisamos de outro jeito, adquirimos uma linguagem comum no nível das representações, mesmo que não saibamos completamente o que fazer. Vamos em direção de outras tentativas, de outros esboços.

Marie Christine Besniard (creche): Essa coerência que chegamos a encontrar no trabalho tem efeitos positivos sobre todos, permite evoluir juntos num prazer compartilhado.

Marie Hélène Chandon (creche): A necessidade de observar é um fato. Todos compreenderam que era preciso observar. Mas observar o quê? Para observar alguma coisa, é preciso organizá-la; portanto, vamos organizar uma pequena ação, vamos olhá-la de maneira muito clara e teremos elementos concretos que poderemos analisar e ajustar. Agora, os funcionários falam de suas práticas. As reuniões não são mais debates de idéias que não avançam muito. O fato de falar daquilo que se está fazendo concretamente e de dizer: "estamos tentando, estamos vendo se isso funciona, e se isso não funcionar faremos de outro jeito", isso envolve todo mundo. E é muito mais gratificante do que dizer: "eu acho isso, eu acho aquilo". Se não tentarmos, não avançaremos. Aí há realmente uma tomada de consciência das equipes, que podem falar do que fazem em relação com as realizações das crianças.

Uma mudança de ótica em relação às crianças

Marie Hélène Chandon (creche): Essa formação nos deu um novo olhar sobre as crianças e suas competências, sobre o que se faz com elas e para elas. Tudo o que organizamos tem uma incidência sobre suas competências.

Renée-Lise Portut (creche): A equipe observa cada vez mais as práticas cotidianas. O que fazemos é decodificado, analisamos a situação e observamos a reação das crianças. Em função dessa observação, organizamos ações que são constantemente ajustadas, conforme a necessidade.

Catherine Lézine (ensino fundamental): A consideração das interações entre crianças alimentou o trabalho de equipe e o enriqueceu. Trabalhamos com as crianças fazendo-as ir e vir, a falar entre si de maneira não-diretiva. O mesmo ocorreu com os membros da equipe de ciclo. Começamos a falar entre nós como adultos naturalmente, sem querê-lo particularmente. São duas coisas que alimentaram uma à outra.

M.-C. Besniard (creche): Um estabelecimento começava a formação com um olhar muito negativo sobre as crianças, os pais e as possibilidades de ação. Os profissionais não tinham "vez" porque não se tratava de "boas" crianças, os pais não eram "bons pais". Tudo era difícil! Após uma primeira sessão laboriosa, foi esse estabelecimento que fez o maior progresso: o discurso dos profissionais mudou completamente, seu olhar sobre as crianças também e uma verdadeira vontade de trabalhar juntos, refletir e encontrar respostas emergiu.

B. Oury (educação infantil): A prática do adulto não é mais o objeto principal no ensino. Nós nos distanciamos de nossa prática, fomos às turmas dos outros para filmar, observamos. É necessário aceitar "se despir" diante dos colegas e isso não é fácil. É necessário aceitar que as crianças tragam coisas e isso também não é evidente. Precisamos saber desistir do que planejamos, porque as crianças vão para uma outra direção e devemos segui-las, em vez de não dirigi-las para tudo.

A. Cohen (ensino fundamental): O que provoca resistências é a idéia de que o saber é adquirido de maneira linear e que se deve avançar nos programas.

Uma aventura compartilhada

C. Lézine (ensino fundamental): Fomos obrigados a largar muita coisa. Todos tínhamos aquisições, por nossa formação no IUFM, por nossas experiências anteriores, que tínhamos medo de largar em relação aos desafios da escolaridade. No momento em que começa a formação, o que nos fez hesitar foi o temor de perder tudo e a mudança completa de ponto de vista. É isso que detém os professores que não ousam se lançar. Eles sabem que têm algo que mostrou suas capacidades, e mudar de práticas, de olhar em relação às crianças, abandonar as seqüências todas preparadas, olhar as crianças como pessoas, é correr um risco.

M.-J. Francart (ensino médio): O que se passa em minha prática é que eu perdi uma certa comodidade – a da rotina – e, ao mesmo tempo, ganhei outra comodidade. O olhar dos outros descentralizou meu ponto de vista. Tornei-me crítica em relação ao que eu fazia. Nós mesmos criamos um pouco de insegurança e até mesmo, às vezes, em certa demasia, mas junto com os alunos, vivemos uma aventura de pesquisa.

M.-C. Besniard (creche): No nível das creches, é exatamente a mesma coisa, encontramos o mesmo medo de perder algo e o medo do desconhecido.

AS DINÂMICAS CRIADAS OU MODIFICADAS

No nível dos estabelecimentos

B. Oury (educação infantil): Na escola, a dinâmica reside sobretudo na troca. Durante a formação, foram estabelecidas relações de confiança entre os adultos e certas coisas nos parecem evidentes em relação às crianças. Porém, ocorre que ou se esquece de transmiti-las, ou não se consegue transmiti-las às pessoas que chegam na escola e às outras pessoas que intervêm nas aulas. Há uma dinâmica que se cria após essa formação, mas ela poderia ir mais além.

M.-J. Francart (ensino médio): No ensino médio, as dinâmicas não são muito importantes. Dado o estado de sofrimento no qual estão a maioria dos professores do ensino médio, pode haver recuo ou bloqueio diante das pessoas que estão na pesquisa e que mostram, de uma certa forma, que não são somente os meios financeiros que permitem mudar o olhar sobre os alunos e mudar a escola. Não basta que uma equipe tenha vontade de trabalhar, que ela mostre que está feliz em trabalhar e que os alunos tirem benefícios disso, para que isso provoque uma mudança que avança lentamente. Se as direções de estabelecimentos não forem envolvidas e se acrescentarmos todos os problemas institucionais, trabalhar de maneira interdisciplinar não é mesmo nada simples.

M.-H. Chandon (creche): no nível da creche, a dinâmica prossegue em sentido amplo, ela é global. Um problema que se coloca em um serviço diz respeito a toda a creche. Cria-se uma dinâmica de curiosidade pelo que se passa nas seções vizinhas, uma indagação de equipe sobre o que se passa com um grupo de crianças específico. Para que a dinâmica prossiga, é preciso informar todos os adultos sobre o que se passa na creche.

Dinâmicas pedagógicas e profissionais ou dinâmicas institucionais?

A. Cohen (ensino fundamental): No ensino fundamental, trata-se realmente de dinâmicas pedagógicas, uma vez que as trocas são feitas entre professores de diversas disciplinas que se preocupam com o que a criança aprende ou constrói de maneira transversal, mesmo que se permaneça muito distante de uma transformação radical das práticas. É um processo.

C. Lézine (ensino fundamental): Na escola, tentamos seguir o plano de polivalência, pois somos instrutores. Portanto, partimos de um ponto preciso, começando pela gramática, e continuamos tentando avançar lentamente com outras matérias escolares, como história, geografia, matemática, que nos apresentam problemas.

R.-L. Portut (creche): Na creche, trabalhamos progressivamente em diferentes projetos. Partimos da recepção, de manhã, para, em seguida, abordar a organização das atividades, depois, a refeição. Uma vez compreendido o processo, isto é, quando se começa a observar e se vê que uma situação não funciona, não se pode ficar alheio. Isso se impunha a nós, pois era preciso trabalhar sobre a organização de todo o dia. É uma vontade espontânea da equipe. Mas como manter a motivação da equipe?

A. Cohen (ensino fundamental): No ensino fundamental, uma dinâmica pedagógica pôde ser iniciada, porque todos se sentiam sós e a formação era sustentada institucionalmente. Uma vez iniciada essa dinâmica, os professores se vêem como tendo se beneficiado de algo que poderiam compartilhar com outros estabelecimentos. Eles expressam uma vontade de continuar e se perguntam como.

Dinâmicas internas aos estabelecimentos ou dinâmicas abertas sobre os contextos locais?

M.-H. Chandon (creche): Fora da creche existem redes que permitem um trabalho distrital. Vários profissionais de creches diferentes se reúnem em torno de um assunto graças ao trabalho das coordenadoras de creches.

M.-C. Besniard (creche): Em Caen, o contexto é diferente daquele de Paris, os estabelecimentos ainda estão muito isolados, compartimentados. Não há trocas entre os estabelecimentos, nem mesmo dentro de alguns deles. É importante que haja movimento primeiro dentro do estabelecimento. O que estou tentando defender é que não se pode esperar tudo de fora. Cabe a nós mostrar que é possível fazer coisas, e nesse ponto a formação é uma ajuda preciosa para percebermos que podemos nos mexer e que essa é uma atitude profissional. Depois da primeira formação que aconteceu em Caen, os quatro estabelecimentos voltaram cada um para seu canto. Não temos coordenador de pequena infância. Há funcionários eleitos e administrativos, mas não há apoio pedagógico. A pedagogia era assunto dos estabelecimentos e não interessava mais que isso. Atualmente, isso está mudando. Nossos colegas do Centro Comunitário de Ação Social tomaram consciência da importância da qualidade do acolhimento oferecida às crianças e isso é resultado de um trabalho de equipe e de parceria. Quatro novos estabelecimentos estão em formação. Tornei-me formadora no lugar. Assim, há alguém a postos que garante um contato regular, que faz viver a formação junto à parte administrativa, que assegura um apoio junto aos estabelecimentos. Sentimos uma dinâmica local que está surgindo. A formação não é um fim em si. As trocas necessitam ser sustentadas para poder continuar.

C. Lézine (ensino fundamental): Em nossa escola, beneficiamo-nos de uma parceria com a prefeitura, que já dura 20 anos, de uma associação de pais muito viva, de mestres formadores que participam da formação no IUFM e que difundem a nossa forma de trabalhar, e muitos estagiários vêm ver como a praticamos.

O DESENROLAR EFETIVO, AS CONDIÇÕES E OS FATORES DE ÊXITO

Relações de confiança com os formadores

C. Lézine (ensino fundamental): Certamente, há um laço com as pessoas, mas há também o fato de que os pesquisadores vinham em dupla. Víamos as pessoas sempre discutindo entre si, e gostei muito de vê-las discutirem, discordarem...

M.-H. Chandon (creche): O que me deu vontade de participar dessa formação foi o fato de saber que havia uma diretora de creche entre as formadoras com a mesma formação pedagógica que eu e que iria trazer um complemento à minha formação. Parecia-me que os pesquisadores eram pessoas que teorizavam muito, a quem faltava senso prático e eu me dizia que com um pesquisador e uma prática teria as duas abordagens.

D. Fanni (creche): Entre as formadoras, apreciei especialmente sua forma de não fazer pressão, de fazer perguntas certas para nos fazer expressar a nossa forma de trabalhar, perguntas que podiam iniciar a discussão de uma nova questão, que trabalhávamos antes da sessão seguinte.

C. Lézine (ensino fundamental): Não estávamos situados na formação como cobaias, pesquisávamos juntos. As formadoras tinham uma visão "de fora", mas buscávamos juntos o que era preciso fazer, estávamos em pé de igualdade.

Relações de confiança entre os formados

M.-C. Besniard (creche): A apresentação mútua por meio da técnica dos "cartões de visitas"[1] é importante, pois os estabelecimentos não se conhecem. Essa apresentação mútua do funcionamento do estabelecimento, dos locais, permite aos funcionários darem-se conta de que são confrontados com os mesmos problemas e que possuem um mesmo objetivo: melhorar a qualidade do acolhimento das crianças e de suas famílias.

B. Oury (educação infantil): É preciso estabelecer relações de confiança, não apenas com as formadoras do Cresas, mas também com as outras pessoas de escolas presentes no estágio que nos observam, que nos escutam e com as quais trocamos idéias, e depois, dentro da própria escola. É preciso ter boa vontade em relação ao que escutamos, ao que podemos ver e ao que podemos dizer.

M.-H. Chandon (creche): Graças a uma atitude questionadora e nunca julgadora em relação ao que dizemos, avançamos segundo nosso próprio ritmo. As questões dos formadores e também as questões dos colegas de outros estabelecimentos, que dão destaque ao que fazemos, comparam-no com o que fazem, nos estimulam a argumentar.

A. Cohen (ensino fundamental): É uma relação de confiança que se cria pouco a pouco, com o passar do tempo. As trocas no grande grupo são fundamentais. Elas nos permitem o distanciamento crítico, trazem novas idéias e banalizam o erro, que se transforma numa maneira de avançar, uma etapa a mais.

---

[1] No começo das formações, cada estabelecimento foi convidado a apresentar sua estrutura, sua organização, seus centros de interesses e seus questionamentos.

Tempo para construir

M.-J. Francart (ensino médio): É preciso ter tempo para se descobrir, encontrar uma linguagem comum. A linguagem do pesquisador não é a linguagem cotidiana do professor; o professor de ciências não tem a mesma linguagem que o professor de francês.
B. Oury (educação infantil): Para que isso dê certo, é necessário aceitar parar, com o objetivo de observar a própria ação.
C. Lézine (ensino fundamental): O que faz com que isso funcione é o desenvolvimento da formação em um longo período de tempo. Assim, temos tempo para evoluir e ver evoluir, e as formadoras têm tempo para nos ver evoluir, para corrigir a ação.
M.-H. Chandon (creche): Temos tempo para fazer coisas, não somos apressadas. Temos prazos, mas, ao mesmo tempo, temos tempo para nos mexer, para entender, pois as equipes não avançam todas ao mesmo tempo, temos tempo de continuar. Após uma formação bem curta, os efeitos murcham como um suflê. Essa formação que vivenciamos permite a apropriação de uma forma de trabalhar que, uma vez bem-compreendida, ajuda a continuar.
M.-C. Besniard (creche): Aprendemos a refletir sobre o trabalho do estabelecimento e sobre o nosso próprio trabalho. É mais ou menos como um *zoom*.
A. Cohen (ensino fundamental): O tempo é muito importante, porque permite ousar experimentar, assegurar-se trocando idéias e tornar progressivamente mais transparentes as suas práticas, que se transformam em objetos de análise.
R.-L. Portut (creche): O tempo é importante também para convencer. Não está claro para aqueles que não viveram a formação assimilar e compreender o que está acontecendo. Após cada sessão, onde eu ia com três membros da equipe, nós nos reuníamos para fazer uma síntese e para ter o mesmo discurso e, num segundo momento, reuníamos a equipe para relatar o que havia se passado e fazer com que vivessem um pouco do que havíamos vivido.

Uma abordagem profissional

M.-J. Francart (ensino médio): É preciso aceitar partir para a aventura, rediscutir suas convicções, seu vocabulário.
M.-H. Chandon (creche): Com a técnica do "cartão de visita", começamos a dizer o que estamos fazendo e, pouco a pouco, vamos dizendo cada vez mais. No início, não dizemos tudo e, aos poucos a atitude questionadora e nunca julgadora dos formadores nos permite dizer mais.
R.-L. Portut (creche): Todo mundo tem a palavra, toda sugestão é levada em conta e vemos o que é possível fazer. Isso reforça a confiança em si mesmo e dá um sentimento de valorização profissional.

M.-J. Francart (ensino médio): Fomos levados a trabalhar juntos, a trabalhar diante dos colegas. Pudemos, pela primeira vez, falar dos alunos e não mais do professor. Erramos juntos diante dos alunos, discordamos. A primeira vez é difícil, mas, a partir do momento em que uma questão de aluno nos desconcerta, e que respondemos a ela diferentemente, lançamo-nos num processo de pesquisa comum com os alunos que é gratificante.

M.-C. Besniard (creche): É realmente uma abordagem profissional e pessoal que integramos, que temos em nós, e depois, não importa onde vamos, não podemos funcionar de outro jeito.

J.-M. Barbier: Basta ser você mesmo! É uma bela conclusão provisória.

DEBATES COM O (AUDITÓRIO)

Testemunhos de formadoras

G. Ganné (creche): Do ponto de vista dos atores da formação, os profissionais tomam consciência de que as crianças têm competências, de que têm um saber e de que trazem sua contribuição. E em relação à dinâmica da equipe, existe verdadeiramente o desejo de se confrontar para construir. As reuniões se tornam cada vez mais ricas e há uma curiosidade intelectual cada vez mais viva no nível das equipes.

J. Delepierre (creche): As preocupações que temos depois de ter feito uma formação é integrar todo mundo, e a dinâmica de equipe se constrói sobre esse objetivo do "todos": que todos se apropriem do projeto para que, quando as equipes se transformarem, possam continuar o processo. É uma formação muito longa e há um longo tempo de maturação no estabelecimento para integrar a dinâmica. Não é mágico.

M.-H. Chandon (creche): Após a formação do estabelecimento do qual sou responsável, aprendi que podia participar das reuniões de reflexão sobre a formação e me tornar eu mesma formadora. O interessante nessa formação é que, uma vez formados, podemos nos tornar formadores, portanto, compreendemos os desafios e é importante que os dirigentes que se tornam formadores tenham tido primeiramente essa formação. O fato de trocarmos idéias regularmente entre formadores permite enriquecer a formação e seu próprio trabalho de dirigente.

Há risco de competição entre estabelecimentos?

M. Léonard (creche): Creio que estou sonhando um pouco ao ouvir vocês. Será que vocês querem dizer que essas formações sempre dão certo e não se iniciam competições entre estabelecimentos?

M.-H. Chandon (creche): No que se refere às competições entre estabelecimentos, creio que elas desapareçem, em todo caso foi assim em Paris. Vai fazer 15 anos que trabalho lá e, efetivamente, quando duas colegas responsáveis se encontram, agora trocam idéias sobre suas práticas. Elas não se perguntam mais se uma trabalha melhor ou pior que a outra. E eu penso que isso advém dessa formação. Depois, dentro de um estabelecimento formado, no nível das equipes, existem altos e baixos. As equipes mudam, os dirigentes mudam, isso flutua. O importante é que permaneça um estado de espírito. Um estado de espírito de discussão, de trocas sobre as práticas, mesmo que não se esteja inovando o tempo todo.

E os cuidadores de "creches familiares"?

M. Léonard (creche): Vocês fazem com que os cuidadores funcionem como equipes de um estabelecimento?

M.-C. Besniard (creche): A creche familiar está em formação. Nas duas primeiras sessões, foi a equipe de coordenação que veio, depois vieram dois representantes dos cuidadores. Esses são delegados e asseguram reuniões de retransmissão junto aos outros. A grande dificuldade, no início, é que a equipe de coordenação era totalmente a favor, mas hesitava em abordar problemas diante dos cuidadores.

O uso do vídeo

Pelo que entendi, vocês trabalham com vídeo. Quem se encarrega de filmar, alguém de dentro da equipe ou alguém de fora? Como isso foi recebido? Afinal, é difícil ter o olho de uma câmera fixado sobre si mesmo.

B. Oury (ensino fundamental): Ou era alguém da equipe da escola ou alguém da circunscrição que vinha filmar o que estávamos fazendo. É preciso aceitar mostrar aquilo que somos, o que fazemos, quando erramos e quando dá certo. A partir do momento em que aceitamos isso, as coisas acontecem sozinhas.

C. Lézine (ensino fundamental): Somos meio como as crianças: quando você as filma, elas começam a fazer gracinhas, e depois de um certo tempo esquecem e começam a trabalhar. No início, ficamos um pouco tensas.

Quem era filmado? Toda a turma, mais particularmente o adulto, ou particularmente as crianças?

M.-H. Chandon (creche): Qualquer que fosse a pessoa que estivesse filmando – em uma creche era a cozinheira, pois só ela sabia fazer a câmera funcionar – era preciso que houvesse um objetivo no filme. A câmera pega tudo, mas, depois, é o olhar que teremos sobre o filme que vai encorajar a continuar filmando e que atenuará o temor do julgamento. É muito difícil no começo.

A. Cohen (ensino fundamental): A câmera não é obrigatória. Algumas equipes fazem observações manuscritas. O importante é ter um objetivo: entender como as crianças constroem seus saberes em relação à situação proposta. Com lápis e papel, é totalmente possível. É um pouco menos rico que o filme, pois não há envolvimento físico.

C. Royon (Cresas): Com o filme, procuramos captar uma situação dada e, se há uma regra de filmagem, é gravar a situação do início ao fim. Caímos num problema de divisão de tempo. O adulto está dentro como ator, da mesma forma que os outros. Depois, a análise pode tratar apenas de pequenos trechos.

B. Oury (educação infantil): No decorrer do estágio que fiz no ano passado, aceitei ser filmada, aceitei que esse filme fosse mostrado às outras escolas que estavam em estágio conosco. Mas quando a escola de séries iniciais do ensino fundamental me pediu para lhes emprestar o filme, escolhi trechos.

C. Royon (Cresas): A ordem era levar trechos de filmes para discuti-los com as outras equipes. É a equipe quem filma e quem escolhe os momentos que serão apresentados.

CONCLUSÃO

J.-M. Barbier: Para terminar, eu gostaria simplesmente de salientar as homologias entre a maneira como funcionamos e como falamos. Primeiro, vimos que uma mesa-redonda é como um vídeo: no início, ficamos um pouco retraídos e depois ficamos à vontade, e tudo dá certo! E depois, também, houve um fenômeno interessante. É que os testemunhos continuaram na sala. Isso vai no sentido daquilo que observávamos há pouco, isto é, uma igualdade de *status*. As trocas sobre as práticas funcionam a partir do momento em que, por um lado, há uma troca real e, por outro, não há hierarquização entre participantes.

Parte 4

COMO APOIAR, ACOMPANHAR E GUIAR AS EQUIPES EDUCATIVAS?

15
Uma Orientação Interativa para Acompanhar e Coordenar as Ações Educativas nas Creches

*Mira Stambak, Cécile Gueguen, Michèle Monot-Fillet,
Maryline Duguet, Martine Rousseau, Florence Pirard*

INTRODUÇÃO (Mira Stambak)

Desde 1997, várias equipes européias estão conduzindo uma pesquisa sobre a coordenação do trabalho dos profissionais da pequena infância. Coordenado pelo IEDPE, esse trabalho se inscreve no âmbito do programa Leonardo Da Vinci. Ele responde à demanda social que envolve um acolhimento de qualidade para as crianças pequenas. Em Paris, a pesquisa é realizada por quatro pesquisadores do IEDPE e do Cresas, em estreita colaboração com dirigentes da Dases. A participação das coordenadoras da cidade de Paris foi realizada na base do voluntariado. Quatro no primeiro ano, 12 no segundo; todas estão envolvidas atualmente – num total de 22 pessoas – no novo projeto que visa a multiplicar os primeiros resultados obtidos.

Pesquisadores, coordenadores e equipes de campo constroem juntos, com cada vez mais precisão e eficácia, uma estratégia chamada de "acompanhamento formativo das práticas educativas", que consiste em impulsionar, nos estabelecimentos, uma dinâmica de experimentação pedagógica. Não mais centrada na busca de conformidade, a abordagem busca aproximar-se dos estabelecimentos e colaborar com os profissionais de campo; construir uma abordagem pedagógica que favoreça o desenvolvimento harmonioso das crianças; contribuir para as transformações das relações entre todos os parceiros presentes e especialmente entre coordenadoras e profissionais de campo, no sentido de desenvolver uma confiança recíproca.

O conjunto é animado pelos pesquisadores, que se reúnem, em intervalos regulares, com as coordenadoras envolvidas, para analisar e regular a construção de suas novas práticas de orientação e acompanhamento. As coordenadoras, por sua vez, animam grupos de trabalho compostos por representantes de equipes de creches voluntárias para conduzir projetos inovadores. Em conformidade com seu quadro teórico, os pesquisadores recomendaram às coordenadoras formar duplas para co-conduzir os grupos de creches. E nesses grupos, as creches são representadas por três membros da equipe, entre os quais está, obrigatoriamente, a diretora.

As exposições a seguir apresentam os pontos de vista de diferentes parceiros envolvidos nesse dispositivo.

O PONTO DE VISTA DOS DIRIGENTES DA PEQUENA INFÂNCIA EM PARIS (Cécile Gueguen)

Há 30 anos, o acolhimento da pequena infância vem conhecendo uma nítida evolução. Inicialmente organizado para preservar antes de tudo a saúde da criança (período higienista), o acolhimento se orientou para a satisfação das necessidades tanto psíquicas quanto somáticas (período psicológico) e, mais recentemente, para o desenvolvimento de todas as potencialidades das crianças (período pedagógico). A adesão dos dirigentes às finalidades pedagógicas, bem como a demanda dos pais por um acolhimento de qualidade, foram determinantes para engajar-se o procedimento proposto pelo IEDPE no programa Leonardo Da Vinci. Essa proposta chegou em um momento em que a aquisição de métodos para aplicar atividades pedagógicas inovadoras adaptadas às necessidades das crianças e ao seu desenvolvimento havia se tornado necessária para todos os funcionários, inclusive às coordenadoras. A proposta do IEDPE oferecia, de fato, uma formação das coordenadoras para o acompanhamento dos profissionais da pequena infância, com o fim de melhorar o acolhimento das crianças e dos pais nas creches.

Desde 1997, três pesquisas se encadearam: Leonardo 1, Leonardo 2 e Leonardo 3. Esse período é caracterizado pelo interesse, pela continuidade e pela duração.

Leonardo 1: A formação se dirige a quatro coordenadoras e 20 creches voluntárias em três distritos de Paris. O método de auto-avaliação reguladora usado no decorrer da pesquisa revelou-se uma ferramenta e um suporte de diálogo para as coordenadoras e para as equipes em sua estratégia. Esse método também reforçou a profissionalização dos funcionários.

Leonardo 2: Para melhor sustentar a ação empreendida, um "comitê de trocas de idéias e de coordenação" é criado, posicionando a subdiretora e a conselheira técnica, Valérie De Brem, e eu, no cerne dessa ação. Quarenta estabelecimentos e 12 coordenadoras de seis distritos participam dessa fase. A apropriação do método se desenvolve, pesquisadores e funcionários enriquecem seus questionamentos, os projetos se desenvolvem em coerência e harmonia com a direção.

Leonardo 3: Trata-se agora de disseminar. Todas as coordenadoras entram no processo. Dois grupos se instalam. O primeiro trabalha em projetos de ação nos estabelecimentos voluntários, com agrupamentos entre os pesquisadores, as coordenadoras e a conselheira técnica. O segundo efetua uma reflexão sobre a animação de todo o setor de cada coordenadora, ou seja, 20 estabelecimentos, sobre a criação de uma rede no distrito e sobre a instauração de trocas e também com os outros distritos.

Atualmente, constato vários efeitos bastante positivos:
- A qualidade do trabalho das equipes é reforçada: as coordenadoras e os estabelecimentos participantes, sob o comando dos pesquisadores, utilizaram um método comum, a auto-avaliação reguladora. Os resultados obtidos mostram uma grande riqueza e uma diversidade das soluções instaladas. A uniformização, temidas por alguns durante um tempo, não é mais tema de preocupação. O método permite a cada um expressar-se, reforça e simplifica a colaboração, as trocas, e desenvolve a confiança. Assim, favorece a mudança.
- O papel e as práticas das coordenadoras se transformam: uma melhor comunicação entre as coordenadoras, graças ao questionamento e à ausência de concorrência, reforça a sua solidariedade e a constituição de uma equipe mais homogênea. A proximidade entre as equipes e a coordenadora posiciona esta em co-responsabilidade no grupo de trabalho, cada assunto tratado é um avanço na qualidade e ajuda a prevenir desajustes. O papel de apoio e acompanhamento é reforçado e substitui o simples aconselhamento.
- Novas formas de orientação e acompanhamento são institucionalmente reconhecidas: o método permitiu estabelecer uma linguagem comum que vai da seção da creche ao subdiretor de pequena infância da Dases, o que modificou a imagem que os cargos administrativos têm do mundo da creche, de seus funcionários e do conteúdo das ocupações. As coordenadoras fornecem uma supervisão reconhecida como indispensável, regulada e reguladora, que provoca a reflexão sobre as práticas a partir das situações concretas.

Quanto ao futuro, eu o vejo na cooperação, na confiança recíproca e no progresso para todos. É preciso continuar a desenvolver o trabalho em rede. Das três dimensões a saber, saúde, psicologia e pedagogia, a terceira é aquela na qual ainda se deve concentrar o esforço. No passado recente, resistências ainda se manifestaram. Elas vão diminuir à medida que os resultados se forem tornando mais visíveis. A transformação iniciada se desenvolverá por meio da ação comum de todos os estabelecimentos e contribuirá para o desenvolvimento de novas relações entre os atores da pequena infância. Estes esforços participam também da prevenção de desajustes em diferentes áreas.

O PONTO DE VISTA DE UMA COORDENADORA (Michèle Monot-Fillet)

Criado em 1981, o corpo de coordenadoras de creches da cidade de Paris é composto de enfermeiras-puericultoras cujas funções se articulam em torno de três eixos: coordenar, aconselhar e controlar, tendo por objetivo "o acolhimento de qualidade das crianças e dos pais" nas estruturas de pequena infância – creches coletivas, creches familiares, *haltes-garderies**, centros de proteção infantil. A formação-pesquisa "Leonardo" suscitou um grande interesse junto ao nosso grupo de coordenadoras devido ao que ela propõe: um trabalho interestabelecimentos conduzido em grupo pluriprofissional – funcionários de campo e coordenadoras reunidas – centrado em ações educativas concretas organizadas pelas equipes, avaliadas e ajustadas com o apoio do grupo.

De minha parte, responsável por um dos setores de um grande distrito do leste parisiense, colaborei estreitamente com a coordenadora do outro setor. De acordo com o dispositivo da pesquisa, co-animamos dois grupos constituídos, cada um, por quatro estabelecimentos voluntários. Nesses grupos, gastamos o tempo trabalhando apuradamente em ações precisas, em resposta aos problemas concretos levantados pelas equipes. Por exemplo, como evitar as intervenções intempestivas dos pequenos durante algumas atividades minuciosas dos grandes? O trabalho com esses grupos de campo foi facilitado – para não dizer "mastigado"! – no decorrer dos encontros regulares que tivemos com os pesquisadores. Eles nos acompanharam passo a passo nas diferentes etapas a partir de nossas observações, e as discussões ajudavam a encontrar os ajustes necessários da metodologia. A co-animação nos permitiu observar nossas respectivas práticas de animação e o trabalho dos dois grupos. No que se refere às dificuldades, não foi fácil – o que não é novo – conseguir tempo para preparar as reuniões e fazer o balanço delas. Tivemos também dificuldades para encontrar a distância certa, ajustar o nosso papel de aconselhamento, aprendendo a ajudar as equipes a encontrar soluções por si sós ou no grupo de regulação.

Entre os aspectos positivos, salientamos primeiramente o enorme prazer em tratar os temas apaixonantes que envolvem as crianças e a demonstração para as equipes de nossa capacidade de investir com elas num processo de pesquisa sobre as ações educativas. Em seguida, o interesse de valorizar, facilitar a expressão de cada um sem que se tema a crítica e a comparação. Por fim, para nós mesmos, um conhecimento mais aprofundado de cada estabelecimento que nos permite assumir de outro jeito o nosso papel de avaliador. De fato, tal trabalho interativo faz aparecer – e favorece – a progressão, a dinâmi-

---

* N. de T. Creches em que se deixa crianças ocasionalmente e por períodos de tempo variáveis.

ca do trabalho das equipes, e nos afasta do perigo dos julgamentos apressados feitos a partir de situações "fotografadas", percebidas como estados estáticos. Por outro lado, gastamos o tempo refletindo sobre situações de bloqueio encontradas com freqüência em nossa função, mas nem sempre analisadas até o fim, que envolvem as "resistências" dos funcionários. Graças aos relatos e à discussão entre nós, pudemos esclarecer alguns casos e retomar uma iniciativa de explicação junto aos interessados.

Para terminar, eu gostaria de lembrar os efeitos positivos sentidos no âmbito do serviço da pequena infância. As coordenadoras que "embarcaram" na pesquisa apreciaram as trocas que fizeram entre si e nos grupos de regulação com os pesquisadores, especialmente em suas práticas de supervisão. Isso influenciou positivamente a qualidade das trocas em suas reuniões institucionais semanais e reequilibrou o peso do trabalho administrativo, que é necessário, mas facilmente invasivo. Os tomadores de decisão manifestaram um grande interesse pela pesquisa e participaram dela diretamente. Isso permitiu momentos comuns em que cada um, de sua posição, pôde ouvir os outros se expressarem em torno de ações concretas organizadas nos estabelecimentos. Tal comunicação facilita as trocas em outros âmbitos e permite, pelo menos assim espero, ajustar melhor a reflexão sobre os meios a nossos objetivos educativos.

O PONTO DE VISTA DE DUAS EQUIPES DE CRECHES (Maryline Duguet e Martine Rousseau)

Nossas duas equipes foram integradas na formação-pesquisa do IEDPE com seus projetos de organização de oficinas abertas a partir de propostas de nossas coordenadoras. Na creche Santos-Dumont, o projeto recebeu a adesão de toda a equipe, pois trazia uma resposta concreta a problemas de organização. Foi rapidamente julgado muito satisfatório devido ao benefício que as crianças tiravam dele.

Como se organiza um projeto?

Tomemos como exemplo o projeto de uma de nossas duas creches, cujo plano de ação se apresenta assim:
QUEM? As duas seções mais populosas e diversificadas, 34 crianças de dois a três anos, quatro auxiliares e duas educadoras da creche.
QUANDO? Todas as quintas-feiras, das 10h às 11h15min.
ONDE e O QUÊ? Quatro lugares organizados para quatro atividades diferentes: psicomotricidade fina, psicomotricidade, manipulação, piscina ou brincadeiras aquáticas ou pintura.

COMO? Livre circulação das crianças, adultos posicionados em um lugar fixo, assumindo, especialmente, a função da recepção das famílias e das crianças, e a observação conforme um objetivo definido em equipe.

A primeira reunião definiu as ações e previu a informação aos pais. Depois, nas reuniões semanais, a equipe fez a síntese das ações, redefiniu os papéis de cada um, definiu o objetivo da observação: uma oficina, a circulação das crianças, uma criança, etc. Ferramentas foram elaboradas: uma ficha de observação para preencher em cada oficina e um caderno de observações com o tema escolhido. Reuniões de regulação intercreches com as coordenadoras ocorreram a cada quatro ou seis semanas.

As contribuições da iniciativa

A iniciativa permitiu primeiramente a uma das equipes, que estava em construção, atualizar muito rapidamente o seu desejo de trabalho em comum. No decorrer do trabalho, as equipes adquiriram um método de trabalho adaptado ao estabelecimento, respeitando o projeto escolhido pela creche e válido para outros projetos, que se baseia em ações analisadas em equipe, sendo que cada síntese termina no reajustamento das ações. As reuniões de síntese na creche e intercreches fornecem um ambiente de trabalho estimulante. Deste modo, as equipes são levadas a compartilhar uma reflexão, um trabalho em torno da criança e, em certos casos, a superar problemas de comunicação interna. Elas são levadas também a utilizar ferramentas como a observação das crianças, a avaliação e o reajustamento das ações junto às crianças. Da mesma forma, foi preciso aprender a fazer uma síntese, a falar e a escutar num grupo.

Em um outro plano, participar de um programa coletivo europeu foi valioso para as equipes e trouxe uma abertura. O trabalho intercreches permite integrar-se nos setores, conhecer outras equipes, constatar que os mesmos problemas existem em todo lugar e oferecer um apoio à reflexão no seio das outras equipes. Pela variedade dos projetos trabalhados e pelos diversos pontos de vista que são expressados, a visão do trabalho em creche se transforma. Dentro dos estabelecimentos, todos os funcionários se envolvem, mesmo que nem todos estejam mobilizados no início. Valiosa também foi a dimensão pedagógica que essa experiência acrescentou, ao lado do cuidado, ao trabalho em creche. Por outro lado, a abordagem traz um plano, induz a um distanciamento e um senso crítico que permitem analisar outros projetos de maneira positiva.

No que diz respeito à coordenadora, a equipe aprende a conhecê-la e a percebê-la de outro modo, diferente de quando ela intervém em relação a um problema de crianças, de funcionários, de trabalhos: a equipe passa a considerar a posição pedagógica da coordenadora e o seu papel de pessoa competente, externa à creche, que ajuda na análise das práticas. A coordenadora, por sua vez, passa a conhecer melhor o trabalho no seio do estabelecimento, agindo junto à equipe num papel de apoio, de reconhecimento e de valorização de uma abordagem profissional de reflexão, e não como "inspetora".

Conclusão

Este processo de pesquisa-ação é muito interessante para as equipes de creche, pois a dimensão pedagógica é afirmada, e o trabalho baseado na reflexão é mais valorizado e menos rotineiro; no entanto, ele não deixa de apresentar dificuldades. Assim, necessita de uma vontade comum de toda a equipe, mesmo dos funcionários que não participam diretamente das ações. Além disso, é preciso encontrar meios para associar os agentes. Quando conseguimos isso, adquirimos uma capacidade coletiva de mudar a organização do trabalho. O processo se choca também em certos momentos com a falta de pessoal, que pode impedir a organização de uma reunião de síntese ou a participação em uma reunião externa. Aprendemos, contudo, a relativizar a gravidade desse tipo de problema. Em um outro plano, mais profundo, este processo induz a cada um a redefinições, às vezes difíceis, de seu próprio trabalho. Por fim, para sustentar-se, o processo necessita que a diretora mantenha a mobilização da equipe e garanta a durabilidade do projeto.

O ACOMPANHAMENTO DAS PRÁTICAS EDUCATIVAS: UMA QUESTÃO TRANSVERSAL (F. Pirard)

Perguntar-se sobre "como apoiar, acompanhar e guiar as equipes educativas" suscita de imediato várias questões: qual estratégia pedagógica adotar para mobilizar todas as crianças nas aprendizagens? Como trabalhar entre adultos? Como formar para transformar as práticas pedagógicas?

O acompanhamento das práticas educativas e suas metas transformadoras

A questão do acompanhamento das equipes educativas aparece simultaneamente como a conclusão de um trabalho de pesquisa-ação iniciado há 30 anos no Cresas e como um novo ponto de partida baseado na forte hipótese que Jean-Marie Barbier (Barbier, 1998) formula em termos de "transformação conjunta das ações" (o que definiríamos aqui como "das práticas educativas") e "dos atores" (pelo menos, o pessoal dos estabelecimentos, inclusive a direção, as coordenadoras, as pesquisadoras-formadoras) em sua relação com as crianças, com as famílias e com os tomadores de decisões. Como observou Mira Stambak,[1] ultrapassamos o campo estritamente pedagógico e entramos no sociopolítico.

Trata-se aqui do desenvolvimento de competências individuais e, ao mesmo tempo, coletivas num processo, desenvolvido ao longo do tempo, alternando os tempos de ação e reflexão na ação, reforçando sem dúvida uma reflexão na ação. É a partir da análise das práticas que os saberes se mobilizam e se constroem. A avaliação é parte integrante do processo de acompanhamento, pelos ajustes que permite identificar e validar em função de critérios, apenas parcialmente predefinidos e cada vez mais bem-compartilhados. Tal dispositivo oferece elementos de resposta às questões de nova profissionalização dos coordenadores dos meios de acolhimento da pequena infância, das quais dá conta a enquete realizada por Sylvie Rayna e Olga Baudelot.[2] Situamos o acompanhamento no cerne do dispositivo cujos desafios de profissionalização são educativos para as crianças e, ao mesmo tempo, formadores para todas as partes. Seja ele definido em referência à conduta que privilegia – como "regulador" – ou à sua função primeira – "formadora" –, esse acompanhamento apresenta características que ultrapassam o seu sentido etimológico principal: "seguir alguém onde ele estiver indo".

O acompanhamento das práticas educativas e os desafios da qualidade de acolhimento

Por meio das exposições que foram feitas, podemos perceber como o acompanhamento está ligado a uma certa concepção da qualidade de acolhimento. Vários interventores expressaram os temores iniciais de uma uniformização das práticas. Revela-se, ao contrário, que o envolvimento de equipes numa iniciativa de acompanhamento comum combina com uma certa diversidade de abordagens, ao mesmo tempo em que evita os fatores de disparidade. Mira Stambak situa nossa abordagem como uma alternativa a um controle baseado na conformidade à norma. Ela se opõe às lógicas comparativas que situariam a qualidade dos estabelecimentos em relação a uma norma de excelência. Privilegia a análise das práticas educativas e a sua compreensão em seu contexto.

Claramente, o acompanhamento destaca uma qualidade que se constrói a partir da análise das práticas educativas, lembrando com Monica Gather-Turler (Gather-Turler, 1994) que qualidade não se impõe. A ênfase maior é dada sobre um processo, sempre singular e nunca completado, mais do que sobre o produto, o resultado, apreendido em um dado momento da trajetória, o que Michèle Monot-Fillet

---

[1] Ver, anteriormente, na Introdução da obra, Capítulo 3.
[2] Ver, anteriormente, Parte 2, Capítulo 8.

traduz pela imagem da fotografia instantânea. Os testemunhos das equipes nos mostram como essa construção coletiva necessita de condições de diversas naturezas – material, espaço, pessoal. Uma qualidade efetiva de acolhimento não é dissociável das condições organizadas a seu serviço. Os relatos salientam também a importância que esse acompanhamento tem para a trajetória de cada equipe, ao mesmo tempo catalisador, mobilizador e fonte de desenvolvimento de uma linguagem comum indicadora, sem dúvida, de uma nova identidade coletiva.

Impulsionar e Sustentar o Trabalho em Equipe nas Escolas: a Prática de uma Equipe de Circunscrição   16

*Christian Billères, Laurence De Cecco,
Micheline Dumortier, Jean-Luc Duret, Brigitte Belmont*

O PONTO DE VISTA DO INSPETOR (Christian Billères)

Como inspetor responsável por uma circunscrição, parti da constatação de que a experiência dos professores não é objeto de nenhum sistema de acúmulo de "pontos" ou de redes de trocas. Ao mesmo tempo, várias reformas ou propostas de trabalho são decretadas pelo alto escalão, sem procedimentos de experimentação, nem de formação ou de trocas com aqueles que deverão aplicá-las. O que é uma circunscrição? A minha, por exemplo, são 35 escolas repartidas em duas comunidades, ou seja, 350 professores e seis a sete mil crianças. A equipe de circunscrição é composta de seis pessoas: duas conselheiras pedagógicas, uma coordenadora de rede de educação prioritária, uma secretária da CCPE,[1] uma secretária administrativa e um inspetor, responsável pelo conjunto. Todo especialista de organização do trabalho poderia se perguntar como tal sistema funciona. Do modo como está, a estrutura induz ao hierárquico, ao vertical, à dualidade dirigente/executor.

A equipe de circunscrição deve fazer escolhas. Ela pode permanecer numa lógica descendente, repassando as injunções vindas do alto escalão na direção da base, impelindo-as à execução, com uma linguagem falsa e reunindo "documentos falsos". Ou pode centrar-se nas escolas e nas práticas que estão em vigor. Afinal, a verdadeira instância de decisão é, basicamente, a escola e o seu coletivo docente, sejam suas escolhas explicitadas ou não. Constituído ou não em equipe, cada coletivo de escola faz escolhas, adota orientações, assegura ou não continuidades. Cada professor é responsável pela escolaridade dos alu-

---
[1] Commission de Circonscription Préscolaire et Élémentaire [Comissão de Circunscrição Pré-escolar e Elementar].

nos, muito além de seu grupo-classe anual. Devemos passar da idéia da responsabilidade e da polivalência do mestre àquela da responsabilidade e da polivalência da equipe de mestres. É assim que acontece, aliás, para os alunos e seus familiares que consideram os adultos de uma mesma escola como sendo solidários. As escolas de uma mesma cidade também o são, sem falar das circunscrições de um mesmo departamento. Por isso, há a importância de criar e fazer viver estruturas, tais como grupos de trabalho de diretores, equipes intercategoriais, redes interescolas, etc., instâncias atualmente raras.

O encontro com o movimento das trocas de saberes recíprocas de Claire Heber-Suffrin

O dispositivo "Rede de Escolas" é a modalidade de trabalho proposta às escolas por nossa equipe de circunscrição. Foi inspirada na experiência das trocas de saberes instaladas nos bairros por Claire Heber-Suffrin (Heber-Suffrin, 1998)*. Aos poucos, em três anos, uma oferta e uma demanda envolvendo as práticas pedagógicas foram emitidas por cada coletividade escolar no que diz respeito aos princípios de "paridade" e "reciprocidade" – não podemos ser apenas solicitadores –; encontros puderam ser organizados, "notas de rede" publicadas, reunindo e divulgando as ofertas e as demandas das 35 escolas.

Em nossa equipe, discutimos muito as modalidades de organização das trocas: como ajustar ofertas e demandas bastante diversas, ajustar as trocas, favorecer a abertura de equipes isoladas, evitar os efeitos provocados pela "imagem" que cada escola tem para as outras e pela concorrência, articular a ação com a formação contínua, registrar traços dos conteúdos das trocas. Procuramos também um espaço para o pequeno número de escolas, aproximadamente 10%, que não entram nesse funcionamento e cujos alunos não esquecemos. Posicionamos no centro do dispositivo uma atividade muito formadora, chamada "fazer e dizer". São os ofertantes que se beneficiaram mais de sua participação, pois são sobretudo as ofertas que desencadearam a formalização das ações e a estruturação das coletividades, dos projetos. Também se afirmou o interesse das "triangulações", encontros entre três equipes que facilitam e enriquecem as trocas.

Evidentemente, essas modalidades de trabalho requerem coerência e disponibilidade de toda a equipe de circunscrição, pois desencadeiam novas necessidades às quais se deve responder de maneira inovadora. Por exemplo, auxílios à preparação de exames profissionais (CAFIMF[2]), novas modalidades de inspeção

---

* N. de R. T. Heber-Suffin defende a prática da idéia de que, em uma comunidade, cada pessoa – mesmo o estrangeiro ou o desempregado – "tem coisas para ensinar" e "coisas que quer aprender", o que leva ao desenvolvimento de redes extra-escolares de ensino-aprendizagem recíproco.
[2] Certificat d'Aptitude aux Fonctions d'Instituteur-Maître-Formateur [Certificado de Aptidão às Funções de Instrutor-Mestre-Formador].

por ciclos ou por escolas, participação nos conselhos de mestres, estruturação de grupos de trabalho. Em formação contínua, uma vez que os estágios de escolas não podem se multiplicar, foi experimentada uma organização em rede, com delegados de várias escolas participando de um mesmo estágio. Na educação infantil, estágios intercategoriais foram instalados. A formação organizada com o Cresas exigiu a modificação dos hábitos de candidaturas aos estágios, já que, institucionalmente, as candidaturas departamentais são individuais e classificadas por tabulação.

Evoluções

Ao longo do caminho, alguns elementos constituíram pontos de apoio ou de progresso importantes. Por exemplo, a decisão de organizar um fórum anual no âmbito de toda a circunscrição, que permitiu a cada escola apresentar sob forma de cartazes os seus eixos de trabalho, suas ofertas e suas demandas, suas produções. Esses encontros também permitem multiplicar o trabalho realizado sobre um objeto. Por exemplo, exposição de todos os jornais escolares, divulgação de todos os livretos de ciclos em uso na circunscrição, apresentação da experiência dos estágios de leitura ou, ainda, divulgação da intervenção em vídeo de um conferencista (Bernard Defrance).

Outro ponto de apoio importante foi a demanda, que se expressou pouco a pouco, de ultrapassar apenas as trocas de práticas para abrir "terrenos" para a experimentação de novas práticas, talvez em forma de pesquisa-ação. Esse ponto coloca novamente a questão das dificuldades e dos limites encontrados pela equipe de circunscrição para acompanhar 35 escolas. A recente experiência das oficinas profissionais conduzida com o IUFM constitui, nesse ponto, uma ajuda conclusiva.

Destacamos mais um ponto de apoio: os "encontros-etapas", instituídos entre equipes de escolas e a equipe de circunscrição, que constituem, após um começo difícil, uma estrutura de trabalho para elaborar os projetos em curso ou para renovar os projetos trienais das escolas.

Por fim, alguns colegas – ainda raros, é verdade – tomaram o modelo de troca de saberes instalado entre as escolas para experimentá-lo em aula entre seus alunos.

Observação final

Uma ligação cada vez mais evidente aparece entre a transformação das práticas pedagógicas dirigidas aos alunos e a transformação das lógicas de ação que regem as coletividades de adultos das escolas. Poderíamos dizer que é inútil criar um conselho de alunos numa escola cujo conselho de mestres ainda não está instituído, constituído em coletividade de reflexão. E que valor pode ter uma educação para a cidadania quando os adultos da escola não procuram os meios de uma organização profissional cidadã? De que vale, por exemplo, uma reunião de diretores da circunscrição, se estes forem portadores apenas de suas posições pessoais? As questões de equipes de escolas parecem provocar as discussões das questões da cidadania, da democracia. Tais desafios encontram sua origem na urgência que é instalada na educação, progressivamente, pela suave barbárie da abordagem comercial e da linguagem empresarial.

ARTICULAR COORDENAÇÃO E FORMAÇÃO
(Laurence De Cecco e Micheline Dumortier)

Como conselheiras pedagógicas, interviemos como "formadoras de campo" na circunscrição da qual Christian Billères é responsável. Em nossa equipe, há a segurança da palavra, a opinião de cada um é levada em conta. Partilhamos as mesmas opiniões preconcebidas fundamentais: o direito à escola para todas as crianças e a convicção da educabilidade de todos. Dessa posição filosófica, que recusa o fatalismo social ou cultural, depende a qualidade dos dispositivos e das ações de formação trabalhados.

O dispositivo das redes de trocas de saberes entre escolas, em ligação estreita com os projetos dos estabelecimentos, nasceu da vontade de se dirigir às 35 equipes de escola mais do que aos 360 indivíduos que ensinavam na circunscrição. Impulsionar tal iniciativa é primeiramente um trabalho de construção de equipe, entre a circunscrição e as escolas, entre as próprias escolas. Para que as trocas se organizassem, foi preciso que se instaurasse um novo olhar entre as escolas e se rompesse o isolamento. Na qualidade de equipe de circunscrição, tivemos de convencer as equipes da necessidade de estabelecer projetos verdadeiros, que não fossem meros "projetos-vitrines", e fazê-las compreender que não havia "projetos pequenos" ou projetos "não muito acabados" que deveriam ser mostrados.

O fórum anual é um bom revelador destas opções. Ele fornece a cada equipe a oportunidade de dizer, sem medo, com sinceridade de propósito, com toda confiança e tranqüilidade, o que se passa realmente na escola, fazer a análise sobre a reflexão iniciada, formalizar suas aquisições. Para as equipes que desejam se envolver mais, é a oportunidade de se lançar numa dinâmica de troca e de confrontação sobre os caminhos da aprendizagem e sobre as condições que favorecem o envolvimento de todas as crianças nas aprendizagens, a partir de experiências pedagógicas concretas.

Nosso papel de conselheiras pedagógicas de circunscrição

Estamos nos esforçando para que o nosso papel e o nosso estatuto sejam claramente definidos. Como mediadores-atores, ajudamos a esclarecer com as equipes de escola a estratégia compartilhada na equipe de circunscrição e a difundir o que se passa nas escolas da circunscrição. Queremos ser vistas pelos colegas não como seguidoras hierárquicas do inspetor, mas como forças de apoio, de acompanhamento, de ajuda e de escuta. Para isso, aplicamo-nos principalmente em ajudar a fazer evoluir o projeto ligado à realidade da escola, ela própria ancorada na realidade do bairro. Esforçamo-nos em trazer uma ajuda metodológica e ferramentas, para facilitar um trabalho direcionado mais para as estratégias, os procedimentos ou o modo de se relacionar.

Para os iniciantes, que freqüentemente se sentem muito inseguros, impulsionamos um trabalho em rede com a mesma natureza. Enfim, em colaboração com professores do IUFM, participamos ativamente do acolhimento de estagiários em formação inicial em "oficinas profissionais" organizadas nas escolas. Cuidamos para que todos os atores se beneficiem – professores, estagiários, alunos, formadores.

Para avançar nesses diferentes terrenos, necessitamos de abertura, de contatos com outros interventores, com outras experiências, que nos dêem inspiração e outros esclarecimentos. Essas regulações externas encontram lugar em nossa estratégia de equipe: encontros regulares com Claire Heber-Suffrin, intervenções de Bernard Defrance, parcerias com professores do IUFM e colaboração com o Cresas.

Colaboração com o Cresas

Nosso primeiro encontro com o Cresas foi importante. Duas de suas pesquisadoras[3] nos "acompanharam" durante dois anos no início da instalação das redes. Essa colaboração ajudou-nos particularmente a encontrar soluções para passar de uma dinâmica de trocas a uma reflexão sobre as práticas. Na seqüência, nossas relações com o Cresas estreitaram-se com a implantação, em nossa circunscrição, da formação em pedagogia interativa, que duas outras pesquisadoras[4] haviam proposto. Essa implantação[5] permitiu articular o trabalho de circunscrição, formação inicial e formação contínua. Propusemos que essa formação fosse dirigida a professores dos ciclos 1 e 2, para que trocas entre educação infantil-ensino fundamental se desenvolvessem para os adultos e para as crianças.

---
[3] Brigitte Belmont e Françoise Platone.
[4] Marianne Hardy e Christiane Royon.
[5] Realizada graças à Marie-Claire Lejosne, professora do IUFM de Créteil (ver, anteriormente, Parte 3, Capítulo 12).

O nosso engajamento nessa formação, cujo dispositivo prevê três sessões com períodos de recesso, foi um investimento pesado para a equipe de circunscrição. Isso nos exigiu uma mobilização e um gasto de energia significativas, que correspondiam a uma escolha prioritária. Nossa participação nas diferentes sessões se inscreveu no prolongamento do lugar e do papel que assumíamos nas reuniões das redes.

Na preparação do estágio, rompendo com o funcionamento institucional habitual, propusemos às equipes de escolas escolher delegados para participarem da formação e garantir a ligação escola-estágio. Durante as sessões, éramos estagiários em tempo integral. Entre as sessões, asseguramos o acompanhamento para auxiliar nas experimentações nos campos. Ajudamos principalmente a organizar reuniões curtas, mas regulares, para analisar as ações, projetar sua continuação, manter um "diário de bordo" da experimentação. Por meio de nossas intervenções, aplicamo-nos em enriquecer o questionamento e reforçar uma atitude de pesquisa coletiva. O uso do vídeo, para observar melhor as estratégias de aprendizagem dos alunos, permitiu-nos avançar na análise com os colegas sobre as práticas de aula. Por fim, garantimos o vínculo entre as ações realizadas nas diferentes escolas envolvidas no estágio.

Passamos por dificuldades nas reuniões de regulação, especialmente para fazer a palavra circular, o que não é fácil quando persistem idéias como: "você sabe, eu não sei...", "não sou especialista em..." ou "o que eu faço não é nada". Dificuldades idênticas às que aparecem a respeito do papel do adulto nas situações experimentadas nas turmas.

Os benefícios da formação no Cresas

Os primeiros efeitos se manifestaram durante as sessões, por meio do tipo de perguntas feitas pelos participantes, que provavam que tinham entrado na abordagem: será que todas as crianças se aplicam ao mesmo tempo numa atividade? E todas da mesma maneira? A organização material é determinante? Não haveria demasiado peso na verbalização mais do que na ação? Não haveria discrepância entre as intervenções dos adultos e as preocupações das crianças? Como tirar partido das ações das crianças?

Da mesma forma, por meio de constatações baseadas na análise das experiências vividas: "É importante que sejamos vários adultos para procurar pistas"; "A verbalização é mais fácil para as crianças quando está misturada à ação". "Intervenções aparentemente mínimas do adulto podem ter grandes repercussões."; "Pelo contrário, as instruções explícitas podem ter apenas poucos efeitos"; "O funcionamento de grupos heterogêneos é favorecido se a atividade estiver num domínio novo para todos e se houver uma experimentação possível"; "A multiidade permitiu motivarmo-nos juntos, educação infantil e ensino fundamental, numa atividade comum, e levou ao intercâmbio de práticas".

Um outro efeito do estágio é medido pela leitura dos cartazes do fórum. Eles atestam o número crescente de experiências realizadas nas escolas, tendo como eixo prioritário a contribuição das interações entre crianças de idades diferentes, quando trabalham, em pequenos grupos, em situações diversas. Atestam também a multiplicação das iniciativas de observação das situações pedagógicas com o objetivo de entender, com distanciamento, as estratégias de aprendizagem dos alunos e as célebres interações que acontecem.

A contribuição dessa abordagem se insere também em nossa prática de formadoras, em nossas diferentes funções, por exemplo, quando observamos ou aconselhamos em conversas com estudantes estagiários. Nossos conselhos agora estão centrados nos efeitos mobilizadores das situações propostas às crianças, ao passo que antes se focalizavam mais na configuração, na programação e no conteúdo disciplinar. Nossa atenção se concentra mais nas interações com vistas a compreender os efeitos das contribuições entre nossos parceiros e não deixamos de fazer com que o estagiário também se interesse por isso.

Nosso esforço agora consiste em ajudar a inscrever as ações iniciadas durante os estágios na vida e nos projetos das escolas, a fazer com que as situações interativas ganhem vida na escola e sejam compartilhadas. Nosso esforço trata também da difusão da abordagem em nossa circunscrição, o que supõe que encontremos apoios entre os colegas. Por fim, e sobretudo, devemos prosseguir continuamente com o acompanhamento das equipes. Não, isso de fato não funciona com um simples "toque de varinha mágica": é cooperando com os colegas, construindo etapa por etapa e coletivamente, ao longo do tempo, que poderemos avançar.

SÍNTESE DA DISCUSSÃO (Brigitte Belmont)

A discussão permitiu ressaltar que o tipo de abordagem exposta pelos interventores permite a atualização das potencialidades de ação e reflexão que existem em todas as escolas. Uma das condições fundamentais para conseguir isso é provocar uma atitude cidadã e democrática da escola. Como disse Christian Billères, "quando o conselho dos mestres não é um lugar claramente instituído para modalidades de trocas, de discussão e de decisão construídas, não conseguimos chegar lá". Nessa ótica, o papel do acompanhamento das equipes parece novamente muito importante e pistas são indicadas para encontrar os meios desse acompanhamento. É salientada igualmente a necessidade, para uma circunscrição, de levar em consideração todas as escolas, sem escolher entre aquelas que "funcionam bem" e aquelas "onde as coisas funcionam menos bem". É possível, de fato, servir-se das primeiras para levar às segundas: "acontece tudo junto, trabalhar e promover relações entre as equipes que funcionam bem para fertilizar aquelas nas quais as coisas funcionam menos bem" (L. De Cecco).

Jean-Luc Duret, debatedor, levanta a questão da dupla função institucional do inspetor, "animador-formador", mas também "fiador da instituição", "obrigado a validar ou invalidar certas situações". Para Christian Billères, se quisermos desenvolver uma abordagem positiva nas escolas, precisamos saber negociar as modalidades institucionais, as injunções sucessivas, os prazos precipitados. Os professores se vêem assim reconhecidos como interlocutores e não apenas como executores de diretivas. O inspetor pode então levar "algumas pancadas". Mas a estrita aplicação, hierarquizada e vertical, dos textos oficiais quase não dá resultados. A posição cidadã é de se situar claramente em relação a esses textos, e não de decidir tudo com antecedência para atores que se tornam simples executores.

A Valorização das Inovações Pedagógicas na Academia de Paris 17

*Annie Christophe, Marie-Anne Hugon, Maryse Le Moël,
Myriam Honnorat, Catherine Manciaux, Geneviève Wendling*

DISPOSITIVO E MODALIDADES DE ACOMPANHAMENTO (Annie Christophe)

Existe há cinco anos, em cada academia, um dispositivo de valorização das inovações pedagógicas, instalado sob responsabilidade do reitor. A sua existência se baseia num princípio muito simples: na educação infantil, no ensino fundamental e no ensino médio, equipes pedagógicas inventam no dia-a-dia respostas novas para fazer, cada vez mais, com que os alunos tenham êxito. Esse dispositivo existe, muitas vezes, em resposta às dificuldades que as equipes encontram. Essas iniciativas permanecem confidenciais, sem que as contribuições e avanços sejam conhecidos e utilizados por outros. É por isso que o Ministério da Educação Nacional decidiu apoiar essas inovações pedagógicas e educativas e facilitar a sua difusão para outras equipes e outros estabelecimentos.

O dispositivo acadêmico que eu animo tem por missões identificar, no âmbito de programas de inovações, iniciativas interessantes que foram tomadas por equipes; contratar equipes voluntárias que estejam de acordo para analisar sua ação, descrevê-la e escrevê-la para outras equipes; favorecer as trocas entre parceiros e divulgar as ações inovadoras. No quadro dessa conduta contratual, a academia se compromete em pagar os professores por seu trabalho de reflexão sobre suas práticas e instala um acompanhamento para cada uma dessas equipes. Atualmente, 30 equipes estão sendo acompanhadas.

Trata-se de um acompanhamento de estilo novo para o Ministério da Educação Nacional, que instalou o dispositivo. O acompanhador é alguém neutro, que tem uma boa disposição em relação à ação desenvolvida pela equipe. Ele não intervém na ação. Seu papel é ajudar a equipe a distanciar-se em relação à sua prática profissional e permitir a análise dessa prática em equipe, para que ela possa depois prestar contas de sua experiência. O acompanhador não tem nenhum poder institucional sobre a equipe acompanhada: as relações entre o acompanhador e a equipe estão fora da hierarquia, os acompanhadores não exercem nenhuma função de inspeção, nem de avaliação.

Quem são, pois, esses acompanhadores no dispositivo parisiense? São atores de escola, que ocupam funções variadas e que aceitaram acompanhar uma equipe em inovação: pesquisadores do INRP-Cresas, universitários, formadores e dirigentes de formação no IUFM, inspetores, dirigentes de missões acadêmicas ou, ainda, professores que são antigos "acompanhados". Portanto, o dispositivo parisiense tem uma grande diversidade de origens e de competências. Um ponto comum, contudo, liga esses acompanhadores: eles estão na interface entre vários círculos da educação – os círculos da formação, dos estabelecimentos, da pesquisa – e têm a experiência da passagem de um mundo ao outro. São pessoas que podem se descentrar de sua função para se interessar, de fora – mas em profundidade –, por uma experiência desconhecida.

A academia de Paris fez a escolha de acompanhar cada equipe contratada pelo dispositivo. Poderíamos pensar que essa disposição imposta às equipes pudesse por vezes ser mal-recebida. De minha parte, e conforme as respostas que tenho por meio das equipes, nesses até agora quatro anos, é uma experiência em grande parte apreciada, pois o acompanhamento, tal como o descrevi, permite primeiramente à equipe sair de seu isolamento. Em seguida, se o acompanhamento não é uma formação no sentido estrito da palavra, será que não podemos considerar essencialmente formador para um professor o questionamento sobre sua prática e sua formalização por outros colegas?

AS RAZÕES DE UMA ACOMPANHADORA (Marie-Anne Hugon)

Parece-me que três perguntas podem ser feitas aos acompanhadores: quais são as razões que os levaram a acompanhar uma equipe inovadora neste dispositivo? Qual é a forma e a função de seu acompanhamento? Sobre quais elementos acham que devem agir na qualidade de acompanhadores? Por falta de espaço, responderei apenas à primeira pergunta.

As razões que me estimularam a me envolver no dispositivo como acompanhadora são diversas. A primeira é de ordem ética e política. Se desejamos contribuir para a transformação das práticas dos professores e ir em direção a uma evolução do sistema educativo, em especial no nível do ensino médio, é necessário nos envolvermos nos estabelecimentos e acompanhar equipes que resolveram acelerar o passo. Afinal, corremos riscos: lançar-nos em práticas pedagógicas inovadoras pode nos colocar em situação instável em relação ao meio profissional ao qual pertencemos e é difícil, sem um terceiro do lado de fora, analisar nossa prática e regulá-la.

Minha segunda razão é que o acompanhamento é uma ferramenta tão interessante quanto os dispositivos de pesquisas-ações ou de formação dos quais participo. Os princípios, aplicados nessas pesquisas-ações e nessas formações-ações, também estão presentes nos acompanhamentos: isto é, a auto-avaliação contínua a partir da troca e da coletivização das práticas. As diferenças tratam apenas das questões de escala, de intensidade e de tempo. O acompanhamento também me interessou pela idéia de rede, que está muito presente no dispositivo. Desde o começo, é apresentada a preocupação de se relacionar com as outras equipes que trabalham sobre o mesmo tema e com outros lugares onde as coisas da educação são pensadas. Como disse Annie Christophe, geralmente os acompanhadores são pessoas que passam de um mundo a outro, por exemplo do mundo da pesquisa ao mundo da escola, ou do mundo da escola ao mundo da formação. Os acompanhadores circulam em todos os cantos do sistema educativo. Concretizam junto às equipes a idéia de entrar em contato com outros campos, ou com outras pessoas, para situar-se em outros espaços do sistema educativo.

Minha última razão é uma pesquisa internacional lançada pelo Cresas para comparar diferentes formas de acompanhamento na França, em Portugal e nos Países Baixos.[1] Ora, a melhor maneira de estudar as coisas é participar delas. O trabalho que estou fazendo no dispositivo "inovação-valorização dos êxitos" contribuirá para esta pesquisa.

A EXPERIÊNCIA DE UMA ACOMPANHADORA (Maryse Le Moël)

Quais razões me levaram a ser acompanhadora no dispositivo acadêmico de valorização das inovações de Paris? Como primeira resposta que me vem à mente, eu diria que não são razões, mas, antes, impulsos que me guiaram. Um dos ímpetos de meu engajamento vem de minha experiência pessoal. Fui professora de ensino médio profissionalizante por 14 anos em vários bairros difíceis do subúrbio parisiense. Lá, conheci as condições vividas pelas escolas de hoje. Era preciso inovar para sobreviver ao dia-a-dia, criar um futuro para os alunos e para si mesmo. Trabalhamos muito em equipes, mas, com o passar do tempo, fomos todos embora, fazer nossas carreiras em outro lugar, com a frustação de estarmos esgotados e de sermos ignorados. Nossas idéias e experimentações, com fracassos e sucessos, pareciam não ter nenhuma utilidade para a instituição. Guardo desse período uma convicção: a necessidade imperativa de reconhecer as inovações dos professores, valorizá-las, divulgá-

---

[1] "Formar e acompanhar equipes educativas em transformação. Abordagens interacionistas em três países europeus" (M.-A. Hugon e F. Platone, responsáveis).

las, torná-las úteis aos outros. A frustração daquela época se transformou em motor de minha estratégia de acompanhamento das equipes pedagógicas, na busca de soluções para os problemas educativos. Na qualidade de inspetora, hoje, posso, como elo da instituição, participar ativamente do reconhecimento do valor do trabalho das equipes. Posso agir para difundir as idéias e as práticas inovadoras. A questão da transferência das experiências, todavia, não está resolvida. Tentamos identificar seus elementos e, num primeiro momento, decidimos favorecê-los todos. É um dos temas de pesquisa dos próprios acompanhadores. Como diz Marie-Anne Hugon, consideramos de imediato que cada equipe deve ser colocada na rede com outras para iniciar processos de trocas, sendo o acompanhador o portador e o facilitador dessas relações. O segundo impulso me foi dado pelos alunos. Todos podem constatar que os alunos com mais dificuldade escolar nunca são ignorantes de outros saberes. Porém, por serem outros, esses saberes jamais são valorizados no curso normal da escolaridade. Somente os professores que se afastam dos caminhos usuais podem sair em busca das potencialidades desses jovens, para fazer com que tenham sucesso. Há nessas condutas descobertas a serem conhecidas para além das paredes da sala de aula. Mais globalmente, meu investimento na aventura se deve essencialmente a alguns princípios pessoais, de ordem filosófica. Penso que a mediação é um processo necessário de facilitação das relações humanas, que a regulação é indispensável à vida da democracia e que favorecer o acesso à autonomia é um ato educativo fundamental.

Qual é meu posicionamento durante o acompanhamento? Esta é outra questão sobre a qual eu tive de refletir. Pela minha posição hierárquica, minha implicação dá, de saída, um reconhecimento institucional à equipe. Porém, essa mesma posição poderia parecer bloqueadora, por isso a importância do primeiro encontro com a equipe. Cada acompanhador deve, assim, encontrar sua própria posição em função de sua posição e de suas experiências. A mudança de ponto de vista sobre o sistema educativo, que essa ação de acompanhamento acarreta, traz um enriquecimento à minha função. Como acompanhadora, não tenho nenhuma projeção pedagógica *a priori*, não intervenho na escolha dos caminhos experimentados nem no desenvolvimento da ação. Penso que a equipe tem em si mesma as potencialidades do êxito de seu projeto, a partir do momento em que ela se constitui para empreender a resolução de uma dificuldade de ordem educativa. A equipe é comandante de seu projeto. Fico lá para ouvir ativamente, para encorajar, para valorizar o que me parece motivador, para favorecer as trocas de práticas que são fatores de evolução, para dar confiança e, assim, permitir não hesitar em prosseguir na aventura da inovação. Nessa missão de acompanhamento, para mim ainda é difícil solicitar da equipe o relato escrito da análise de sua abordagem e de suas práticas, assim como pede a instituição. Eu insisto nisso, no entanto, tendo em vista os benefícios que podemos tirar deste relato, tais como o compartilhamento da experiência com os outros, a formalização dos objetivos e das etapas da ação com a equipe e, por fim, a atualização das evoluções das práticas individuais e coletivas.

O acompanhamento modifica as práticas profissionais dos atores? Retomarei um pouco de história para ser capaz de esclarecer minha resposta a esta pergunta. Como inspetores, fomos solicitados desde o lançamento do programa ministerial "identificação dos êxitos". Escolhemos então trabalhar juntos para definir alguns tipos de êxitos e, em comum, demos uma lista das equipes inovadoras nas escolas profissionalizantes de ensino médio. Esse trabalho em comum já foi interessante para nós por dar uma visão ampliada e valiosa de cada uma das escolas. Quando Annie Christophe se encarregou dessa missão acadêmica, há quatro anos, empreendemos um importante trabalho sobre o acompanhamento das equipes que se lançavam num projeto pedagógico inovador. Não se tratava mais de simplesmente coletar o trabalho das equipes, mas de fazê-lo com elas. Voluntários de todas as origens e todos os níveis profissionais aceitaram o desafio. O grupo dos acompanhadores nasceu e se encontra em inovação. Construímos a função ao caminhar. Assim como com as equipes, trocamos nossas práticas, nossas dúvidas, nossas dificuldades, com plena confiança. Cada um traz para os outros sua experiência e a riqueza de sua reflexão. Para dar sentido a essa experiência, somos acompanhados em nossa abordagem por pesquisadores. No momento, tentamos expressar a originalidade de nossas experiências únicas de acompanhamento e elaborar uma metodologia que preserve os modelos construídos na prática. Enriquecemo-nos pela escuta das equipes, pelo respeito de seus projetos e de suas escolhas das vias de ação. Ficamos contentes junto com elas por seus êxitos coletivos. Juntos, tentamos entender alguns mecanismos de mudança para compartilhá-los com outros. O grupo dos acompanhadores não tem por objetivo formar, ainda que os encontros regulares das equipes criem situações de interatividade que são formadoras por si sós. Em contrapartida, reconhecemo-nos na problemática que é alvo do colóquio: o acompanhamento que praticamos é uma espécie de interação social que tem como efeito a transformação das práticas educativas coletivas e individuais.

O ACOMPANHADOR: NEM TUTOR, NEM FORMADOR (Myriam Honnorat)

Graças a Annie Christophe, tivemos a chance de ser contratados e fazer parte do plano de inovação-valorização dos êxitos, de setembro de 1997 a junho de 1999. Nossa equipe, muito representativa da comunidade educativa do ensino médio, e bastante unida em relação ao projeto de luta contra o absenteísmo no qual estávamos todos engajados, foi acompanhada ao longo desses dois anos por Marie-Anne Hugon, pesquisadora do Cresas. Sem realmente entender no início o sentido desse acompanhamento, acolhemos favoravelmente essa "intrusão" de uma pessoa externa à equipe, pensando que ela nos indicaria por si própria o objetivo de sua presença. À medida que os nossos encontros foram acontecendo, mais ou menos uma vez a cada dois meses, sentimos rapidamente que ela agia como um catalisador em relação às nossas reflexões e ao trabalho que havíamos iniciado. Sem jamais escrever em nosso lugar, sem jamais sugerir uma idéia nova, mas, antes, nos impulsionando a expressar e a defender nossas opiniões mais pessoais, às vezes fazendo-se de "advogada do diabo" ou simplesmente cruzando conosco as diferentes pistas anunciadas, a nossa acompanhadora nunca nos deixou perder o fio de nosso trabalho de pesquisa ou nos desencorajou diante das dificuldades e, principalmente, nos permitiu continuar a avançar, apesar de "ventos e tempestades". E foi assim que o seu acompanhamento acabou nos parecendo realmente indispensável. Em nenhum momento ela tomou o lugar de algum membro da equipe, mas graças ao seu olhar externo e à sua visão às vezes "inocente" do problema, ela nos estimulou a encontrar as soluções mais adaptadas. Ela também nos deu coragem para dar forma a tudo isso e formular uma versão escrita para o uso de todos. O acompanhamento, neste gênero de estrutura, parece totalmente primordial, pois permite às equipes se manterem ligadas ao longo dos dois anos do projeto e, sobretudo, permite levar até o fim a aventura empreendida. Sem nunca ser tutor, nem formador, o acompanhamento garante uma observação discreta, leve, que recentra o projeto e permite realizá-lo.

PARA QUE SERVE O ACOMPANHAMENTO?
(Catherine Manciaux)

Nossa escola está situada ao norte de Paris. Ela é classificada como ZEP* zona sensível. Tínhamos vontade de tentar trabalhar de outro modo com os alunos e os pais. Por acaso, no final do ano escolar, um de nós tomou conhecimento do dispositivo e decidimos propor um projeto com uma turma do sexto ano, cujo objetivo era "melhorar os resultados escolares por meio da aprendizagem de práticas democráticas e sociais". Instintivamente, pensávamos que isso nos ajudaria, mas não sabíamos como e, sobretudo, não imaginávamos a que ponto.

Françoise Platone, pesquisadora do Cresas, veio regularmente nos ajudar durante dois anos, mais ou menos quatro vezes por ano. No início, não sentíamos realmente a necessidade de sermos acompanhados, pensávamos mais na ação do que na análise do que fazíamos, queríamos que ela nos ajudasse a pensar outras ações. Aos poucos, ela nos levou a refletir sobre o que já havíamos feito, a olhar com um distanciamento necessário.

Os encontros com a acompanhadora rapidamente se tornaram indispensáveis. Graças ao seu olhar externo, à sua gentileza, ela nos apoiou, nos moti-

---
*N. de R.T. Ver, na Parte 2, o Capítulo 9.

vou nas fases de desencorajamento. Mesmo quando não estava presente fisicamente, nossas reuniões de equipe eram guiadas pelos momentos de encontro com ela. Sabíamos que podíamos contar com ela e, aliás, não nos privávamos de lhe telefonar regularmente. Por outro lado, ela nos permitiu aceitar o inesperado. Também nos fez tomar consciência de que havíamos entrado num processo de mudança, de que nossas relações com os alunos e pais estavam se transformando. Enfim, sem ela, não teria sido possível sermos críticos o bastante em relação ao nosso projeto e, portanto, nos recentrar, analisar nossas ações. Isso era indispensável para que pudéssemos escrever nossa experiência e partilhar com os outros as nossas reflexões. Assim, ela nos permitiu reproduzir ou provocar situações favoráveis em nossas práticas pedagógicas cotidianas.

REFLEXÕES SOBRE O ACOMPANHAMENTO
(Geneviève Wendling)

Minha entrada no dispositivo resulta de três fatores convergentes. Por um lado, o encontro com o coordenador do projeto foi determinante pela troca de idéias sobre o trabalho de equipe e suas modalidades. Por outro lado, meu percurso profissional – ZEP, ensino fundamental, ensino médio, etc. – me levou a usar práticas pluridisciplinares que dão mais sentido às aprendizagens. Enfim, o projeto "inovação-valorização" estabeleceu um vínculo entre diferentes disciplinas, favorecendo, assim, a construção do saber do aluno.

O acompanhamento é uma novidade para mim. É a primeira vez que a instituição cria um tempo específico para a troca das práticas: duas horas por mês. A presença de uma pessoa de fora, uma universitária que faz o papel de acompanhadora, favorece a formulação da vivência profissional, a escuta entre colegas e a análise do discurso. Ela permite o controle do tempo em que cada um fala e o funcionamento democrático do grupo. Nas jornadas de "inovação", o projeto foi criticado e enriquecido graças à confrontação com outros projetos.

O acompanhamento acelera a instalação das práticas interdisciplinares no âmbito de outros projetos não-contratualizados: intervenção comum SVT[2] – História numa jornada de descoberta –, colaboração EPS[3] – História, no decorrer de uma viagem escolar. Minha prática profissional se encontra enriquecida com isso – descoberta da história do Parc de Sceaux, do museu da Île-de-France, etc. Os balanços de etapa discutidos com o acompanhador revelam os pontos fortes e as insuficiências do projeto. As relações entre colegas são beneficiadas por esse trabalho de equipe. A dinâmica criada contribui para a melhoria da imagem do estabelecimento.

---

[2] Sciences de la Vie et de la Terre [Ciências da Vida e da Terra].
[3] Éducation Physique et Sportive [Educação Física e Desportiva].

18. Qual o Acompanhamento das Equipes Educativas para Dar a Todos o Desejo de Aprender?

Gilles Brougère, Nadine Bouvier, Monique Bouthelot, Christian Billères, Marie-Anne Hugon, Anne-Marie Thirion

INTRODUÇÃO (Gilles Brougère)

A partir das experiências apresentadas e analisadas nos três capítulos anteriores, refletimos, a seguir, sobre o acompanhamento, o acompanhador e a postura de acompanhamento, para tentar compreender suas especificidades e seus limites e também, talvez, seus efeitos. Nadine Bouvier mostra como, do ponto de vista do Cresas, a problemática do acompanhamento adquiriu importância nos últimos 10 anos. Monique Bouthelot, coordenadora de creches em Paris, está envolvida na pesquisa sobre a supervisão dos profissionais da pequena infância que o IEDPE coordena no âmbito de um programa europeu, sobre a criação de novos perfis de ocupações e dispositivos de formação correspondentes.[1] Ela analisa como a função de acompanhamento interativo que começou a cumprir permite-lhe assumir também, e melhor do que antes, as outras funções constitutivas de seu papel institucional. Christian Billères retoma o trabalho feito no ensino fundamental na circunscrição da qual está encarregado.[2] Ele mostra como, posicionando a interação, a abertura e o diálogo democrático no centro do microssistema que é uma circunscrição, é possível fornecer a todas as escolas os apoios que precisam. Marie-Anne Hugon, que coordena no Cresas as pesquisas no ensino médio, intervém para falar da função de acompanhamento tal como ela se desenvolve no dispositivo institucional de apoio à inovação no ensino fundamental e no ensino médio da academia de Paris.[3] Por fim, Anne-Marie Thirion, da Universidade de Liège, propõe-nos uma perspectiva do acompanhamento no âmbito de algumas questões de ordem política, no sentido mais amplo do termo. De minha parte, e para termi-

---

[1] Ver, anteriormente, Capítulo 15.
[2] Ver, anteriormente, Capítulo 16.
[3] Ver, anteriormente, Capítulo 17.

nar, tentarei sintetizar os aspectos mais importantes dessas diferentes experiências e reflexões, levando em consideração especialmente as perguntas feitas pelo auditório, no momento do colóquio.

O SURGIMENTO DA NECESSIDADE DE ACOMPANHAMENTO (Nadine Bouvier)

"Apoio às inovações" e "acompanhamento dos projetos" são noções que estão cada vez mais correntes no mundo educativo. Desde que os políticos, nas duas últimas décadas, estimularam a inovação, um trabalho orquestrado e a realização de projetos, parece que os parceiros, hierárquicos ou não, dos educadores e dos professores tomaram consciência de que para realizar um projeto, uma inovação, as pessoas que atuam na prática precisam ser apoiadas, acompanhadas.

No Cresas, essa necessidade de uma função de acompanhamento apareceu ligada às pesquisas-ações feitas nas escolas e nas creches e, por outro lado, ligada às ações de formação dos funcionários da pequena infância. Após um certo número de anos de prática, tomamos consciência de que a participação nas pesquisas-ações tinha um efeito formador para quem trabalhava diretamente com as crianças. Porém, estes, especialmente os professores, nos diziam que o que os ajudava mais era o papel que desempenhávamos junto a eles: os encontros regulares ritmando o trabalho estimulava a perseverar, o olhar externo não-hierárquico ajudava a ver as práticas com distanciamento crítico na análise e na auto-avaliação. Tendo nos conscientizado da importância desse papel, que havíamos construído sem saber, procuramos defini-lo com mais precisão. Procuramos saber também se alguns dos parceiros institucionais dos professores seriam passíveis de assumir esse tipo de função.

Quando a política dos ciclos no ensino fundamental foi decidida,[4] que colocava em ação os inspetores do Ministério da Educação Nacional encarregados de circunscrição, uma equipe do Cresas fez uma enquete sobre o papel dos inspetores na aplicação dessa política (Platone e Bouvier, 1999; Bouvier, Platone et al., 1997). Uma das questões principais que essa pesquisa desejava esclarecer era a seguinte: os inspetores encarregados de circunscrição estão em condições de impulsionar as ações de transformação, apoiá-las e acompanhá-las? Os resultados mostraram que, como um todo, os inspetores se mostraram muito mobilizados. Eles souberam primeiro informar e tranqüilizar os professores e convecê-los do bom fundamento das transformações solicitadas. Em seguida, souberam impulsionar o início dos trabalhos em equipe e algumas transformações de práticas. Nessa fase de impulsionamento, alguns puderam trabalhar muito próximos às equipes educativas, para

---
[4] Pela lei de orientação do Ministério da Educação de 10 de julho de 1989.

"emoldurar" suas atividades. Esse "emolduramento" foi custoso em tempo e disponibilidade, mas foi particularmente apreciado pelos professores. Na seqüência do trabalho, em contrapartida, houve uma mudança: para prosseguir as ações e fazê-las evoluir sem inquietude – preservando as crianças –, os professores esperavam um reconhecimento, um apoio, um acompanhamento, ferramentas, uma ajuda ao distanciamento e à reflexão, que, praticamente em todos os lugares, fizeram falta. Em resumo, se os inspetores foram bons impulsionadores, revelaram-se, em contrapartida, e com eles os seus conselheiros pedagógicos, "acompanhadores" de baixo desempenho. O encontro com a equipe de circunscrição animada por Christian Billères em Val-de-Marne permitiu a pesquisadores do Cresas observar a elaboração, por essa equipe, de estratégias de acompanhamento com bom desempenho, que permitiram realizar progressivamente seu projeto de circunscrição sem deixar à margem nenhuma equipe de escola.[5]

Do lado da pequena infância, com formações Cresas-IEDPE[6] chegando ao seu fim, foi possível avaliar progressivamente os seus efeitos a curto e a longo prazos. Mas apareceu a necessidade, para as equipes formadas, de serem ainda apoiadas na "pós-formação", para manter o investimento, a dinâmica e continuar a reflexão iniciada durante a formação. Surgia a necessidade, portanto, de dispositivos ou de pessoas que poderiam prosseguir a formação para manter uma iniciativa de projeto, de reflexão e de auto-avaliação reguladora. Em resposta a essa necessidade, redes intercreches foram constituídas e uma abertura do lado das coordenadoras de creche foi buscada, para definir um papel de apoio, de aconselhamento, de acompanhamento educativo. Uma formação-ação no acompanhamento regulador das práticas educativas pôde ser proposta pelo IEDPE e pelo Cresas às coordenadoras de creches da cidade de Paris. Nessa formação-ação, os pesquisadores-formadores utilizam suas opções teóricas para ajudar as coordenadoras a elaborar, aos poucos, exercendo seu trabalho simultaneamente, um acompanhamento regulador das práticas inovadoras, visando a melhorar a qualidade do acolhimento em creche.[7]

Vemos como o recente surgimento da necessidade de apoio e acompanhamento das equipes nos sistemas educativos, cuja definição continua ainda muito vaga, entra em convergência com as preocupações do Cresas envolvendo a definição dessa função de acompanhamento. No nível do ensino médio, pesquisadores do Cresas[8] escolheram integrar-se ao dispositivo "inovação e valorização dos êxitos", instalado em 1994 em todas as academias, que contrata equipes de professores que desenvolvem ações inovadoras em seus estabelecimentos. Ao contrário dos dois anteriores, este dispositivo propõe um

---

[5] Ver, anteriormente, Capítulo 16.
[6] Ver, anteriormente, Parte 3, Capítulo 11.
[7] Ver, anteriormente, Capítulo 15.
[8] Ver, anteriormente, Capítulo 17.

posicionamento original, não-hierárquico, do acompanhador. Os pesquisadores do Cresas formam equipe, no dispositivo parisiense, com outros acompanhadores de competências e profissões diversas. Eles criam juntos, exercendo o dispositivo como complemento de suas atividades principais, uma função nova e original no sistema educativo.

As três experiências têm em comum a aplicação de eixos teóricos que apareceram como fundamentais nos trabalhos do Cresas: trata-se de acompanhamento de equipes educativas, e não de indivíduos isolados, instituindo uma reflexão sobre sua própria ação, bem como a comunicação com outras equipes. As diferenças importantes na montagem dos dispositivos nos dão motivo para refletir sobre as condições de realização de tal acompanhamento.

ACOMPANHAR, CONTROLAR, AVALIAR: FUNÇÕES NÃO-ANTAGONISTAS (Monique Bouthelot)

A função de coordenadora é coordenar, aconselhar e controlar as equipes dos estabelecimentos que recebem bebês e crianças pequenas no que se refere às ações organizadas para melhorar a qualidade do acolhimento das crianças e de suas famílias. Por meio de sua missão departamental, a coordenadora participa da autorização para o funcionamento desses estabelecimentos. Neste sentido, ela não pode evitar a regra administrativa de "conceder uma autorização", se todas as condições de segurança e de qualidade de acolhimento das crianças estiverem sendo cumpridas. Um "certificado de conformidade" de funcionamento é emitido pela administração.

A coordenadora avalia o trabalho das equipes, medindo a autonomia adquirida por cada estabelecimento. O "acompanhamento" exercido pela coordenadora serve como guia. Ele propõe uma regulação que favorece a troca, a confiança, num contexto no qual os funcionários sabem claramente o que a coordenadora espera deles. Cada um, e em especial a dirigente do estabelecimento, recorre à coordenadora mais espontaneamente em caso de necessidade. Ela tem, pois, um papel de especialista, mas também de busca do sentido, em proximidade com as equipes. Esse acompanhamento é uma ajuda à avaliação de fatos concretos partilhados em conjunto.

O acompanhamento é interativo, pois envolve a coordenadora na medida em que ela facilita as trocas com o pessoal das equipes. Não é prescritivo, se considerarmos que o papel da coordenadora é fazer com que se defina, pelas equipes, o sentido dado às ações. Ela facilita a comunicação entre todos, sem tomar partido; no entanto, ela "orienta" as ações em referência às missões e ao objetivo do serviço. Também orienta o trabalho em função de um quadro de referência, até mesmo de uma metodologia, adaptados a cada situação. Contudo, o acompanhamento não é normativo: não formula juízo de valor. A coordenadora trata as situações a partir do material trazido pelas equipes. Ela deve manter distância na resolução dos conflitos, evitar opinar sobre quem está certo ou errado e fazer avançar o trabalho com as equipes para melhorar a qualidade de acolhimento das crianças. Esse modo de trabalhar tende a permitir a cada um a aquisição de sua autonomia. Em nenhum caso sua posição é "dominante", pois seria contraditório com sua função de abertura dos estabelecimentos para o exterior. Ela encoraja as iniciativas e a criatividade, sem imposição.

O processo de acompanhamento regulador necessita de uma proximidade com as equipes para trocar idéias sobre a prática diária. Uma atitude de escuta e de troca de idéias enriquece as interações. Os profissionais são reconhecidos em suas funções e, portanto, valorizados. Em várias ocasiões, os funcionários relatam que a coordenadora se interessa por seus trabalhos, porque ela leva o tempo que for preciso para trocar idéias individualmente com eles a respeito de suas práticas. Essas trocas contribuem para impulsionar uma dinâmica, tanto no estabelecimento quanto fora dele, reunindo e trocando idéias em várias equipes.

Essa forma de agir contribui para esclarecer as funções, os papéis de cada um. A comunicação é mais fácil. A posição das coordenadoras que orientam e supervisionam o processo se encontra reforçada, pois fica mais clara e menos controladora; o acompanhamento se constrói em torno de uma abordagem educativa e não mais punitiva, como podia ser interpretado há 20 anos.

CONSTRUIR O ACOMPANHAMENTO DE TODAS AS ESCOLAS (Christian Billères)

A escola é a unidade de base do trabalho educativo, a interlocutora da equipe de circunscrição. Esta afirmação opõe uma forte opinião preconcebida à constatação do isolamento dos mestres, do não-reconhecimento das práticas existentes por políticas de reformas diretivas e da não-circulação dos saberes e práticas profissionais entre as escolas. Para dar vida a essa opinião pré-concebida, validar experiências, favorecer a expressão e a informação mútua, instalamos uma rede de trocas entre as escolas voluntárias da circunscrição, retomada e adaptada às modalidades de trabalho do Movimento das Redes de Trocas Recíprocas de Saberes (Héber-Suffrin C. e M., 1998).

Muito rapidamente, mostrou-se necessária a existência de um grupo de trabalho "regulador" da rede, esclarecendo sobre a configuração das trocas, providenciando um secretário que guardasse o seu conteúdo. As modalidades de trocas são concretizadas pela difusão da oferta e da demanda de cada equipe de escola, a publicação da "nota da rede", os encontros interequipes – duas, ou melhor, três escolas –, a organização de um fórum anual sobre um tema dado. Depois, foi expressado o desejo de transpor as simples trocas de informações. Equipes de escolas se uniram num mesmo trabalho e, aos poucos, veio o pedido de trabalhar juntos para organizar um projeto. Nesses "canteiros de obras", equipes de escolas começam um trabalho de construção comum, de pesquisa-ação de qualquer tipo, e os pedidos de ajuda dirigidos à equipe de circunscrição se multiplicam. Esta rapidamente se viu "apagada", pois se envolver em múltiplos projetos pressupõe um investimento que não havia sido previsto no plano institucional. Para não deixar as escolas sem resposta, a equipe de circunscrição tenta encontrar complementos, apoios, aliados, na esperança de criar sinergias. Por exemplo, os pesquisadores do Cresas fizeram uma oferta de formação. E, neste ano, o IUFM de Créteil organizou "oficinas profissionais" reunindo estudantes, formadores e equipes de circunscrições, oferecendo meios institucionais que permitem reforçar o apoio às equipes. Assim, o acompanhamento das equipes se construiu em parceria com outras instâncias.

Antes do processo, o acompanhamento levanta a questão da formação ou não da equipe de escola, propondo ferramentas. Entretanto, em último caso, são os membros da equipe da escola que decidem. Assim, com insistência no decorrer dos anos, propusemos três etapas: "nunca partimos do zero": descrição da situação; "a hierarquia das necessidades, das urgências": as prioridades; "as escolhas nos limites do possível": recursos, tempos de regulação, avaliação, etc. O último termo é um princípio de fechamento da lista de projetos registrados, é um princípio de realidade.

O acompanhamento induz a uma posição do acompanhado. Potencialmente, todas as equipes, e não apenas aquelas marcadas como "inovadoras", necessitam expressamente disso, para formar-se e instituir-se, para formalizar, organizar, orientar seu trabalho, para permitir a cada um situar-se nele. Por outro lado, constatamos que as trocas recíprocas de saberes só puderam existir no rigoroso e vigilante respeito da "paridade", da "reciprocidade das trocas". Por isso, o nosso questionamento: em nossas práticas profissionais, não seria preciso formar todos os professores das escolas para "a troca" tanto quanto para o acompanhamento? O que esperamos, o que espera a instituição, das trocas entre "iguais"? Em quais condições e com qual objetivo os "iguais" desejam engajar-se em trocas sobre suas próprias práticas? Para quê? Os coordenadores são acompanhadores ou não? Mas então o que são e quais funções cumprem?

A rede e o acompanhamento fazem surgir a necessária coerência entre as práticas pedagógicas e as práticas cidadãs adultas. Atualmente, o mundo docente continua sendo um mundo profissional muito particular: os acompanhadores das crianças não seriam majoritariamente nem acompanhadores de outros adultos, tampouco voluntários acompanhados? Ora, seria preciso aplicar aos adultos tudo o que ouvimos sobre as crianças neste colóquio. Quando o conselho dos mestres não é um lugar instituído para construir modalidades de trocas, de discussão e de decisão, não se consegue ter sucesso. Há um modo de funcionamento da escola e de engajamento pedagógico que tem a ver com a cidadania e com a democracia.

NEM JULGAR, NEM PRESCREVER: ACOMPANHAR (Marie-Anne Hugon)

Estou me expressando a partir de meu engajamento no acompanhamento de equipes inovadoras do ensino médio na academia de Paris, no âmbito do dispositivo "inovação e valorização dos êxitos". Como acompanhadores, somos designados para ajudar as equipes a explicitar as inovações que desenvolvem e a formalizá-las para comunicá-las a outras equipes. Assim, o nosso acompanhamento existe num quadro contratual predefinido em relação ao encontro entre as equipes e o acompanhador.

Ao longo de dois anos, que é a duração de um contrato de acompanhamento, o acompanhador encontra a equipe em intervalos regulares. Em média, quatro a cinco encontros por ano acontecem, sem nenhuma relação hierárquica. Assim, cria-se no estabelecimento um espaço de palavra livre e de trocas sobre as práticas, mas com o cuidado de fazer, desde o início, uma comunicação dirigida para o exterior, instituído pela presença do acompanhador. O dia em que o acompanhador vem ao estabelecimento é aquele em que a equipe se reúne – mesmo que ela se reúna, por outro lado, entre as sessões –, para formalizar, explicitar o projeto que está sendo desenvolvido e esclarecê-lo aos olhos do acompanhador. À medida que o ano passa, o acompanhador compreende um pouco mais de que se trata, e a equipe entra um pouco mais na inteligência de seu próprio projeto. Devido ao questionamento daquele que vem de fora, cada um pode sair do implícito e da obviedade. Finalmente, ele é levado a elucidar o que faz. São essas trocas de idéias internas, porém voltadas para o exterior, que irão pouco a pouco levar a equipe a construir um texto para destinatários privilegiados: as outras equipes.

Para mim, o acompanhador é aquele que vem de fora e diz "explique-me o que vocês fazem, contem-me, façam-me entender". Sua pergunta não é uma pergunta de inspetor, nem uma pergunta de formador, ou uma pergunta de avaliador. Ela incita simplesmente a ir mais adiante na compreensão das ações. Aos poucos, desenvolve-se assim uma espécie de camaradagem: o acompanhador está afinado com a ação sem, no entanto, entrar na ação: ele não é parte integrante nem especialista do projeto, mas ajuda a equipe a dominar cada vez mais o que faz na medida em que ela clarifica cada vez mais a sua ação, precisamente graças a esse olhar externo que não é dominador, não é julgador e não é prescritivo. O esclarecimento ajuda a desenvolver a ação. Há efeitos de formação, certamente, mas o acompanhador não está em posição de formador. Em contrapartida, ele ajuda a equipe a identificar necessidades de formação.

Por outro lado, os acompanhadores não ficaram sozinhos diante de sua nova tarefa. A partir desse ano, na academia de Paris, todos os acompanhadores passaram a participar de um seminário comum para trocar idéias sobre suas práticas e refletir juntos sobre sua função. Construímos, assim, juntos, uma prática que inventamos a partir de passados e pertinências profissionais bastante diversas.

O ACOMPANHAMENTO: DESAFIOS CIENTÍFICOS E SOCIAIS (Anne-Marie Thirion)

As experiências apresentadas confirmam, se tal ainda é preciso, a atualidade das opções do Cresas, assim como a sua importância para relevar novos desafios epistemológicos e sociais. O projeto Leonardo Da Vinci, coordenado pelo IEDPE e pela Universidade de Liège, que tem por objeto a formação dos coordenadores regionais ao acompanhamento das equipes educativas dos meios de acolhimento da pequena infância, apóia-se amplamente nas aquisições do Cresas. Contudo, não se trata de divulgar e reproduzir em larga escala como o melhor modelo o dispositivo da equipe parisiense, embora este seja notável em eficácia. A exemplaridade dessa experiência nos convida, antes, a aprofundar as implicações da escolha epistemológica socioconstrutivista que fundamenta os dispositivos trabalhados.

Bert Van Oers lembrou anteriormente[9] que segundo essa opção epistemológica, a pedagogia não pode ser reduzida à aplicação de saberes e/ou didáticas disciplinares e que essa abordagem não é neutra, nem relativista no plano dos valores. Não são apenas relações mais "equilibradas" entre as pessoas o que se deseja, mas relações sociais mais justas. Podemos então nos perguntar, desse duplo ponto de vista epistemológico e ético-político, sobre o surgimento da problemática do acompanhamento e da nova profissionalização que ela pressupõe.

A função de acompanhamento: diversidade e complexidade dos contextos emergentes

Apesar de seu caráter muito vago, ou em razão dele, o termo *acompanhamento* foi amplamente difundido durante os anos de 1990. A sua extensão vai muito além do campo escolar para abranger as políticas emergentes da pequena infância e da infância e se unir a múltiplos domínios da formação dos adultos e da educação permanente, envolvendo tanto os serviços às pessoas quanto as empresas. A necessidade da função de acompanhamento – indissociável daquela de coordenação – aparece em domínios como a pequena infância e a infância, que são particularmente sensíveis às grandes transformações da so-

---
[9] Ver, anteriormente, Parte 1, Capítulo 6.

ciedade – gestão territorial mais do que setorial, novas exigências de qualidade e de profissionalização, crescimento e diversificação dos serviços, etc. Esses desafios sociais transparecem tanto nos contextos da pesquisa-ação promovida pelo IEDPE quanto nas pesquisas feitas em larga escala na Itália, por Tullia Musatti, do CNR[10] de Roma, e na França, por Olga Baudelot e Sylvie Rayna.[11] Estas questões foram abordadas em toda a sua diversidade e complexidade no recente colóquio organizado por estas duas pesquisadoras do Cresas: "Coordenadores e coordenação da pequena infância nas comunidades" (Baudelot e Rayna, coord., 2000).

A função de acompanhamento envolve dispositivos socioeducativos maiores e mais complexos do que as situações clássicas de formação ou de intervenção na escala de uma estrutura de acolhimento ou ensino. No projeto Leonardo Da Vinci, a função de acompanhamento é indissociável de uma abordagem da formação-ação-pesquisa que apóia projetos de ação ajustados à diversidade dos contextos e significativos para todos os parceiros envolvidos – equipes educativas, coordenadores, formadores, dirigentes administrativos e eleitos, etc. Ela contribui para a qualidade efetiva dos serviços. Necessita, porém, que as coordenadoras responsáveis pela supervisão e pelo acompanhamento apliquem competências novas que transformem sua identidade profissional e social. Essas experiências transformam conjuntamente as ações e os atores, criando um novo espaço social, esteio possível de competências coletivas, de autonomia e de emancipação.

As ciências da educação: acima de tudo uma ciência-ação?

Se confrontarmos estas constatações com a literatura recente, a pedagogia deveria ser reposicionada no amplo campo da formação dos adultos e da intervenção e, sem dúvida, inscrita na sociologia do trabalho e das organizações. No plano científico, não seria necessário redefinir, primeiramente, as ciências da educação e da formação como ciência-ação? É o que propõe a corrente da pesquisa para a educação. Certas propostas emitidas ao longo deste colóquio se referem a isso: "Se quisermos mudar a prática, devemos estudá-la". Trata-se então de co-construir saberes estratégicos, no cruzamento das práticas refletidas e do saber aplicado, que se atualizam em situação real, e de ver a pesquisa-ação como uma abordagem e não como um método. "Uma abordagem de pesquisa-ação se singulariza em relação às outras categorias de 'saber-fazer' porque depende das interações que aparecem entre as pessoas, que são partes integrantes da situação. Portanto, ela possui, além de seu caráter

---
[10] Centro Nazionale di Ricerca [Centro Nacional de Pesquisa].
[11] Ver, anteriormente, Parte 2, Capítulo 8.

local, uma forte dependência em relação à subjetividade das pessoas presentes e à qualidade social de suas relações" (Liu, 1997).

Uma nova profissionalização para práticas democráticas

Os desafios científicos são indissociáveis dos desafios sociais. As identidades e os papéis profissionais se transformam, particularmente para a a inspeção. Novas profissões surgem. De acompanhadores do desenvolvimento profissional, os "supervisores" se transformam plenamente em coordenadores preocupados com a gestão dos recursos humanos e com o gerenciamento social. O perfil dos coordenadores se une ao das "figuras-chave" que se afirmam cada vez mais no âmbito do desenvolvimento social, local ou regional, que necessita da orquestração de diferentes modos de cooperação em torno de projetos integradores.

Essas novas exigências de profissionalização não podem deixar de ser observadas criticamente. As análises de L. Demailly (1998) nos mostram como as ocupações relacionais, inclusive de serviço público – saúde, educação, formação de adultos, trabalho social, etc. –, são invadidas pela abordagem administrativa e pelas suas palavras-chave se tornam as nossas: contrato, projeto, avaliação, obrigação de resultados, qualidade, competência, acompanhamento, etc. Torna-se ainda mais importante fazer existir na instituição escolar e nas outras estruturas de acolhimento – ao mesmo tempo sob o peso dos funcionamentos burocráticos e a pressão da visão gerencial – dispositivos e iniciativas que legitimem uma profissionalização a serviço das práticas democráticas e de ações cidadãs.

O ACOMPANHAMENTO: FUNÇÃO OU ESPECIALIDADE? (Gilles Brougère)

Da creche ao ensino médio: os traços comuns do acompanhamento

A partir das experiências realizadas nos três níveis educativos, vemos se destacarem uma série de elementos comuns. O primeiro deles, que são os acompanhados, tem a chave da transformação, da inovação, e que o acompanhador ajuda-os nesse trabalho de transformação sem substituí-los, sem privá-los de suas iniciativas nem da apropriação de suas próprias estratégias. Essa dinâmica de acompanhamento remete a certos princípios, anteriormente discutidos, sobre o que são aprendizagem, inovação, transformação, que são tão válidos para crianças como para adultos que trabalham com elas. Temos assim uma cadeia complexa que farei remeter à criança. É a criança que aprende, e o educador a acompanha. Esse primeiro acompanhador é ele próprio acompanhado por acompanhadores que, por sua vez, podem ser acompanhados na organização de uma estratégia de acompanhamento. Existe aí uma coerência que salienta o interesse de sempre referir a reflexão sobre o acompanhamento a uma finalidade em relação às crianças e à coerência dos modelos de acompanhamento e dos modelos educativos.

O segundo ponto diz respeito às posturas de acompanhador e de acompanhado. Quem acompanha quem? A diversidade dos atores e das situações experimentadas faz com que as maneiras de acompanhar sejam muito diferentes, e essa diversidade é uma riqueza. Porém, sobretudo, os acompanhadores têm estatutos muito diferentes em relação aos acompanhados. Quando o acompanhador tem um papel hierárquico junto aos acompanhados, não haverá contradição, conflito, entre seus diferentes papéis? Encontramo-nos na dualidade "acompanhador-avaliador" que envolve as crianças na escola, aquela da qual Bernard Defrance deseja que nos libertemos inventando um funcionamento segundo o qual aqueles que acompanham as crianças em sua aprendizagem não seriam aqueles que as avaliam (Defrance, 1999). Em outras palavras, será que um coordenador pode acompanhar aqueles dos quais ele é o responsável hierárquico?

Esta pergunta nos remete a uma outra: quem decide que uma equipe será acompanhada? Em coerência com o fato de que o acompanhamento não deve fazer com que os acompanhados dependam do acompanhador, parece que só pode ser acompanhada uma equipe que o deseje ou que o aceite, seja ela "inovadora" ou não. Não há critério absoluto de qualidade que permita determinar se uma equipe não é boa o bastante ou boa demais para ser acompanhada. É a própria equipe que irá julgar que, em relação à dinâmica que está organizando, e que não foi necessariamente pensada como inovadora no início, ela precisa de um acompanhamento. É ela que irá definir, com a ajuda do acompanhador, quais são os objetivos que deseja alcançar. E o acompanhador, seja superior hierárquico ou não, a ajuda a dar sentido à sua prática. Os dirigentes hierárquicos, como Monique Bouthelot e Christian Billères, consideram que, ao trabalhar com estes princípios, eles permanecem coerentes, ou plausíveis. Essa prática do acompanhamento, como constata Anne-Marie Thirion, leva coodernadores a tornar coerente o exercício de suas diferentes funções, o que acarreta uma redefinição da ocupação de coordenador-acompanhador. Por outro lado, a questão do acompanhamento por "iguais" merece reflexão. Tais práticas puderam ocorrer no dispositivo "inovação- valorização dos êxitos", na circunscrição de Christian Billères, e também nos movimentos pedagógicos aos quais Patrick Robo fez referência, durante o colóquio. Estaríamos nos aproximando da "camaradagem". É formulada então a questão de uma articulação possível desses diversos acompanhamentos e a da formação dos acompanhadores.

A articulação do acompanhamento com a formação

No projeto Leonardo Da Vinci-IEDPE, formar os acompanhadores acompanhando-os é um elemento que pareceu essencial. É nessa formação-acompanhamento que se constrói, tanto para os acompanhadores como para os seus formadores, a referência que os acompanhadores utilizarão. Não seria, evidentemente, o melhor meio de ajudar os dirigentes hierárquicos a entrar nessa nova lógica de acompanhamento? Sendo eles mesmos acompanhados, descobrem a própria lógica do acompanhamento. Será que podemos imaginar uma formação de outra ordem sem correr o risco de transformar o acompanhamento em um conjunto de normas e diretivas estritas?

Neste ponto, estamos na articulação entre o acompanhamento e a formação. As três experiências indicaram que se o acompanhamento não é da formação, ele mantém relações com a formação. Ele tem efeitos formadores também sobre os acompanhados, pois ajuda a identificar necessidades de formação. Parece-me também que ele amplia a noção de formação, evidenciando processos de autoformação e de co-formação, processos de formação informal em situação de trabalho, que convidam a abandonar uma ótica de acordo com a qual a formação seria unicamente caracterizada por um aspecto institucional estrito.

O acompanhamento: uma função ou uma especialidade?

Parece urgente hoje imaginar uma generalização, na instituição, dos dispositivos de apoio aos professores. Um caminho proposto por Christian Billères seria formar para o acompanhamento todos os funcionários da coordenação. Mas será que o acompanhamento deve continuar sendo uma função ou se tornar uma especialidade? Sinto que fazer dele uma especialidade seria a morte do acompanhamento. Afinal, o interesse dessa noção, como vimos, é que ela permite abordar práticas variadas baseando-se em lógicas diferentes: adaptação acompanhadora, acompanhamento temporário por uma pessoa neutra, formação acompanhadora, camaradagem. O risco seria de não distinguir muito essas lógicas. Bernadette Mouvet, por sua vez, convida-nos a ampliar o horizonte dos professores: na discussão que houve durante o colóquio, ela propôs imaginar práticas permanentes mais abertas, que diminuiriam a prazo a necessidade de acompanhamento, como, por exemplo, um número maior de parcerias educativas entre os professores e grupos de adultos de competências e interesses diversos. As obras começaram!

E qual o papel dos pesquisadores?

É com a constatação dessa variedade e dessa diversidade – em um domínio que ainda precisa ser trabalhado, construído de um ponto de vista teórico e prático – que podemos concluir, não sem antes formular para os pesquisadores uma última questão, sobre o lugar do pesquisador e da pesquisa nos dispositivos de acompanhamento. Existe pesquisa nesses dispositivos? O que o pesquisador traz de específico ao acompanhamento? Nem todos os acompanhadores pretendem fazer pesquisa. Eis uma questão a ser desenvolvida no futuro, sobre a articulação entre a postura de pesquisador e a postura de acompanhador.

Parte 5

PERSPECTIVAS

Ninguém Transforma Sozinho: Cooperação entre Pesquisa, Política e Esfera Profissional   19

*Jean-Louis Derouet, Jean-Louis Martinand,
Lucien Brams, Sylvain Broccolichi, Guy Berger*

INTRODUÇÃO (Jean-Louis Derouet)

Este colóquio fez um balanço eloqüente sobre o trabalho que o Cresas realizou no domínio da transformação das práticas educativas. Também valoriza a guinada que a equipe começou há alguns anos para fazer passar essas transformações na formação das diferentes categorias de pessoal de educação. A idéia de proceder por meio de um acompanhamento das equipes, que utiliza os mesmos procedimentos de troca e de cooperação que aqueles preconizados pelo Cresas para as aprendizagens das crianças, é tão simples quanto brilhante. Porém, o percurso não pára por aí. Todos nós acreditamos muito na virtude do lento trabalho de convencimento junto aos atores. Todavia, é evidente que isso não basta. Para que trabalhos científicos consigam verdadeiras mudanças no funcionamento do sistema educativo, é preciso que intervenham decisões políticas. É ao exame dessa questão que se dedica esta última mesa-redonda: deste modo, encontramos um problema que envolve todo o INRP. O desenvolvimento do instituto está ligado a uma visão experimentalista do problema. No final dos anos de 1960 e início dos anos de 1970, o instituto recebeu importantes recursos para experimentar em pequena escala uma forma de colégio democrático que devia ser generalizada depois. Sabemos o que aconteceu: os resultados não convenceram o meio científico, nem os políticos, e muito menos os professores. O problema deve, portanto, ser formulado de maneira menos esquemática e é por isso que falaremos aqui de circulação dos saberes. A pesquisa certamente tem mensagens a enviar tanto aos políticos quanto aos educadores, mas também a receber: ela deve escutar o comando político e deve saber reaproveitar a experiência dos atores. O que suscita um deslocamento do instituto. O que devemos explicar: é uma circulação que não comporta nenhum "princípio motor" central, devemos conhecer o conjunto dos procedimentos de tradução que permitem a uma esfera reformular em sua linguagem os saberes que foram produzidos em uma outra. Evidentemente, o assunto é difícil e necessita das reflexões que dizem respeito à pesquisa fundamental. Inúmeros trabalhos, no mundo anglo-saxão, reivindicam o surgimento de ciências da transferência. A hipótese é estimulante, mas a sua consistência conceitual deve ser verificada.

O colóquio permitiu uma primeira apresentação de cada participante da mesa. Começa por Jean-Louis Martinand, que estuda, a partir de um ponto de vista didático, a difusão dos saberes científicos e as reproblematizações que a passagem de um contexto a outro implica. Depois, fala Lucien Brams, professor de sociologia e antigo diretor da DGRST.[1] Ele acaba de remeter, com vários colegas, um relatório de avaliação e de prospecção que propõe justamente pensar a missão do INRP em torno das pesquisas de transferência. A partir de pesquisas sobre a persistência das situações de fracasso no sistema escolar, Sylvain Broccolichi, recentemente nomeado no Cresas, salienta a necessidade de desenvolver novas relações de trabalho entre as diferentes categorias de atores envolvidos, para melhor gerir a distância entre as decisões "programáticas" de transformação e a realização efetiva das transformações visadas. Por fim, Guy Berger, professor de ciências da educação da Universidade Paris VIII, que nos acompanhou com freqüência – para refletir sobre a miscigenação entre pesquisa e ação – quando era membro do Conselho Científico do INRD. Ele propõe aqui uma análise das diferentes formas de pensar as cooperações entre prática educativa, pesquisa e política.

REFLEXÕES SOBRE ALGUMAS DISCREPÂNCIAS (Jean-Louis Martinand)

Neste debate sobre o tema da cooperação entre pesquisa, política e esfera profissional, assumirei meu rótulo de didático, mesmo que não me reconheça verdadeiramente nas caricaturas que opomos, em nome da pedagogia, à didática, nem nas concepções com as quais alguns didáticos se identificam. Eu assumirei o rótulo, preferencialmente porque minha experiência como pesquisador é, antes de tudo, a da concepção de currículo. Essa experiência está muito próxima do objeto de nosso debate. Como "entrada no assunto", eu gostaria, muito concretamente, de testemunhar algumas "histórias" que se tornaram referências de minha reflexão.

Anos de 1960: Vejo-a quase como uma "vida passada". Acontece que meu pai, que trabalhava então no Ministério da Agricultura na "lei da criação"*, falava-nos em casa das tensões que o projeto fazia aparecer entre as con-

---

[1] Direction Générale de la Recherche Scientifique et Technique [Direção Geral da Pesquisa Científica e Técnica].
* N. de T. Lei francesa de 1966 que determinava o melhoramento genético de animais.

cepções dos pesquisadores do INRA,[2] apoiadas no gabinete do ministro, e as concepções das organizações de criadores de animais, com o apoio dos funcionários dos serviços ministeriais. A pesquisa zootécnica, na época em sua fase "produtivista", interessava-se pelo rendimento, pela seleção dos animais para o rendimento. Os criadores se interessavam por suas criações, pelos riscos e pela rentabilidade, pela solidez. Essa conjuntura já é por si só reveladora. Mas os prolongamentos não o são menos. Uma geração depois, os pesquisadores, reconvertidos para a qualidade, "descobriram" que, na realidade, um criador se ocupava de uma criação e não de uma coleção de animais. E com a arrogância habitual, àqueles que se acham por natureza os primeiros tentaram explicar que era preciso mudar de concepção... aos descendentes daqueles que haviam resistido.

Anos de 1970: Foram anos de renovação da educação científica e tecnológica. Destacado em um grupo de trabalho encarregado de conceber, de experimentar e de avaliar projetos de ensino científico e tecnológico no ensino fundamental, eu tinha entre outras tarefas a responsabilidade da avaliação da operação. Partindo da idéia de que são definitivamente os professores que fazem o ensino, que o vício de todas as suas tentativas é o êxito – são as generalizações que fracassam –, orientei a avaliação da tentativa para a detecção das distâncias e dos desgovernos introduzidos nos trabalhos nas salas de aula – 24 turmas durante três anos. Espanto diante dessa avaliação "exótica": nenhuma comparação com classes-testemunhos, nenhuma medida das aquisições dos alunos. E, no entanto, quantas indicações para encarar as conseqüências e as implicações de uma decisão política de generalização e as condições de seu sucesso! Ao mesmo tempo, envolvido no esforço nacional de invenção das "atividades de iniciação científica e tecnológica", esforço que a operação "Mãos à obra" [Main à la pâte] ignorou – ao passo que encontro hoje na "Mãos à obra" muitos atores, jovens na época, dessa aventura teórica, prática e institucional das atividades de iniciação –, perguntei-me sobre os obstáculos à generalização. Estes foram particularmente evidentes a partir do momento em que programas oficiais foram publicados... e não aplicados "em campo". Assim, pude tomar consciência de alguns efeitos de "perda de motivação": se há "experimentação" é porque podemos esperar e nada fazer; se é bom ter intervenções externas de especialistas é porque é melhor não fazer nada por conta própria; se aquilo que é valorizado pressupõe com evidência um importante investimento em tempo e trabalho, então, deve-se fazê-lo muito raramente, exceto em ocasião particular; se aqueles que não fazem nada vivem, enfim, muito bem, sem história, então é porque não há razão profunda para fazer alguma coisa. Tudo isso enquanto o ensino de ciências no ensino fundamental é obrigatório há 120 anos! Dito de outro modo, o problema aqui não é mais saber

---

[2] Institut National de la Recherche Agronomique [Instituto Nacional da Pesquisa em Agronomia].

o que é possível fazer, mas encontrar hoje como fazer para que a obrigação seja respeitada na realidade: vasto e preocupante problema também para a pesquisa!

Anos de 1980: Época da formação dos inspetores do Ministério da Educação Nacional de ensino fundamental para Ciências e Tecnologia. Em uma década, a etapa da formação passou de uma semana para um dia. Mas, ao contrário do que se poderia acreditar, a dificuldade não estava aí. Tratava-se primeiro de definir exatamente a missão desse componente da formação. Ora, há incerteza entre uma formação do "melhor mestre da circunscrição" – antigo modelo – e uma formação do "agente de campo" das campanhas promocionais para determinada orientação ministerial. É preciso caracterizar a função: em ciências e tecnologia, seja qual for a origem do inspetor, sua atividade principal não seria da ordem da animação e do aconselhamento? E neste caso, a questão fundamental é: como aconselhar, mesmo quando realmente parecemos ser, isto é, incapazes de substituir o próprio mestre? O problema de formação tem então uma solução: sim, é possível dar ao futuro inspetor indicadores para que ele possa analisar atividades de educação científica ou tecnológica e possa tomar decisões e dar conselhos, com a ajuda dos conselheiros pedagógicos. Também neste caso, estamos longe dos conceitos da pesquisa. Mas na realidade, apenas a experiência da pesquisa dá a liberdade de levantar os problemas de maneira tão paradoxal e operacional.

Anos de 1990: Período de reconfiguração da tecnologia na escola. Como co-presidente do Grupo Técnico Disciplinar, posso certificar que o resultado do trabalho foi imprevisto – e sem dúvida imprevisível – porque há uma verdadeira construção – reconcepção – coletiva, que não é feita de proposições individuais justapostas e obtidas por pressão. Aliás, foi o que permitiu "encarar" – levar ou não em conta opiniões e injunções – no processo de "negociação" que é a montagem de um texto de programa. Esses momentos são experiências muito fortes para os pesquisadores, contanto que não pensem ter as chaves já no começo: ao contrário, faltam os conceitos para formular os problemas atuais. O que se vive nessas situações é tanto o atraso teórico de fato da pesquisa – completamente normal – quanto a sua capacidade específica de conceitualizar para avançar, sob a condição de estar preparado para esse trabalho de reproblematização. Assim, fomos levados a trabalhar "no laboratório" as contradições entre definição do currículo "formal" por finalidades pedagógicas e definição por missões escolares, as incompatibilidades entre a condução das atividades por competências a serem atingidas e condução por projetos de realização a serem aplicados. E pudemos desenvolver sistematicamente os problemas de aplicação do currículo "potencial" num guia de formação, que procura ressaltar a identidade da disciplina. Acrescento que uma habilitação para dirigir pesquisas e uma pesquisa coletiva sob contrato prolongaram esse conjunto de vistorias, de intervenções: trata-se, de certa forma, de uma "transferência" às avessas em direção à pesquisa.

A PESQUISA DE TRANSFERÊNCIA (Lucien Brams)

Minha intervenção trata do lugar da pesquisa nas circulações que foram abordadas e de um projeto, um estado de refletir coletivo acerca do que poderia advir de uma nova maneira de fazer pesquisa, ao lado das maneiras clássicas, dentro do INRP. Para resumir, direi simplesmente que nessa circulação entre pesquisa, política e esfera profissional, há uma relação não muito evidente, que é aquela entre pesquisa e política, a partir do momento em que se trata de pesquisa em ciências do homem e, evidentemente, em ciências da sociedade.

Vejamos um exemplo. Nas diferentes áreas ministeriais onde trabalhei, não foram aceitas, num primeiro período, um certo número de programas de pesquisa importantes sobre temas como a crise dos hospitais, a crise profissional do pessoal paramédico – mais especificamente das enfermeiras –, a AIDS, as doenças mentais, o desemprego. Eis alguns exemplos de propostas de programas que fiz diante das instâncias das quais eu era dependente e que provocaram reações negativas dos políticos. Ao passo que, muito freqüentemente, alguns meses ou alguns anos mais tarde, tornava-se urgente desenvolver trabalhos nesses setores. E então as mesmas pessoas se viravam para mim e diziam: "mas enfim, o que você faz?".

Vamos ver brevemente o que se passa do lado dos atores da "pesquisa": apesar de esforços consideráveis, renovados a cada oportunidade – em especial na redação dos textos de editais de concorrência pública para seleção de projetos e na consulta aos atores que estavam no centro dos problemas discutidos nas regras para inscrição –, as respostas feitas e finalmente os projetos inscritos eram mais do tipo pesquisa fundamental, monodisciplinar. Afinal, esses programas incitadores, que tinham por virtude teórica colocar em relação muito mais direta, estreita, o mundo da pesquisa universitária com os problemas vividos pela sociedade, serviram sobretudo para diminuir a pobreza dos subsídios dos quais dispunham as equipes do CNRS e as equipes universitárias, trazendo-lhes dinheiro novo.

O que nos interessou muito no exercício de reflexão sobre o INRP foi a segunda relação, aquela que poderia ou que deveria se estabelecer entre pesquisa e atores. A filosofia dos programas europeus de pesquisa nos ajudou: nesse âmbito, não se tratava de substituir a pesquisa fundamental pelos esforços nacionais em termos de desenvolvimento. O alvo desses programas é a pesquisa de transferência, em todas as disciplinas. É a partir desse modelo, cujo êxito não é total, mas uma tentativa que mesmo assim mostrou seu valor, que somos algumas pessoas que refletiram sobre a introdução nas atividades do INRP, de uma outra maneira de fazer pesquisa. Nós a chamamos por enquanto de "pesquisa de transferência" (Andreani et al., 1999).

O objetivo que fixamos é duplo: avaliar a pertinência desse conceito de pesquisa de transferência e medir sua factibilidade. Partimos da seguinte questão: considerada a complexidade, a pluridimensionalidade dos problemas no campo da educação, como e até onde os cientistas podem tentar juntos explicá-las e contribuir para a sua resolução? Em tal perspectiva, é importante considerar que não é mais o próprio cientista que escolhe o seu alvo a partir de suas preocupações teóricas e metodológicas, por mais informado que esteja a respeito da situação do campo. É o que tem sua origem no terreno da prática que se torna fonte da programação. O que vem do terreno da prática raramente é uma demanda que se pode facilmente traduzir numa ou noutra das disciplinas econômicas e sociais. O trabalho de cientistas de disciplinas diferentes em cima de um problema proveniente da demanda social do campo educacional implica que cada um deles traga para a análise o seu capital teórico e metodológico.

Se quisermos mobilizar pesquisadores de diferentes disciplinas sobre um objeto, se quisermos que esse objeto seja, de uma maneira ou outra, apontado pelos atores do campo, atores no sentido global e geral do termo, então é necessário iniciar todo um trabalho prévio. A massa dos problemas existentes no campo é suficientemente considerável para que haja primeiramente um trabalho de detecção da demanda social e depois um trabalho da demanda social aceitável, enfim, uma seleção para um período dado dos objetos que mobilizarão os pesquisadores das diferentes disciplinas durante um certo prazo de tempo. A demanda social pode ser formulada, ou então ela pode permanecer subjacente – ou passiva – ou mal-colocada, como dirão com freqüência os cientistas. Portanto, há todo um trabalho de coleta dessa demanda e de trabalho sobre ela que exige um verdadeiro dispositivo. Para a detecção, trata-se de um trabalho de pesquisa perenizável, perenizado, e que é alvo de uma análise secundária. A quem caberá essa análise secundária? Isso ainda deve ser determinado. Em que medida os atores devem permanecer presentes nessa fase? Essa fase deve ser alvo de uma escolha, pelos conselhos científicos e administrativos do instituto, das operações que serão montadas, em função dos meios – pessoais e financeiros disponíveis – e por um período determinado.

Tudo isso deve ser objeto de um trabalho prévio. Também é necessária uma organização interna do organismo, de tal maneira que possam coexistir as atividades desenvolvidas num quadro disciplinar e a mobilização de pesquisadores de diferentes disciplinas no contexto de uma operação "ciência de transferência". Em outras palavras, como se organizar para instalar uma estrutura por operação, um coletivo constituído provisoriamente com um dirigente, um orçamento determinado, um tempo disponível e especialistas que, de certa forma, saiam de suas respectivas unidades durante o tempo do exercício? Em tal hipótese, não seria preferível converter os atuais departamentos em laboratórios, ao modo universitário, confirmando claramente a sua vocação de fazer ciência? É enriquecendo-se nesse nível que os pesquisadores poderão constituir um viveiro de cientistas mobilizáveis por um período no plano de uma operação, assegurando o rigor do trabalho a ser realizado. Por outro lado, quais devem ser a natureza, a freqüência e a modalidade das relações a ser instauradas com os atores envolvidos no problema formulado, como valorizar, no decorrer da operação e em seu término, os produtos da pesquisa, tanto para os cientistas quanto em direção aos atores e à administração? Eis um certo número de questões que levantamos, que deveriam ser tratadas em conjunto dentro do organismo, com seus pesquisadores.

RUMO A COOPERAÇÕES INÉDITAS ENTRE PESQUISADORES, DIRIGENTES E PROFISSIONAIS DE CAMPO (Sylvain Broccolichi)

Também vou abordar o "vasto problema" das relações entre pesquisa, política e esfera profissional a partir do exemplo e de questões mais circunscritas. Enfocarei mais particularmente a questão dos modos de cooperação que deveriam ser promovidos entre os atores que trabalham nesses diferentes universos para conseguir deter os processos de fracasso e de marginalização no sistema escolar, como previa a lei de orientação da educação de 1989. As dificuldades observadas até agora nos levarão a distinguir o que ocorre no nível principalmente político das decisões programáticas de transformação – sob a forma de prescrições ou de objetivos –, e o que condiciona a realização efetiva das transformações visadas no âmbito das práticas e dos campos envolvidos.

A lei de 1989 estabelecia que "a aquisição de uma cultura geral e de uma qualificação reconhecida é garantida a todos os jovens, seja qual for sua origem social, cultural ou geográfica" (Artigo 1) e programava, para o final dos anos de 1990, o acesso de 100% de uma faixa etária no mínimo ao nível de um CAP* ou de um BEP** (Artigo 3). Ora, de acordo com as últimas estatísticas disponíveis, existe ainda algo próximo a 20% de uma faixa etária que não obtém essa certificação mínima, estando tal proporção quase estável desde 1994 (MEN e MER***, 2000).[3] A importância da diferença entre as transformações prescritas pela lei e as transformações observadas no decorrer dos anos de 1990 obrigou, por assim dizer, os poderes públicos a tentar saber mais sobre as dificuldades subjacentes. E como, nessa época, eu estava completando minha tese (Broccolichi, 1994) sobre a interação das condições sociais e pedagógicas que influem positiva ou negativa-

---

* N. de R.T. CAP – Certificat D'aplitude Professionnelle [Certificado de Aptidão Profissional].
** N. de R.T. BEP – Brevet D'enseignement professionnel [Diploma de Estudos Profissionais].
*** N. de T. Ministério da Educação Nacional e Ministério da Pesquisa.
[3] Entre esses 20% de jovens que saem do sistema educativo sem ter obtido um CAP, um BEP ou um diploma superior, 12% foram escolarizados, ou pelo menos inscritos, numa classe terminal que preparava para o CAP ou BEP, e 8% nunca estiveram inscritos nesse tipo de classe. É importante saber que apenas esses 8% são oficialmente contabilizados na categoria de não-qualificados.

mente no desenvolvimento da escolaridade dos alunos no ensino médio, fui levado a participar dos trabalhos sobre os "problemas sociais", que constituíam, então, as interrupções precoces de estudos, num contexto marcado pelo desemprego maciço dos jovens menos qualificados.

Esses trabalhos evidenciaram uma série de resultados. Primeiro, como já haviam salientado os relatórios da inspeção geral, "o trabalho específico com alunos em dificuldade não é generalizado" e "os professores se revelam desarmados diante desses problemas" (MEN, 1993). Mais precisamente, revela-se que, nos inúmeros estabelecimentos do ensino médio, onde se estima que os funcionários sejam ultrapassados pela freqüência e pela amplitude das dificuldades com as quais são confrontados, o objetivo de fazer com que todos os alunos progridam não é mantido e se traduz em atos que beneficiam aqueles cujos conhecimentos e/ou comportamento se situam acima de um mínimo julgado aceitável. Uma fração de alunos mais ou menos significativa, conforme os estabelecimentos, é implicitamente – e às vezes explicitamente – considerada como estando fora do raio de ação de uma ação pedagógica eficaz. E não se consegue ver, nessas condições, como essas crianças ou adolescentes poderiam eles próprios esperar ter uma continuação de estudos proveitosa. Por isso, não há nada de surpreendente no fato de o risco de interrupção precoce de estudos ser quase nulo para os alunos cujos conhecimentos medidos na entrada do sexto ano sejam superiores ou iguais à média nacional, e particularmente elevado para os alunos que acumulam atraso escolar, fracos desempenhos e que pertencem a um meio social no qual os pais praticamente não têm meios para relativizar os vereditos escolares e ajudar seu filho a superar suas dificuldades. Estudos de casos mais aprofundados fazem aparecer uma série de fatores que contribuem regularmente para desestabilizar os alunos e agravar o caráter desesperado de sua situação escolar, ou que, ao contrário, permitem preservar a viabilidade das relações pedagógicas e o sentido de uma continuação de estudos (Broccolichi e Larguèze, 1996; Broccolichi, 2000).

Em um primeiro nível, esse conjunto de resultados evidencia os limites de decisões políticas de transformação inscritas numa lei a partir do momento em que essas decisões não estão associadas a um domínio suficiente das condições a serem reunidas para alcançar os objetivos fixados, em particular no âmbito das condições de trabalho e das práticas profissionais daqueles que deveriam ser os atores dessa transformação. Mas vamos tentar avançar na análise. Se a lei de 1989 fixava objetivos tão ambiciosos sem precisar as modalidades de realização das mudanças visadas, é porque ela apostava na capacidade das equipes pedagógicas de se adaptarem à diversidade dos alunos no âmbito de sua autonomia e para elaborar um projeto de estabelecimento que "permite a cada estabelecimento levar sua contribuição para a realização dos objetivos nacionais"[4]. Ora, essa alavanca revelou-se muito insuficiente num ensi-

---

[4] Lei de orientação do Ministério da Educação de 10 de julho de 1989, artigo 18.

no médio em que o fracasso e o afastamento de uma fração de alunos estava na ordem das coisas desde a generalização do acesso ao sexto ano, no final dos anos de 1960, quando as obrigações de serviço dos professores permaneciam definidas em várias horas de aula e o trabalho de equipe permanecia pouco desenvolvido (Meuret, Broccolichi e Duru, 2000). Se "a educação é a primeira prioridade nacional" – primeira frase da lei de 1989 – e se é afirmada numa lei a necessidade de garantir a todos os jovens "a aquisição de uma cultura geral e uma qualificação reconhecida", isso não implicaria importantes esforços de pesquisa sobre o estado do sistema educativo, das práticas e das representações de seus principais atores, sobre os processos de transformação a serem impulsionados ou sustentados e sobre o que pode atrapalhá-los? Essa pergunta não remete somente ao fato relativamente evidente de que a pertinência de uma política depende dos conhecimentos nos quais ela se baseia. Ela chama a atenção para a necessidade de uma política de pesquisa que permita reconhecer as realidades a serem transformadas, os caminhos mais promissores de transformação e os problemas a serem resolvidos para chegar lá. Evidentemente, é preciso uma certa coragem política para sustentar um esforço de conhecimento que, por momentos, faz aparecer problemas cuja resolução não é imediata. Está claro, no entanto, que não se prover de meios para antecipar ou identificar as dificuldades, com vistas a superá-las pelo menos parcialmente, condena à ineficácia e às decepções, levando, assim, a reforçar o fatalismo em relação às situações de fracasso.

Ora, o fatalismo e o desencantamento suscitados pelas reformas escolares anteriores impedem inúmeros professores de acreditarem na possibilidade de instaurar práticas que favoreçam os progressos de todos os alunos. Uma fração deles estima que levar a quase totalidade de uma geração pelo menos até o nível de uma turma de terceiro ano é um objetivo irrealista e demagógico. Quanto àqueles que aprovam esse princípio, muitos deles se acham desprovidos, no plano prático, para favorecer os progressos de todos os seus alunos, especialmente nas escolas dos bairros populares onde se encontram concentradas as dificuldades. A falta de adesão aos objetivos de progresso para todos, mais ou menos solidária de um sentimento de infactibilidade, constitui assim a primeira das dificuldades que é essencial não subestimar se quisermos fazer evoluir os sistemas de representações e de ações dos supostos atores da transformação. Não se trata de obstáculos insuperáveis, desde que sejam "desarmados", em várias etapas, a partir de experiências acompanhadas e de análise das dificuldades encontradas. Os trabalhos do Cresas nesse campo mostram que a adoção de práticas pedagógicas mais proveitosas aos alunos inicialmente percebidos como "deficientes" pressupõe a organização de uma série de experiências e de reflexões que favoreçam, ao mesmo tempo, a construção de um novo repertório de ações e a superação de preconceitos anteriores envolvendo as capacidades de reflexão e de progressão dos alunos.

O inconveniente evidente de transformações que se baseiam em colaborações em várias etapas entre pesquisadores e profissionais de campo é que elas atingem somente um número reduzido de equipes. O que não combina com a ambição de agir em favor do êxito de todos. É por isso que os pesquisadores do Cresas trabalham na elaboração de formas mais leves, todavia operantes, de formações ou acompanhamentos de equipes de professores. Esses dispositivos podem ser estendidos à escala de circunscrições e depois de departamentos, por exemplo, como lembrava Mira Stambak na abertura do colóquio.[5] Sem esquecer que tal mudança de escala levanta problemas novos de áreas ou domínios de competência, e que implica negociações com os diferentes grupos de atores envolvidos.

Durante os anos de 1980, os limites de transformações decididos e programados em nível nacional foram ressaltados, o que leva a contar preferencialmente com construções mais coletivas e com adaptações locais, especialmente na escala de estabelecimentos dotados de mais autonomia. Porém, as observações efetuadas durante a década seguinte não permitem mais iludir-se sobre o efeito das inovações "emergentes" com vistas a impedir os processos de fracasso e de marginalização na escala do sistema escolar. A lição mais geral a ser tirada é, ao que me parece, que, neste domínio, cada categoria de dirigentes ou atores da educação tem apenas um poder reduzido de otimização. Transformações mais conseqüentes e mais bem-dominadas supõem o desenvolvimento de formas de coordenação ou de cooperação inéditas entre dirigentes políticos, pesquisadores, profissionais em contato direto com os alunos e aqueles que estão encarregados de sua coordenação-supervisão ou de sua formação. Nessa perspectiva, vários pesquisadores do Cresas e outras equipes do INRP deveriam muito em breve permitir extrair novas perspectivas de reflexão e de ação, considerando simultaneamente as interdependências e a automia relativa dessas diferentes categorias de atores da educação.

ARTICULAR PRÁTICA, POLÍTICA E PESQUISA: "RÁPIDO", MAS COMO? (Guy Berger)

Quero dizer primeiramente que não é a mesma coisa falar de pesquisa, de política e de prática e falar de pesquisadores, de políticos e de "práticos"*. Se eu me expressar na primeira linguagem, designo três posturas, três atitudes, três preocupações que cada um de nós, em diferentes momentos de sua existência, pode adotar e partilhar. Mas não é tão simples: quando falamos em esfera profissional,

---
[5] Ver, anteriormente, na Introdução deste livro, o Capítulo 3.
*N. de R. T. Em francês, o termo *praticiens* faz referência às pessoas que atuam no campo da prática. É nesse sentido que a palavra "práticos" é empregada nas próximas páginas.

isso quer dizer que somos designados como pesquisador, como político ou como "prático". Nesse momento, temos um certo número de desafios: desafio de existência, desafio de poder, desafio de "distinção". Quando falo de pesquisadores, políticos e de "práticos", se assim entendo que cada um deles é incapaz de adotar a postura dos outros, é evidente que a cooperação será pensada essencialmente num modelo organizacional de divisão das tarefas e de legitimidade de cada um em relação à operação que reserva para si como sendo ele o único capaz de cumpri-la. Se falo daquilo que chamei de três posturas, o problema é muito diferente. É o da possibilidade, numa ação comum, de fazer mudar constantemente a posição do outro em relação ao objeto que lhe é mais familiar.

Cada um dos termos contém algo do outro

Este debate não é novo. Está necessariamente presente, e ainda mais presente se levantarmos a questão da cooperação, e não simplesmente a da descrição sociológica. A especificidade do Cresas em relação a esses problemas é a de talvez ter mostrado que, de qualquer forma, cada um dos termos contém algo do outro. O próprio termo pesquisa é um termo político, pois implica, no mínimo, dois questionamentos. O primeiro consiste em pensar que as obviedades não são óbvias e que, conseqüentemente, há questões a ser levantadas. O segundo implica a existência do possível, isto é, que as coisas não são de uma necessidade inexorável, mas podem se transformar. Poderíamos fazer o mesmo jogo com cada um dos outros termos. Não é por acaso que o Cresas foi criado em 1969, quase três ou quatro anos antes que alguém como Michel de Certeau trabalhasse com a invenção do cotidiano e as artes de fazer. Ele mostra que o "prático" – aliás, assim como o consumidor – não é um sujeito passivo que utiliza conceitos, noções, competências que teriam sido criados por outrem. Mas que, em um sentido, ele é co-criador dos conceitos que utiliza, ainda que seja apenas porque ele os subverte, transforma-os, porque ele tem artifícios, porque esculpe-os, porque ele "caça", para citar um termo atribuído a de Certeau, "no território dos outros". Eis um primeiro problema, totalmente importante, que talvez se oponha ao que sustenta a proposta de Lucien Brams. Este supõe, de fato – para construir a relação do político, da pesquisa e da prática, e a forma com que se pensam pesquisas de transferência –, uma certa pureza possível de cada uma dessas noções.

A necessária incompletude de cada uma das posturas

Um segundo ponto é conceber que nenhuma destas posturas, destas posições, é suficientemente completa. Por definição, a pesquisa, como pesquisa ligada a uma disciplina, a uma metodologia, é inevitavelmente cega em relação a um certo número de desafios seus, sobre as relações sociais que a condicionam, exceto se recorrer a uma outra pesquisa de outra ordem, de alguma outra disciplina, que não aquela que está sendo praticada. A política também é cega. Se tomarmos uma decisão política, por exemplo, que vamos ensinar uma ou duas línguas no ensino fundamental, é evidente que é a prática dos práticos que irá dar sentido a esse tipo de decisão. Pois, afinal, de que se trata? De aproveitar o fato de as crianças serem jovens e dóceis para ensinar-lhes coisas que aprenderiam menos bem mais tarde? De agir muito diretamente na relação que elas têm com sua própria língua? Ou de preparar a Europa, o que é um objeto político, fazendo com que o inglês não seja a língua dominante: daí decorre o interesse de uma segunda língua, não para ter uma língua a mais, mas para fazer com que a aprendizagem não se reduza à da língua inglesa. Para que a pesquisa seja possível, é preciso que ela trate dos dispositivos reais, isto é, que essa decisão política seja transformada, subvertida, traída, não-compreendida por um certo número de práticos que, por meio das aplicações que vão operar, constituirão um objeto que poderá ser alvo de análise e de pesquisa.

Os três modelos possíveis da cooperação

Em último lugar, eu direi que, para que haja uma cooperação possível, é necessário que se aceite que haja uma modificação mútua, que o pesquisador, o político, o prático não entrem cada um numa espécie de postura única, mas que cada um levante para si questões de pesquisa, questões de execução e também que se envolva em debates e decisões de e sobre política. Podemos imaginar finalmente várias formas de cooperação. A primeira está fortemente presente na problemática dos movimentos pedagógicos. Ela se baseia num fenômeno de projeto compartilhado, de intenção comum, de desejo de estar juntos, de formar equipe. Expressa-se muito fortemente no que chamamos de processos de inovação. Um segundo modelo é muito mais organizacional e gerencial, que é muitas vezes expresso hoje em forma de parceria. Esta implica o reconhecimento de uma divisão das tarefas, de especificidades de competências que são diferentes, da organização e da gestão dessas competências distintas por meio das modalidades mais ou menos contratuais. E depois há o modelo "Cresas", se é que podemos no expressar assim, que consiste em aceitar ter um momento de história comum. O que significa que somos capazes de construir um certo jogo no qual a cooperação pressupõe mudanças de espaço e no qual não haja um "ponto de entrada" ideal. O que choca, de fato, em todos os debates sobre a cooperação entre práticas, pesquisa e política, é que estamos obstinados em querer saber por qual pedaço devemos começar. Cada um reivindica ser o ponto de partida. Podemos, por exemplo, pensar que é no campo da prática que se identificam os problemas e que é a partir desses problemas que questões de pesquisa podem ser levantadas, que podem chegar a propostas generalizáveis. Podemos, ao contrário, mostrar que é a partir de uma escolha política, que pode ser uma escolha de democracia e uma escolha de igualdade, que devem construir-se as propostas de pesquisa e, finalmente, as práticas. O que me parece mais interessante – e mais pertinente – é dar-se conta de que, sem parar, na verdade, estamos mudando de lugar. Não existe um lugar certo para começar. Sem parar, vamos do prático ao político, e do político à pesquisa, ou da pesquisa ao político e da pesquisa à prática. E é talvez a aceitação dessa mobilidade – de que não existe um lugar principal, tampouco uma espécie de cronologia ou uma construção dedutiva – que permita pensar esta cooperação.

A urgência da questão

Evidentemente, os problemas que levantamos já haviam sido propostos antes. Todavia, há uma urgência particular em relação à questão da produção de normas. Não há prática, seja ela de pesquisa, a do prático ou a prática política, que não seja produtora de formas de normatividade. O que há de novo é que muito rapidamente a normatividade se torna normalização. É o mesmo tipo de normatividade, em termos de utilidade, em termos de mercado, que cada vez mais trabalha a pesquisa, a prática e a política. Eis um fenômeno novo. A mundialização é uma forma de normatividade particular e, aliás, perfeitamente legítima, que é a de dizer que a atividade econômica deve ser produtora de mais-valia. Ela está-se tornando uma forma universalizável e, portanto, normalizante que irá tratar de todas as condutas e de todos os comportamentos. Ao mesmo tempo, assistimos a uma fragmentação das práticas por meio do problema do local, do reforço do espaço dos atores ou, também, por meio do problema da diferenciação, de grande importância para Philippe Meirieu*. É por isso que se levanta a questão do relacionamento desses três tipos de normatividade e também a questão da transferência, que substitui, por alguns lados, a diluição do Estado. Com efeito, a questão da transferência não era discutida num sistema muito centralizado: com a lei geral encontrava-se afirmado de uma maneira quase implícita que consideraríamos espontaneamente os alunos como uma comunidade dos iguais. Já com o modelo das ZEPs, mas mais profundamente ainda, vemos aparecer pouco a pouco a questão dos pobres ou a questão dos estrangeiros, isto é, uma forma antropológica de apresentar os alunos como comunidades fechadas, encerradas nelas mesmas, que

---

N. de R. T. Ver, por exemplo, *Aprender... sim, mas como?* (Artmed, 1998).

exigiriam práticas diferentes. Existe, portanto, uma fragmentação em relação às populações e uma fragmentação em termos de espaços. Os "práticos" inevitavelmente jogam o jogo dessa fragmentação. Porque não têm escolha, é sua única forma de existir. Se não reconstruirmos uma relação entre práticas, políticas e pesquisa, se não rearticularmos estes três campos, estaremos diante de algo novo que me parece particularmente perigoso e nocivo.

CONCLUSÃO (Jean-Louis Derouet)

Devemos agradecer aos quatros interventores por nos terem oferecido um percurso que desdobra um amplo leque epistemológico. A concepção da transferência dos conhecimentos evidentemente está ligada a outras concepções, especialmente àquelas que tivermos sobre o saber de sua construção, de suas relações com a experiência. O debate está, portanto, aberto, mas não poderia se tratar de um puro debate teórico. As questões que formulamos foram construídas no contato e sob o controle dos fatos: é o produto dos 30 anos de experiência do Cresas. É também sob esse controle pelos fatos que se deve trabalhá-las. O Cresas vai continuar e, assim espero, desenvolver sua abordagem de acompanhamento de equipes. Seria bom que pesquisas futuras tomassem precisamente essa abordagem por objeto. E seria necessário também que outros lugares, no INRP, outras empreitadas fossem desenvolvidas, que estudassem dispositivos de circulação dos saberes construídos a partir de princípios diferentes. Os IUFM oferecem múltiplos exemplos disso, como algumas comissões que devem, por exemplo, fabricar indicadores de gestão a partir de conhecimentos científicos. Trabalho, portanto, é o que não falta e, nesse aspecto, nossa mesa-redonda abriu perspectivas para o conjunto do INRP.

20 Ampliar a Transformação das Práticas para uma Educação de Qualidade para Todos

Sylvie Rayna, Sylvain Broccolichi

Não se trata de propor aqui conclusão, nem síntese. Cabe a cada um refletir sobre as implicações das numerosas contribuições precedentes. Elas ajudarão, assim esperamos, no questionamento das práticas, tanto as dos educadores de "primeira linha" – que trabalham em contato direto com as crianças, os alunos – quanto as dos coordenadores, dos formadores e dos dirigentes, abrindo novos caminhos para a ação. Trata-se, antes, de relembrar-se brevemente alguns aspectos das experiências apresentadas e estabelecer referências para o futuro.

Todas as experiências relatadas se únem com o fim de tornar mais claro um objeto complexo: as práticas a serem aplicadas para uma educação de qualidade para todos. Essa questão é debatida nos diversos níveis da educação e do ensino, mas é raro vê-la tratada simultaneamente, como aqui, em âmbitos tão diversos quanto o da creche, do ensino fundamental ou da formação de adultos. Mais raro ainda é constatar a convergência possível dos discursos entre os atores que trabalham em todos esses níveis. Se as aproximações entre as formas de aprender de bebês, alunos de ensino fundamental e de ensino médio podem espantar, mais surpreendente ainda é o espetáculo de funcionários de creches, de ensino fundamental, de ensino médio, de universidades discutindo temáticas comuns.

Uma grande coerência pode ser extraída de todas essas experiências, envolvam elas crianças, pequenas ou maiores, educadores das diversas estruturas, formadores, acompanhadores e pesquisadores. Essa coerência está ligada a um fundamento comum: o lugar atribuído à ação, mais exatamente à ação coletiva de pesquisa. Parece que o engajamento coletivo na aventura da pesquisa, para resolver alguns problemas e alcançar certos objetivos, estrutura um procedimento de construção de novidades. A tomada de riscos, necessária, encontra-se favorecida, por ser partilhada pelas equipes e pelos coordenadores, ao mesmo tempo em que é controlada pelo recurso a métodos de trabalho rigorosos: observações apuradas, microanálises e, principalmente, auto-avaliação reguladora.

Apesar do caráter aparente de evidência e de simplicidade, os resultados aos quais chegaram as equipes do Cresas, quer se trate de educação, de formação ou de coordenação, são fruto de um longo processo de construção (a temporalidade necessária foi lembrada de forma recorrente ao longo do colóquio): 30 anos durante os quais os pesquisadores do Cresas trabalharam em equipes pluridisciplinares e em estreita colaboração com pessoas que atuavam na prática. É o engajamento ativo destes últimos nos processos de pesquisa-(trans)formação que permitiu o estabelecimento de novos saberes e a co-construção de práticas inéditas. O lugar tomado por esses "práticos" na exposição dos trabalhos efetuados comprova a profundidade de seu investimento nas iniciativas de pesquisa. É igualmente graças à colaboração de longa data e à confrontação com outros pesquisadores e outras equipes que, aos poucos, elaborou-se uma conceitualização pedagógica fundamentalmente construtivista e interacionista. Essa concepção, como vimos, é caracterizada pela importância que deve ser atribuída à organização dos contextos educativos e de formação – e particularmente às situações de experimentação – pelas trocas entre iguais – tanto entre adultos como entre crianças – e à redefinição do papel do educador.

Se, evidentemente, os fundamentos científicos da pedagogia forem precisados, se um conjunto de benefícios é constatado no final das experiências inovadoras das quais foi questão, se a produção de saberes e competência sobre a disseminação dos resultados da pesquisa se revela incontestável, resta todavia muito a ser feito para que essas aquisições sejam mais conhecidas e colocadas a serviço de transformações em maior escala. Como favorecer o acesso de todos ao prazer de pesquisar, de experimentar, de comunicar, de aprender? Como os saberes e as competência em matéria de ajuda à transformação das práticas, longamente experimentadas com algumas centenas de equipes, podem ser reinvestidos para transformar mais largamente as condições de formação e de acompanhamento dos educadores e, assim, as condições de acolhimento e de aprendizagem das crianças? As experiências relatadas mostram a importância do apoio dos dirigentes de diversos níveis – circunscrição, comunidades, departamento, academia, etc. – para fazer evoluir o instituído e tornar possível a multiplicação dos modos de transformação operantes. Como, então, abrir terrenos mais amplos que engajem conjuntamente, em dinâmicas de pesquisa, de formação e de acompanhamento, profissionais e dirigentes provenientes de instituições de culturas profissionais diferentes, a fim de se libertar de muitas idéias recebidas e construir modos de cooperação perfeitamente inéditos entre pesquisa, política e atores de campo?

As contribuições para este colóquio de pesquisadores, franceses e estrangeiros, práticos e dirigentes, já oferecem matéria de reflexão para uma ampliação da ação em favor do êxito de todos e um aprofundamento para todos os níveis de transformação envolvidos. Ampliação e aprofundamento para os quais os pesquisadores do Cresas esperam poder contribuir nas próximas décadas.

Referências bibliográficas

ANDREANI M., BRAMS L., DE KETELE J.-M., DE PERETTI A., EICHER J.-C. et MIALARET G. (1999). *Rapport de la commission d'évaluation et de prospective sur l'INRP*, Paris: INRP.
ARMSTRONG F., BELMONT B. et VÉRILLON A. (1999). «Vive la différence, Exploring context, policy and change in special education in France, developing cross-cultural collaboration», in F. ARMSTRONG, D. ARMSTRONG et L. BARTON (éds), *Inclusive education: policy, contexts and comparative perspectives,* London: David Fulton publishers.
BALIBAR E. (1996). *Spinoza et la politique,* Paris: PUF, colt. «Philosophie».
BARBIER J.-M. (à paraître). *Voies nouvelles de la professionnalisation,* Symposium du REF, Toulouse, septembre 1998.
BAUDELOT O., COTTINEAU O. et GUEZENGAR A. (1988). «Échec scolaire, populations marginalisées et travail social», in colt. CRESAS nº 7, *Les uns et les autres, intégration scolaire et lutte contre la marginalisation,* Paris INRP/L'Harmattan.
BAUDELOT O. et GUIBERT L. (1997). «Métiers ou professions expertes de la petite enfance», in S. RAYNA et F. DAJEZ (coord) *Formation, petite enfance et partenariat,* Paris: INRP/L'Harmattan.
BAUDELOT O. et RAYNA S. coord. (2000 a). *Coordonnateurs et coordination de la petite enfance dans les communes,* Actes du colloque, Paris, 8-9-10 mars 2000, Paris: INRP.
BAUDELOT O. et RAYNA S. (2000 b). «La coordination municipale de la petite enfance: acteurs et enjeux», in O. BAUDELOT et S. RAYNA (coord.), Actes du colloque *Coordonnateurs et coordination de la petite enfance dans les communes,* Paris, 8-9-10 mars 2000, Paris: INRP.
BAUDELOT O. et RAYNA S. (2000 c). «La coordination de la petite enfance: une nouvelle fonction relationnelle», *Recherches et prévisions,* nº 61.
BAUDELOT O. et RAYNA S., coord. (1999 a). *Les bébés et la culture. Éveil culturel et lutte contre les exclusions,* Paris: INRP/L'Harmattan, col]. CRESAS nº 14.
BAUDELOT O. et RAHNA S. (1999 b). *Coordonnateurs et coordination de la petite enfance dans les communes,* Rapport remis à la CNAF.
BELMONT B. et VÉRILLON A. (1999). «Pour intégrer les enfants handicapés dans les classes ordinaires: quelles collaborations?» *La nouvelle revue de VAIS,* nº 8.
BELMONT B. et VÉRILLON A. (1997). «Intégration scolaire d'enfants handicapés à l'école maternelle. Partenariat entre enseignants de l'école ordinaire et professionnels spécialisés», *Revue Française de Pédagogie,* nº 117.
BIARNÈ S. J. (1999). *Universalité, diversité, sujet dans l'espace pédagogique,* Paris: L'Harmattan, col]. «Défi formation».

BOUVIER N. et BELMONT B., éds (1994). *Les cycles en Actes: organisation de la scolarité en cycles,* Actes de la journée d'étude CRESAS, 9 décembre 1992, Paris: INRP.
BOUVIER N. et PLATONE F. (1997), «Enquête sur la politique des cycles auprès de trente équipes d'enseignants de cycle 2», in CRESAS, *Les cycles à l'école primaire: les impacts d'une politique de l'Éducation,* Paris: Rapport de recherche INRP.
BRÉAUTÉ et al. (1999). «Dynamiques autour du livre», in O. BAUDELOT et S. RAYNA (coord), *Les bébés et la culture: Éveil culturel et lutte contre les exclusions,* Paris: INRP/L'Harmattan, coll. CRESAS nº 14.
BRÉAUTÉ M. et RAYNA S. (1997). «Diffusion des acquis de la recherche: une recherche action avec des praticiens de la petite enfance», *Revue Française de Pédagogie,* nº 119, *L'éducation préscolaire.*
BRÉAUTÉ M. et RAYNA S., éds, (1995). *Jouer et connaître chez les tout petits. Des pratiques éducatives nouvelles pour la petite enfance,* Paris: Mairie de Paris/INRP.
BRÉAUTÉ M., RAYNA S. et VÉRILLON A. (1993). *Développement et approfondissement de la pédagogie interactive par des actions interinstitutionnelles innovantes dans le préscolaire: de la recherche à la formation,* Rapport de recherche, CRESAS/INRP.
BROCCOLICHI S. (2000). «Désagrégation des liens pédagogiques et situations de rupture», *Ville-École-Intégration enjeux,* nº 122, *Le décrochage scolaire: une fatalité?*
BROCCOLICHI S. (1998a). «Qui décroche?» in LA BOUTURE (coord.), *Chroniques sociales,* 1998, *Les lycéens décrocheurs.*
BROCCOLICHI S. (1998b). «Inégalités cumulatives, logique de marché et renforcement des ségrégations scolaires», *Ville-École-Intégration enjeux,* nº 103.
BROCCOLICHI S. (1994). *Organisation de l'école, pratiques usuelles et production d'inégalités* doctorat de l'EHESS.
BROCCOLICHI S. (1987). «Réduire l'échec en maths», Société Française, *Cahiers de l'Institut de recherches marxistes,* nº 25.
BROCCOLICHI S. et BEN AYED C. (1999). «L'institution scolaire et la réussite de tous aujourd'hui: «pourrait mieux faire»», *Revue Française de Pédagogie,* nº 129, *L'école pour tous: conditions pédagogiques, institutionnelles et sociales.*
BROCCOLICHI S. et LARGUÈZE B. (1996). «Les sorties sans qualification du système éducatif moins de cinq ans après l'entrée au collège», *Éducation et formations,* nº 46.
BROSSARD M. (1993). «Un cadre théorique pour aborder l'étude des élèves en situation scolaire», *Enfance,* nº 46.
BRUNER J. (1996). *L'éducation entrée dans la culture,* Paris: Retz.
CALLON M. (1986). «Éléments pour une sociologie de la traduction: la domestication des coquilles Saint Jacques et des marins pêcheurs dans la baie de Saint Brieuc», *L'année sociologique,* nº 36.
CALON C. (2000). «Le rôle de la coordinatrice à Grande Synthe et au sein de l'atelier petite enfance de l'agglomération dunkerquoise», in O. BAUDELOT et S. RAYNA (coord.), Actes du colloque *Coordonnateurs et coordination de la petite enfance dans les communes,* Paris, 8-9-10 mars 2000, Paris: INRP.
CHATEAU J. (1967). *Revue Française de Pédagogie,* nº 1, *Pour une éducation scientifique.*
CHATILLON J. (1998). «Apprendre en se liant, se lier en apprenant», *Cahiers Pédagogiques,* nº 367-368, *Apprentissage et socialisation.*
CHATILLON J. et TACITE I. (1999a). *L'hétérogénéité: obstacle ou ressource pour les apprenants et les pédagogues?* rapport de recherche de l'équipe de l'IUFM de La Réunion, INRP.
CHATILLON J. et TACITE I. (1999b). «Pour un détournement programmé de l'oeuvre d'art», *Cahiers Pédagogiques,* nº 371, *Le monde de l'art et l'école.*
CHAUVEAU G. et ROGOVAS-CHAUVEAU E. (1995). *À l'école des banlieues,* Paris: ESF.
CLERC P (1993). *Multiâge,* Paris: Nathan, coll. «Méthodologie».

COHEN A. et HUGON M.-A. (1996). *Nouveaux lycéens, nouveaux pédagogues*, Paris: INRP/ Harmattan, coll. Cresas nº 12.
COLOMB J. dir. (1999). *Un transfert de connaissances: des résultats d'une recherche à la définition de contenus de formation en didactiques*, Paris: INRP.
CORCUFF PH. et LAFAYE Cl. (1993). «La traduction comme compétence», in G. JANNOT (coord.), *Service public et usagers*, Paris: ministère de l'Equipement.
CORITON T (2000). *L'hétérogénéité: obstacle ou ressource pour les apprenants et les pédagogues?* rapport de recherche de l'équipe de l'IUFM de Lorraine, centre d'Épinal, INRP.
Cresas (1991). *Naissance d'une pédagogie interactive*, Paris: ESF Éditeur/INRP.
Cresas (1987). *On n'apprend pas tout seul: interactions sociales et construction des savoirs*, Paris: ESF.
Cresas (1981). *L'échec scolaire n'est pas une fatalité*, Paris: ESF.
Cresas (1978). *Le handicap socio-culturel en question*, Paris: ESF.
Cresas (1992). *Accueillir à la crèche, à l'école: il ne suffit pas d'ouvrir la porte!* Paris: INRP/ l'Harmattan, coll. CRESAS nº 9.
Cresas (1987). *Au jardin d'enfants, des enfants marionnettistes. Une recherche action*, Paris: INRP/ L'Harmattan, coll. CRESAS nº 5.
DEFRANCE B. (1999 rééd). *La violence à l'école*, Paris: Syros.
DELEAU M. (1990). *Les origines sociales du développement mental. Communication et symboles dans la première enfance*, Paris: Armand Colin.
DEMAILLY L. (1998). «Les métiers relationnels de service public: approche gestionnaire, approche politique», *Lien social et Politiques*, nº 40, *Les métiers de l'éducation et de la formation*.
DEROUET J.-L. (à paraître). «La circulation des savoirs entre les sciences sociales de l'éducation et l'Éducation nationale depuis trente ans», in Actes de l'Université d'été, *L'évolution des métiers de l'encadrement de l'éducation. Des savoirs académiques aux compétences stratégiques*, Clermont-Ferrand, 28 au 31 octobre 2000.
DEROUET J.-L. (2000). «Administration, science de l'administration et sociologie en éducation. Quelques exercices de traduction», *Revue de l'Institut de Sociologie*, nº 1997/1-4.
DEROUET J.-L. éd. (1999). *L'école dans plusieurs mondes*, Bruxelles: De Boeck Université/ Paris: INRP.
DUMAS CARRÉ A. et WELL-BARAIS A., éds, (1998). *Tutelle et médiation dans l'éducation scientifique*, Berne: Peter Lang.
DUPONT-DELCOURT B. (2000). «La politique petite enfance à Valenciennes», in O. BAUDELOT et S. RAYNA (coord.), Actes du colloque *Coordonnateurs et coordination de la petite enfance dans les communes*, Paris, 8-9-10 mars 2000, Paris INRP.
DUPRAZ L. (1999). «Lieux intermédiaires, propositions culturelles et lien social», in O. BAUDELOT et S. RAYNA (coord), *Les bébés et la culture: Éveil culturel et lutte contre les exclusions*, Paris: INRP/l'Harmattan, coll. CRESAS nº 14.
DUPRAZ L. (1995). *Le temps d'apprivoiser l'école: classes et actions passerelles*, Paris: La Fondation de France.
EME B. (1999). *Les modes d'accueil de la petite enfance ou l'institution de la parentalité*, CRIDA-LSCI, Rapport final pour la CNAF.
GATHER-TURLER M.-G. (1994). «L'efficacité des établissements ne se mesure pas: elle se construit, se négocie, se pratique et se vit», in M. CRAHAY (éd), *Évaluation et analyse des établissements de formation*, Bruxelles: De Boeck.
GLASMAN D. (1992). *L'école réinventée? Le partenariat dans les zones d'éducation prioritaires*, Paris: L'Harmattan.
GOIGOUX R. (2000 a). *Apprentissage et enseignement de la lecture dans l'enseignement adapté*, Suresnes: CNEFEI, diffusion CNDP.

GOIGOUX R. (2000 b). *Enseigner la lecture à l'école primaire,* note de synthèse du dossier d'habilitation à diriger les recherches, université Paris VIII.
GOIGOUX R. coord. (2000 c). *Enseigner la lecture. Apprendre à lire au cycle 2,* Paris: Nathan.
HARDY M. (1999). «Pratiquer à l'école une pédagogie interactive», *Revue Française de Pédagogie,* nº 129, L'école pour tous: conditions pédagogiques, institutionnelles et sociales.
HARDY M., PLATONE F. et ROYON C. (1996). «Faire communiquer pour faire apprendre», *Le Français aujourd'hui,* nº 129.
HARDY M. et ROYON C. (2000). *L'hétérogénéité: obstacle ou ressource pour les apprenants et les pédagogues?* Rapport de recherche de l'équipe du CRESAS/ école des Bourseaux, INRP.
HARDY M., ROYON C. et BRÉAUTÉ M. (1996). «Pédagogie interactive et premiers apprentissages», in S. RAYNA, F. LAEVERS et M. DELEAU (éds), *L'éducation préscolaire. Quels objectifs pédagogiques?* Paris: Nathan.
HEBER-SUFFRIN C. et HEBER-SUFFRIN M. *(1998). Appels aux intelligences,* Paris: Éditions Matrice.
HÉRAUD J.-L., PROUCHET M. et ERRERA J.-P. (2000). *L'hétérogénéité: obstacle ou ressource pour les apprenants et les pédagogues?* rapport de recherche de l'équipe de l'IUFM de Lyon, INRP.
HUBERMAN M. et GATHER-THURLER M. (1991). *De la recherche à la pratique: éléments de base,* Paris-Berne: Peter Lang.
HUBERMAN M., GATHER-THURLER M. et NUFER E. (1988). *La mise en pratique des recherches scientifiques: étude de la dissémination des résultats du programme national de recherche «Éducation et vie active»,* rapport exécutif, Genève université de Genève, Faculté de psychologie et des sciences de l'éducation.
HUGON M.-A. (1999). «Transformer ses pratiques d'enseignement au lycée et au collège: de la recherche-action à la formation-action», *Questions de recherches en éducation,* nº 1, Paris: INRP.
HUGON M.-A. (1998). «De nouvelles approches pédagogiques dans les enseignements modulaires et ailleurs», in *Lycées, lycéens, savoirs: éléments de réflexion,* Paris: INRP.
HUGON M.-A., CHRISTOPHE A. et al. (1999). «Innovations pédagogiques et institutionnelles au lycée et au collège», *Recherche sociale,* nº 150, *Écoles et quartiers: des dispositifs d'accueil innovants pour les jeunes.*
HUGON M.-A. (dir.), CABOT C., COHEN A., MONTANDON Ch. et al. (sous presse). *Construire ses apprentissages au lycée,* Paris: INRP.
KAËS R. (1975). *Désir de former et formation du savoir,* Paris: Dunod.
LANTHEAUME F. (à paraître). «Un exemple de circulation des savoirs dans l'évolution de l'enseignement de l'histoire au cours des années soixante», in Actes de l'Université d'été, *L'évolution des métiers de l'encadrement de l'éducation. Des savoirs académiques aux compétences stratégiques,* Clermont-Ferrand, 28 au 31 octobre 2000.
LANTIER N., VÉRILLON A., BELMONT B. et al. (1994). *Enfants handicapés à l'école. Des instituteurs parlent de leurs pratiques,* Paris: INRP/L'Harmattan, coll. CRESAS nº 11.
LARDIERE D. *(2000).* «Petite enfance et partenariat dans les quartiers Nord de Nantes», in O. BAUDELOT et S. RAYNA (coord), Actes du colloque *Coordonnateurs et coordination de la petite enfance dans les communes,* Paris, *8-9-10* mars *2000,* Paris: INRP.
LEJOSNE M.-C., PERRIN A. et J.-P. GONDELLE (1999). *L'hétérogénéité: obstacle ou ressource pour les apprenants et les pédagogues?* rapport de recherche de l'équipe de l'IUFM de Créteil, antenne de Bonneuil, INRP.
LÉVI-STRAUSS C. (1984). «Introduction à Marcel Mauss», in M. MAUSS, *Sociologie et anthropologie,* Paris: PUF, col]. «Quadrige».
LIU M. (1997). *Fondements et pratiques de la recherche-action,* Paris: L'Harmattan.

MAHIEU P. et CORDIER J. (2000). *L'hétérogénéité: obstacle ou ressource pour les apprenants et les pédagogues?* rapport de recherche de l'équipe de l'IUFM de Créteil, antenne de Melun, INRP.

MARTINAND J.-L. (2000). «Matrices disciplinaires et matrices curriculaires: le cas de l'éducation technologique en France», communication au colloque international *Curriculum et contenus d'enseignement dans un monde en mutation: permanences et ruptures,* Amiens, université de Picardie, 12-14 janvier 2000.

MARTINAND J.-L. (2000). «Production, circulation et reproblématisation des savoirs», communication au colloque international *Les pratiques dans l'Enseignement Supérieur,* Toulouse, université le Mirail, 2-4 octobre 2000.

MEURET D., BROCCOLICHI S. et DURU-BELLAT M. (2000). *Autonomie et choix des établissements scolaires:finalités, modalités et faits,* rapport CNCRE.

Ministère de l'Éducation nationale (1993). Rapport de l'Inspection Générale.

Ministère de l'Éducation nationale, ministère de la Recherche (2000). *Repères et références statistiques.*

MILLET C. (2000). «La coordination à Orléans au travers de deux objectifs», in O. BAUDELOT et S. RAYNA (coord.), Actes du colloque *Coordonnateurs et coordination de la petite enfance dans les communes,* Paris, 8-9-10 mars 2000, Paris: INRP.

MOUVET B.(1998). «Les projets d'établissement», *La revue de l'Institut Émile Vandervelde,* nº 2, *Réflexion.*

MOUVET B. et al. (1998). *Projet solidarité. Accompagnement d'équipes éducatives dans la réalisation de leur projet d'établissement,* rapport final, université de Liège, faculté de psychologie et des sciences de l'éducation.

MOUVET B. et al. (1997). *Former pour transformer. Une formation d'encadrants à la gestion des innovation socio-scolaire,* rapport pour le programme COMENIUS de la Commission européenne.

VAN OERS B. (1999). «La pédagogie du jeu aux Pays-Bas: une approche vygotskienne», *Revue Française de Pédagogie,* nº 129, *L'école pour tous: conditions pédagogiques, institutionnelles et sociales.*

PASSARIS S. et al. (1999). «Stratégies municipales en matière d'éveil culturel de la petite enfance», in O. BAUDELOT et S. RAYNA (coord), *Les bébés et la culture: Éveil culturel et lutte contre les exclusions,* Paris: INRP/L'Harmattan, col 1. CRESAS nº 14.

PÉRIER L. (1999). «Le contrat enfance», *Recherches et Prévisions,* nº 57-58, *Petite enfance, normes et socialisation: points de vue.*

PERRENOUD P. (1998). *Former les enseignants,* Paris: L'Harmattan.

PIAGET J. (1948). *Où va l'éducation?* réédition 1990, Paris: Folio.

PIAGET J. (1969). *Psychologie et pédagogie,* Paris: Denoël.

PIRARD F. (1997). «Accompagnement pour un accueil de qualité», in S. RAYNA et F. DAJEZ (eoord), *Formation, petite enfance et partenariat,* Paris: INRP/L'Harmattan, coll. CRESAS nº 13.

PLATONE F. (1999). «Transformer les pratiques pour démocratiser l'enseignement», *Perspectives documentaires en Education,* nº 46-47.

PLATONE F. coord. (1999). Dossier *Revue Française de Pédagogie,* nº 129, *L'école pour tous: conditions pédagogiques, institutionnelles et sociales.*

PLATONE F. (1996). «Les inspecteurs de l'Éducation nationale et la rénovation de l'école primaire», in F. CROS et G. ADAMCZEWSKI, *L'innovation en éducation et en formation,* Bruxelles: De Boeck Université/Paris: INRP, coll. «Pédagogies en développement».

PLATONE F. (1993). «Pourquoi innover?» *Autrement,* série mutations, nº 136, *Ainsi change l'école, l'éternel chantier des novateurs.*

PLATONE F. coord. (1991). *Les inspecteurs de l'Éducation nationale et la mise en oeuvre de la scolarité par cycles à l'école primaire*, Paris: INRP.
PLATONE F. et BOUVIER N. (1999). «Les cycles à l'école primaire. L'impact d'une politique de l'éducation», *2ᵉ CDROM de l'Éducation et de la Formation*, Biennale de l'Éducation et de la Formation, 1998.
RAVON B. (2000). *L'échec scolaire. Histoire d'un problème public*, Paris: In Press.
ROBO P. (1996). *Qu'est-ce que la pédagogie Freinet?* Lyon: Éditions «Se former plus».
ROCHEX J.-Y. (1995). *Le sens de l'expérience scolaire*, Paris: PUF.
ROUX J.-P., TROGNON A. et GILLY M. (1999). *Apprendre dans l'interaction: analyse des médiations sémiotiques.* Nancy: Presses Universitaires de Nancy.
ROYON C., HARDY M. et CHRÉTIENNOT C. (1999). «Quatre jeudis à la Villette», *ASTER*, nº 29, *L'école et ses partenaires scientifiques*.
SCHNEEBERGER P, GOUANELLE C., PONCE C. et ROBISSON P. (1999). *L'hétérogénéité: obstacle ou ressource pour les apprenants et les pédagogues?* rapport de recherche de l'équipe de l'IUFM d'Aquitaine, antennes de Cauderan et de Pau, INRP.
SEBILLOTTE M. (1999). «Des recherches pour le développement local: partenariat et transdisciplinarité», *Revue d'économie régionale et urbaine*, nº 14.
SINCLAIR H., STAMBAK M., LÉZINE I., RAYNA S. et al. (1982). *Les bébés et les choses: la créativité du développement cognitif*, Paris: PUF.
SLAOUÏ M. (2000). «Quelle coordination petite enfance? L'exemple de Strasbourg», in O. BAUDELOT et S. RAYNA (coord), Actes du colloque *Coordonnateurs et coordination de la petite enfance dans les communes*, Paris, 8-9-10 mars 2000, Paris: INRP.
STAMBAK M. (1999). «Donner à tous envie d'apprendre. Cheminement et découvertes de l'équipe du CRESAS», *Revue Française de Pédagogie*, nº 129, *L'école pour tous: conditions pédagogiques, institutionnelles et sociales*.
STAMBAK M. et al. (1983). *Les bébés entre eux: découvrir, inventer et jouer ensemble*, Paris: PUF.
STAMBAK M. et SINCLAIR H., éds, (1990). *Les jeux de fiction entre enfants de trois ans*, Paris: PUF.
TOLLA A.-M. (1999). «De la transdisciplinarité en seconde aux TPE en terminale», *Cahiers Pédagogiques*, nº 376-377.
VERGNAUD G. (1981). *L'enfant, la mathématique et la réalité*, Berne: Peter Lang.
VERGNAUD G. éd. (1994). *Apprentissages et didactiques. Où en est-on?* Paris: Hachette.
VERGNAUD G. coord (1994). *Le moniteur de mathématiques*, Paris: Nathan.
VÉRILLON A. et BELMONT B. (2000). «Scolarisation des enfants handicapés. Quelle collaboration entre professionnels?» in M. CHAUVIÈRE et E. PLAISANCE (dir.) *L'école face aux handicaps: éducation spéciale ou éducation intégrative?* Paris: PUF.
VIAL M., STAMBAK M. et BURGUIÈRE E. (1974). «Caractéristiques psychologiques individuelles, origines sociales et échecs scolaires», *Recherches Pédagogiques*, nº 68.
WEIL-BARAIS A. (2000, 5ᵉ édition). *L'homme cognitif*, Paris: PUF.
ZAY D. (1994). «Formation au partenariat et professionnalisation du métier d'enseignant», in D. ZAY (éds), *La formation des enseignants au partenariat*, Paris: PUF.